本书的出版受以下项目资助：

成都大学文明互鉴与"一带一路"研究分中心、天府文化研究院重点项目"南方丝绸之路器物文化传播研究"（项目编号：WMHJTF2022B11）

2023年成都市哲学社会科学规划项目（项目编号：2023CS068）

四川省社会科学重点研究基地区域文化研究中心2024年度项目（项目编号：QYYJB2404）

2024年四川省哲学社会科学重点研究基地"中国出土医学文献与文物研究中心"成果（项目编号：ctwx2408）

崇古追新

南方丝绸之路器物设计文化

张玉萍　高　侗
刘宇欣　杨甜甜
著

化学工业出版社

·北京·

内 容 简 介

本书通过对南方丝绸之路历史变迁、器物设计特征、文化传播等内容的系统分析，探讨了南方丝绸之路器物文化相互影响、相互融合及文化生成的设计智慧。通过解读南方丝绸之路典型器物的文化背景、使用方式、结构原理、形态装饰、制作工艺、设计比较、当代转换等多维度设计要素，凝炼出南方丝绸之路重要区域器物的设计文化内涵以及在当代社会的多重价值，提出了再认识、再挖掘南方丝绸之路的历史价值和文化意义的倡议，探索了整合创新对当代设计的启示，以期为"一带一路"倡议提供一定思路，实现文化价值共创。

本书适合高等院校设计学研究生学习和参考，也可供对南方丝绸之路感兴趣的读者和相关研究人员阅读。

图书在版编目（CIP）数据

崇古追新：南方丝绸之路器物设计文化 / 张玉萍等著 . -- 北京：化学工业出版社，2024.7. -- ISBN 978-7-122-46212-1

Ⅰ．K871.104

中国国家版本馆CIP数据核字第2024GS0451号

责任编辑：孙梅戈　　　　　　　　　　文字编辑：刘　璐
责任校对：宋　玮　　　　　　　　　　装帧设计：韩　飞

出版发行：化学工业出版社（北京市东城区青年湖南街13号　邮政编码100011）
印　　装：中煤（北京）印务有限公司
710mm×1000mm　1/16　印张17¼　字数282千字　2024年11月北京第1版第1次印刷

购书咨询：010-64518888　　　　　　　　售后服务：010-64518899
网　　址：http://www.cip.com.cn
凡购买本书，如有缺损质量问题，本社销售中心负责调换。

定　　价：128.00元　　　　　　　　　　　　　　版权所有　违者必究

自序

南方丝绸之路，作为一条历史悠久的商贸通道、国际通道，不仅在地理上连接了中国南方与北方、西南山区与东南沿海，促进了古代中国与东南亚、南亚乃至中亚的贸易往来，更成为文化、宗教、技术和艺术交流的重要桥梁，见证了从古代到当代的文化交流与融合，承载了无数的民族智慧与创造力。在这条路上，蜀锦提花织机、成都漆器、邛窑省油灯、云南贮贝器、建水陶汽锅、彝族月琴、爪镰等各类器物是南方丝绸之路文化传承的重要载体。这些器物不仅反映了当时社会的技术水平和审美趣味，更是各民族文化交融和创新的生动体现。

器物存储有所属时代社会文化生活的重要信息，是人类历史发展、文明进步的见证者。古代的器物设计虽然在技术上受到限制，但工匠们凭借设计智慧和创造力仍然设计出了许多令人惊叹的器物。南方丝绸之路沿线的器物设计展现了多种文化的深度融合，如古蜀文化、滇文化、少数民族文化及域外文化的融合，蕴含着丰富的文化基因。蜀锦提花织机的精妙机械结构、成都漆器的细腻光泽、邛窑省油灯的节能设计、云南贮贝器对资源的利用等，每一件器物都是文化发展和文化交融的结晶。彝族月琴、荥经砂器、泡菜坛、彝族漆器等，这些器物不仅蕴含了古代工匠的设计思维与制作技艺，也反映了当时社会的文化理念和审美追求。

"崇古"是在历史中得出事理，获得智慧、经验；"追新"是在承续传统的基础上融入当代创新、谋划未来发展。南方丝绸之路的器物设计文化是一座宝库，以"崇古"之心探索这些器物的文化基因，以

"追新"之意获得设计承续的规律，可使古老的器物设计融入当代的生产生活。这包括将传统的蜀锦及提花织机结构原理与当代时尚设计、产品"智造"相链接，将云南贮贝器的器形用于现代储物产品创新，以及将成都漆器的光泽和纹理应用于现代家居饰品的制作等。通过这种设计承续，古老的文化基因将得以在当代社会中焕发新的生命力，同时保留传统精神。

新质生产力战略为南方丝绸之路的器物设计文化带来了新的发展机遇。例如，蜀锦提花织机、鸡公车、月琴、贮贝器、砂器、烘笼等传统器物，可以利用科学技术对其进行改良，以适应当代的生产、生活需求。漆器、博山炉、瓦猫等器物，也可以通过创新使用方式，使其成为当代家居装饰的新宠。这些基于新质生产力战略的当代设计应用，不仅能够提升传统器物的市场竞争力，还能够推动传统文化的传承与发展。

在全球化的今天，南方丝绸之路器物设计文化为我们提供了丰富的启示，强调了文化多样性和包容性对于文明进步的重要性。在追求现代化、数字化、新质生产力的同时，我们必须尊重和保护传统文化，尊重可持续发展与生态设计理念，做到功能性等要素与当代需求、美学的完美结合，并展开传统与未来的对话创新，提升文化自信，开展国际交流与合作。

面对文化同质化的挑战，在当代设计实践中，我们需要具备跨学科的知识，如历史学、人类学、设计学、计算机科学、材料科学等；需要跨学科合作并勇于创新；需要思考如何保持文化的独特性与多样性，让传统文化在当代社会中焕发新活力；需要以用户为中心，关注设计有用、可用和愉悦的服务体验，创造既具有民族特色，又更加人性化、可持续的服务和产品；需要通过数字化展览、在线互动平台等现代传播手段，将南方丝绸之路器物等设计文化推广至全球，让更多人了解和欣赏这些独特的文化。同时，通过国际交流和项目合作，促进不同文化之间的对话，将这些设计智慧和文化传播给世界各地的设计师和文化爱好者。

《崇古追新：南方丝绸之路器物设计文化》一书，旨在深入挖掘和研究南方丝绸之路沿线地区的器物设计文化，探索其在历史长河中的演变轨迹，分析其在不同文化交融中的设计特色，以及探讨其在当代设计中的应用和发展前景。我们希望这些研究，能激发更多人对传统文化的兴趣和热爱，为当代以及未来设计提供灵感，为文化传承与创新提供思路，为构建人类命运共同体贡献智慧。

随着"一带一路"倡议的深入推进，南方丝绸之路的历史价值和文化意义正在被重新认识和发掘。我们期待，通过对这条古老通道的深入研究，能够使其成为连接过去与未来的桥梁，能够促进不同文化之间的交流与理解，能够让更多人了解和欣赏南方丝绸之路的独特魅力，共同去探索和创造更加可用、宜用的设计文化。

本书出版受成都大学文明互鉴与"一带一路"研究分中心、天府文化研究院重点项目"南方丝绸之路器物文化传播研究"（项目编号：WMHJTF2022B11）、2023年成都市哲学社会科学规划项目（项目编号：2023CS068）、四川省社会科学重点研究基地区域文化研究中心2024年度项目（项目编号：QYYJB2404）、2024年四川省哲学社会科学重点研究基地"中国出土医学文献与文物研究中心"成果（项目编号：ctwx2408）资助。

张玉萍

2024年6月

目录

第一章
南方丝绸之路

第一节　南方丝绸之路历史探源 / 2
　　一、南方丝绸之路源起 / 2
　　二、南方丝绸之路开通时间 / 3
　　三、南方丝绸之路起点 / 4
　　四、南方丝绸之路开通条件 / 8
第二节　南方丝绸之路交通路线 / 11
　　一、南方丝绸之路交通路线开通历史 / 11
　　二、南方丝绸之路交通路线基本情况 / 12
第三节　南方丝绸之路的性质和作用 / 14
　　一、南方丝绸之路的性质 / 14
　　二、南方丝绸之路的作用 / 15
　　三、南方丝绸之路与其他丝绸之路的关系 / 17

第二章
器物设计文化

第一节　器物文化概述 / 20
　　一、器物的内涵 / 20

　　　　　二、器物的分类 / 22

　　　　　三、器物文化的研究与传播 / 25

　第二节　器物设计文化概述 / 27

　　　　　一、设计文化概述 / 27

　　　　　二、器物设计文化的界定 / 29

　　　　　三、器物设计文化分析要点 / 31

　第三节　南方丝绸之路器物设计文化 / 34

　　　　　一、南方丝绸之路沿线文化 / 34

　　　　　二、南方丝绸之路四川、云南段器物设计文化 / 39

第三章

南方丝绸之路典型器物设计案例

　第一节　日用之道：生活实用类器物 / 48

　　　　　一、邛窑省油灯 / 48

　　　　　二、贮贝器 / 59

　　　　　三、彝族月琴 / 74

　　　　　四、彝族漆饰酒壶 / 87

　　　　　五、泡菜坛 / 99

　　　　　六、白族烤茶罐 / 111

　　　　　七、四川烘笼 / 123

　　　　　八、建水陶汽锅 / 133

　　　　　九、漆奁 / 147

　第二节　生产之术：生产实用类器物 / 162

　　　　　一、鸡公车 / 162

　　　　　二、爪镰 / 177

　　　　　三、蜀锦提花织机 / 192

　第三节　器藏之礼：文化礼仪类器物 / 210

　　　　　一、瓦猫 / 210

　　　　　二、火葬罐 / 221

　　　　　三、擒克 / 232

第四章
南方丝绸之路器物设计文化特征与当代启示

第一节　南方丝绸之路器物设计文化特征　/ 248
　　一、共生关系促推南方丝绸之路器物循环发展　/ 248
　　二、"共性+个性"谱写南方丝绸之路器物设计文化　/ 250
第二节　巧"构"+巧"塑"+巧"循"：当代南方丝绸之路器物
　　　　设计文化　/ 257
　　一、巧构当代之意　/ 257
　　二、巧塑共性之型　/ 258
　　三、巧循个性之语　/ 259

总结　/ 261

后记　/ 265

崇古追新

南方丝绸之路器物设计文化

第一章

南方丝绸之路

第一节　南方丝绸之路历史探源

一、南方丝绸之路源起

德国地理学家李希霍芬（F. von Richthofen）于1877年提出了"丝绸之路"这一概念，最初指的是以丝绸贸易为主的东西方国家之间的商路和交通路线。❶20世纪80年代之前，人们普遍认为"丝绸之路"主要指的是起点在长安（今西安），终点在罗马的陆上通道，即"北方丝绸之路"。然而，随着学术研究的深入，自20世纪80年代中后期开始，学术界将连接东海至红海的海上通道、长城以北的草原通道，以及从四川经云南至印度的南方通道，一并纳入了"丝绸之路"的研究体系。自此，"南方丝绸之路"逐渐成为学术界关注的焦点。

"南方丝绸之路"是与"北方丝绸之路"相对的概念，也被称作"西南丝绸之路"或简称"南丝路"。这条线路起始于古蜀文明的中心城市成都，向南经过今云南、贵州、广西等西南地区，由云南的西南边境进入南亚、中亚、西亚等地区，形成了西路、中路、东路三条主要的国际通道。这些通道不仅是古代中国重要的经济贸易交流线路，也是文化交流与传播的重要途径。❷❸

中国古代文献早已有对"南方丝绸之路"相关路线及贸易活动的记载。《史记》❹中的《大宛列传》《西南夷列传》《货殖列传》等篇章提到了"蜀身毒道"，而《华阳国志·南中志》《三国志》《后汉书》《水经注》《新唐书·地理志》《蛮书》等文献中也多次提及"步头道"和"进桑道"等。❺这些记载虽未明确界定"南方丝绸之路"这一名称，但已涉及西南地区的交通线路及贸易交流情况。

近代以来，诸多中外学者对我国西南地区的交通和文化交流进行了研究。梁启超在《中国印度之交通》❻中提到滇缅路是中印交通路线之一；

---

❶ 段渝：《文明的史迹：先秦·巴蜀及南丝路历史研究（巴蜀文化卷）》，成都：西南交通大学出版社，2023年7月，第50页。
❷ 屈小玲：《南方丝绸之路沿线古国文明与文明传播》，北京：人民出版社，2016年5月，第26、86页。
❸ 段渝：《文明的史迹：先秦·巴蜀及南丝路历史研究（巴蜀文化卷）》，第51页。
❹ [汉]司马迁：《史记》，北京：中华书局，1959年9月。
❺ 段渝：《近年南方丝绸之路研究的发展阶段及主要成果》，《暨南学报（哲学社会科学版）》2021年5月，第25页。
❻ 梁启超：《佛学研究十八篇》，北京：中华书局，1989年1月，第132、133页。

方国瑜在《云南与印度缅甸之古代交通》❶中认为中印文化的最初交流是通过滇蜀道进行的。国外学者如法国学者伯希和的《交广印度两道考》❷、缅甸学者波巴信的《缅甸史》❸、英国学者霍尔的《东南亚史》❹等，也对这一领域做出了贡献。

20世纪80年代之后，基于日本学者藤泽义美❺，港台学者桑秀云、饶宗颐，四川学者童恩正、任乃强、段渝、屈晓玲，云南学者方国瑜、陈茜❻、张增祺、李昆声、陆韧等的研究，学术界正式提出了"南方丝绸之路"这一概念，并对其历史和路线有了更加清晰的认识。此外，过去50多年里，考古学家在四川、云南等地发现了许多西汉以前的文物，这些实物证据弥补了文献记载的不足，也为"南方丝绸之路"的存在提供了有力的证明。

童恩正指出，研究中印古代交通具有重要的学术价值，因为它关系到对两大文明中心之间早期文化交流的探索。这两大文明并非传统意义上的印度文明和中国北方文明，而是印度文明与中国西南文明之间的交流。❼这一观点不仅丰富了我们对"南方丝绸之路"历史意义的理解，也突显了其在文化交流史上的重要地位。

二、南方丝绸之路开通时间

南方丝绸之路作为古代中国与外界联系的重要通道，其历史渊源和开通时间一直是学术界研究的热点话题。在开通时间方面目前主要存在两种观点。

一种观点认为，南方丝绸之路的开通始于秦朝统一巴蜀之后，并在西汉时期得到进一步的发展。❽这一观点主要基于史籍记载，如《史记》中提到的公元前316年秦并巴蜀后，李冰作为蜀守开始修筑从成都出发，沿岷江而下至僰道县（今属四川宜宾）的道路，即"僰道"。秦始皇统一六国后，常颇在僰道的基础上继续修"五尺道"（因道宽秦五尺而得

---

❶ 方国瑜：《云南与印度缅甸之古代交通》，《西南边疆（昆明版）》1941年第12期。
❷ 伯希和：《交广印度两道考》，冯承钧译，北京：中华书局，1955年1月。
❸ 波巴信：《缅甸史》，陈炎译，北京：商务印书馆，1965年1月。
❹ D.G.E.霍尔：《东南亚史》上册，中山大学东南亚历史研究所译，北京：商务印书馆，1982年1月。
❺ 藤泽义美：《古代东南亚的文化交流》，《南亚与东南亚资料》1982年第2期。
❻ 陈茜：《川滇缅印古道初考》，《中国社会科学》1981年第1期。
❼ 童恩正：《古代中国南方与印度交通的考古学研究》，《考古》1999年第4期，第85页。
❽ 邹一清：《贸易通天下》，重庆：重庆大学出版社，2017年1月，第7页。

名❶），进一步扩展至今云南曲靖地区。到了西汉时期，汉武帝在经营西南夷的过程中，根据张骞的建议，寻找通往西方的道路，派遣唐蒙、司马相如等人继续修筑和完善这些道路。❷

另一种观点则认为，南方丝绸之路的开通时间可能更早，至迟在商代就已经存在。❸这一观点表明：早在殷末，蜀王杜宇即由五尺道从昭通北上至蜀，春秋时期蜀王开明氏"雄张獠僰"❹（即控制管理今四川、云南、贵州接壤地区的少数民族），进一步开通了成都平原与川南、滇东北的交通道路。之后的"秦时常頞略通五尺道，诸此国颇置吏焉"❺是对自商周至战国时代已经存在的这条道路做进一步修整。也就是说，五尺道在秦时由官方组织正式修整之前就已存在，比常頞开凿（公元前221年）早得多。❻此外，这一观点还得到了近年来考古发现的支持。例如，四川广汉三星堆遗址、成都金沙遗址、西昌瓦打洛遗址以及云南大理沙溪鳌凤山遗址等地出土的海贝，显示出古蜀地区与印度和近东文明的联系。此外，中国丝绸在公元前十一世纪已传至埃及的事实，也表明在先秦时期，古蜀地区与南亚次大陆之间已有了贸易往来的途径。❼

综合这些考古发现和史料记载，我们可以推断南方丝绸之路的早期形态可能在商代就已初步形成。随着时间的推移，尤其是在秦朝和汉朝官方的推动下，这些原始的贸易路径逐渐演变成更为系统和完善的交通网络。因此，南方丝绸之路的开通和发展历程是一个逐渐演化和完善的过程。这些交通路线不仅促进了商品的流通，还加强了文化的交流与融合，对世界文明的发展产生了重要影响。

三、南方丝绸之路起点

南方丝绸之路的起点位于中国西南地区的四川省成都市。成都不仅是这条历史长廊的地理起点，更是文化交流和商贸往来的重要枢纽，承载着丰富的历史和文化价值。苏秉琦在《中国文明起源新探》中说："四川的古文化与汉中、关中、江汉以至南亚次大陆都有关系，就中国与南

---

❶ [汉]司马迁：《史记》卷116《西南夷列传》，正义引《括地志》，第2993页。
❷ 杨富学：《丝路五道全史（上）》，太原：山西教育出版社，2019年12月，第185页。
❸ 段渝：《五尺道的开通及其相关问题》，《四川师范大学学报》2013年第4期，第160页。
❹ [汉]常璩，刘琳校注：《华阳国志校注》，成都：巴蜀书社，1984年7月，第191页。
❺ [汉]司马迁：《史记》卷116，第2993页。
❻ 段渝：《五尺道的开通及其相关问题》，第156页。
❼ 段渝：《历史越千年》，重庆：重庆大学出版社，2018年9月，第97、98页。

亚的关系看，四川可以说是'龙头'。"❶蜀为南方丝绸之路的重心,❷而古蜀文明的中心城市成都，则成为南方丝绸之路的起点。

（一）历史渊源

成都作为一座历史悠久的城市，早在殷商时期就有原始部落在此居住，并逐渐发展成较固定的市邑。考古资料表明，春秋战国时期，"成都"这一名称已经存在。从荥经曾家沟战国墓葬群出土漆器上的金文"成草"❸字样，到青川郝家坪战国墓葬群出土的"成亭"❹字样，都印证了成都作为地名的历史渊源。秦汉三国时期，成都同样被简称为"成"。湖南长沙马王堆汉墓（1、3号墓）中出土的部分漆器底部或器内有"成市草""成市饱"等戳记；湖北江陵凤凰山（8、9、10、167、168号墓）、湖北荆州高台2号墓❺等地出土的部分漆器有"成市草""成市素""成市饱"等烙印文字（图1-1-3-1）。"成都"这一名称在各地出土的文物中频繁出现，显示了其在当时的重要地位。

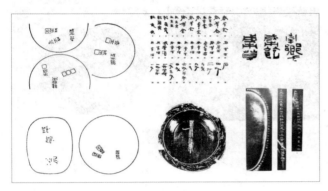

图1-1-3-1　漆器铭文中的"成都"

（二）地理优势

成都的地理优势为其成为南方丝绸之路起点提供了坚实的基础。四周的边缘山地向盆地中心逐渐下降，形成了独特的地理向心结构,❻使得成都平原成为四川盆地的核心。成都的地理位置，东南有龙泉山脉，西北有龙门山、邛崃山脉，东北和西南为山地丘陵，形成了一个地形平坦、土层深厚，矿物质、有机质以及森林资源丰富，相对独立的地理环境。同时，环绕在成都平原的江河，如岷江、嘉陵江等，为成都提供了丰富的水资源，加上秦代都江堰水利工程（图1-1-3-2）的建设，进一步促

---

❶ 苏秉琦：《中国文明起源新探》，北京：生活·读书·新知三联书店，1999年1月，第85页。
❷ 段渝：《文明的史迹：先秦·巴蜀及南丝路历史研究（巴蜀文化卷）》，第310页。
❸ 四川省文管会，雅安地区文化馆，荥经县文化馆：《四川荥经曾家沟战国墓群第一、二次发掘》，《考古》1984年第12期，第1077页。
❹ 俞伟超：《汉代的"亭""市"陶文》，《文物》1963年第2期，第34页。
❺ 湖北省荆州博物馆：《荆州高台秦汉墓》，北京：科学出版社，2000年3月，第122页。
❻ 段渝：《文明的史迹：先秦·巴蜀及南丝路历史研究（巴蜀文化卷）》，第32页。

成了蜀地成都岷江水道交通网[1]的形成。

成都优越的自然条件，吸引着山地周边的人们前来定居，伴随人们而来的还有文化的交流与传播。这使成都平原由此成为古文化的聚集地，因而有了以宝墩文化（距今4500～3700年）、三星堆文化（距今3700～3200年[2]）、金沙文化（距今3600～3450年）等为代表的古蜀文明。从文化遗址中出土的众多器物（图1-1-3-3），也证实了成都是古蜀文化的聚集、交融与传播中心。

图1-1-3-2　不同角度的都江堰

图1-1-3-3　不同遗址中的出土器物

①战国 水陆攻战纹铜壶（成都百花潭出土）　②战国 釜甑（成都新都区马家乡出土）　③战国 戈（成都郫都区红光出土，有巴蜀图语）　④战国 髹漆鸱鸮壶（四川青川郝家坪1号墓出土）　⑤唐五代 银铅胎漆碟（四川前蜀王建墓出土）

（资料来源：①翻拍自《新津文物精品图录》[3]，②翻拍自《中国出土青铜器全集》[4]，④翻拍自《四川漆器》[5]，⑤摄于成都永陵博物馆，①～③均藏于四川博物院）

（三）商贸文化

成都自古以来便是商贸繁荣之地。先秦时期的成都是跨地区贸易繁荣的工商业城市、自由都市。商代的成都主要发挥工商业作用；春秋战国时，成都作为首位城市，是蜀地的政治经济文化中心。[6]历经春秋、战国至两汉，成都已成为手工业者和各类商贩的汇聚地，也成为全国重要的手工业中心之一，特别是丝织、漆器、制盐、冶铁等手工行业十分繁盛，从成都曾家包东汉墓出土的画像石即可见其盛况（图1-1-3-4）。初唐诗人陈子昂描述成都："蜀为西南一都会，国家之宝库，天下珍货聚出其中。又人富粟多，顺江而下，可以兼济中国。"诗仙李白在《上皇西巡南京歌十首（其二）》中赞

---

[1] 屈小玲：《南方丝绸之路沿线古国文明与文明传播》，第33页。
[2] 许丹阳：《三星堆文化研究四十年》，《中国文化研究》（夏之卷）2021年第2期，第58页。
[3] 新津县文化体育和旅游局、新津政协文史委：《新津文物精品图录》，成都：巴蜀书社，2019年4月，第246、247页。
[4] 李伯谦：《中国出土青铜器全集（四川·重庆·云南·贵州·青海）》，北京：科学出版社，龙门书局，2018年12月，第46、47、53、59页。
[5] 邵宇：中国四川省工艺美术研究所，中国人民美术出版社：《四川漆器》，京都：株式会社美乃美，1982年7月，第27页。
[6] 段渝：《文明的史迹：先秦·巴蜀及南丝路历史研究（巴蜀文化卷）》，第301页。

图1-1-3-4　天府殷实图
（资料来源：《画像石鉴赏：看得见的汉朝生活图志》）❷

美道："九天开出一成都，万户千门入画图。草树云山如锦绣，秦川得及此间无。"杜甫在《成都府》中赞叹："曾城填华屋，季冬树木苍。喧然名都会，吹箫间笙簧。"这些诗句都从不同角度描绘了古时成都的富庶与繁荣。北宋时期成都出现的世界上最早的纸币"交子"❶，也是其商品经济繁荣的表现。

成都作为丝绸起源中心之一，成为南方丝绸之路蜀锦贸易的重要产地。两汉时期，成都丝绸业高度繁荣。扬雄描述西汉成都"自造奇锦"，左思描述东汉成都"百室离房，机杼相和，贝锦斐成，濯色江波"。三国时期，诸葛亮就将蜀锦的对外贸易作为国家重要的财政收入之一，为蜀国"军资所赖"，强调"决敌之资，惟仰锦耳"。在新疆出土的"五星出东方利中国"锦，专家根据文字推断为三国时期生产的蜀锦。❸隋唐至宋时期，成都以织锦业为代表的丝绸产业发展达到顶峰，生产规模前所未有，产品行销遍及欧、亚各国。❹流通在丝绸之路上的蜀锦，成为成都乃至中国与世界交流的重要载体，也因此成就了千年的丝路物语。季羡林先生指出："古代西南，特别是成都，丝业茂盛，这一带与缅甸接壤，一向有交通，中国输入缅甸，通过缅甸又输入印度的丝的来源地不是别的地方，就是这一带。"❺

成都，作为南方丝绸之路的起点，不仅在历史上扮演了商贸角色，更在文化交流上发挥了巨大作用。其独特的地理位置、丰富的历史文化，以及繁荣的商品经济，共同筑造了成都在南方丝绸之路上不可替代的地位。成都的历史和文化价值，至今仍在不断地影响着当代社会，成为连接过去与未来的桥梁（图1-1-3-5）。

---

❶ 注：宋仁宗天圣元年（公元1023年），成都设官方的益州交子务，由专职监官来主持交子发行。第二年4月1日，"官交子"正式发行。谭良啸，吴刚：《文物为成都作证》，成都：成都时代出版社，2015年6月（2022年1月重印），第245页。

❷ 张道一：《画像石鉴赏：看得见的汉朝生活图志》，北京：文化艺术出版社，2018年12月（2022年1月重印），第132、133页。

❸ 谭良啸，吴刚：《文物为成都作证》，第108、109页。

❹ 成都市地方志编纂委员会：《成都市志·丝绸志》，北京：方志出版社，2012年8月，第3页。

❺ 季羡林：《中国蚕桑输入印度问题的初步研究》，《中印文化关系史论文集》，北京：生活·读书·新知三联书店，1982年5月，第75页。

图1-1-3-5　南方丝绸之路起点——锦门小镇

四、南方丝绸之路开通条件

　　南方丝绸之路的辉煌历史，不仅得益于沿线丰富的自然资源，更得益于深厚的人文资源和多元文化的交融。四川、云南等地区独特的地理位置，孕育了壮美的自然景观和多彩的民族文化，共同塑造了南方丝绸之路的商贸历史和器物文化。

　　四川省以其辽阔的土地和丰富的自然资源和人文资源而著称。这里的森林覆盖率高，植物种类繁多，可谓"名材竹干，器械之饶，不可胜用"，《史记》也载："巴蜀亦沃野，地饶卮、姜、丹沙、石、铜、铁、竹、木之器。"❶这些条件为古代四川的器物生产提供了丰富的制作原料，四川人民世代传承的工艺技术，如蜀锦织造、青铜铸造、漆器制作等，也为南方丝绸之路提供了独特的商品。四川的邛崃（图1-1-4-1）、荥经（图1-1-4-2）、会理（图1-1-4-3）、宜宾（图1-1-4-4）等地不仅资源丰富，更是人文荟萃之地，古代的文人墨客、工匠艺术家在此留下了丰富的文化遗产。邛崃，作为南方丝绸之路西出成都的第一站，不仅是陶瓷、茶叶、酒等商贸往来的要冲，也是文化交流的重要枢纽，被誉为"天府南来第一州"❷。荥经地区，作为四川盆地与青藏高原的过渡带，其独特的地理环境孕育了丰富的植被和矿产资源，为当地的砂器等器物发展提供了坚实的物质基础。会理地区则以其丰富的矿产资源，如高温黏

---

❶ [汉]司马迁：《史记》卷一百二十九《货殖列传》，第3261页。
❷ 杨宏声：《临邛镇志》（内部资料出版物），2004年11月，第46页。

土、高岭土、有色金属等，成为南方丝绸之路上的重要矿产供应地。宜宾地处金沙江、岷江与长江的交汇处，被誉为"万里长江第一城"。金沙江和岷江的汇合，不仅为宜宾带来了"三江汇流"的自然奇观，也使得宜宾成为长江流域重要的生态屏障和水资源保护地。秦朝时就已作为"西南夷"官道开发，为宜宾留下了许多与南方丝绸之路相关的历史遗迹和文化景观（如李庄古镇见证了宜宾悠久的历史和文化）。这些人文资源与自然资源的结合，使得四川在南方丝绸之路上占据了重要地位，成为经济贸易、文化交流的重要节点。

图1-1-4-1　邛崃资源
①唐　鸭形把手短流壶　②唐　釉下三彩提梁壶　③唐　褐彩"蜀"字罐　④邛崃平乐古镇的铁匠铺
（资料来源：①②四川博物院提供，③翻拍自《邛窑》❶）

图1-1-4-2　荥经砂器烧制现场

图1-1-4-3　会理资源
①清代会理州城　②当代会理古城　③民国时期　会理鹿厂古窑址　④孔雀石
（资料来源：①《会理县志》❷）

---

❶ 成都文物考古研究所、邛崃市文物管理局：《邛窑》，成都：四川人民出版社，2017年5月，第96页。
❷ 四川省会理县志编纂委员会：《会理县志》，成都：四川辞书出版社，1994年1月。

图1-1-4-4 宜宾资源
①宜宾横江码头 ②五粮液酒制作现场
[资料来源：①《穿越时空的古道——南方丝绸之路史料荟萃（之一）》❶

云南省同样以其丰富的自然资源和人文资源，特别是有色金属和矿石资源而著称（图1-1-4-5）。其独特的滇文化和多彩的民族文化，为南方丝绸之路增添了无限生机与活力。云南是多民族聚居的地区，每个民族都有自己独特的文化和传统，大理的白族文化、德宏的傣族和景颇族文化，都是南方丝绸之路上不可或缺的文化元素。云南的滇文化，以其悠久的历史和独特的青铜器物，为南方丝绸之路的文化多样性贡献了独特的一笔。云南的自然资源，为丝绸之路上的器物制作提供了多样化的材料选择，从而促进了沿线地区工艺技术的发展。孔雀石等矿石的开采，不仅为云南当地的经济发展提供了动力，也为南方丝绸之路的贸易往来增添了独特的色彩。大理地区，以其丰富的大理石资源闻名，这些石材在古代被广泛用于器物制作中，成为南方丝绸之路上的重要商品。腾冲

图1-1-4-5 云南资源
①云南建水街道 ②云南建水双龙桥（俗称十七孔桥） ③云南大理州云龙县诺邓村 ④云南腾冲古街 ⑤云南腾冲界头乡新庄村手抄纸古法制作现场 ⑥⑦云南织机

---

❶ 保山市政协：《穿越时空的古道——南方丝绸之路史料荟萃（之一）》，芒市：德宏民族出版社，1994年1月，彩图版第3页。

地区则以其火山石和翡翠等矿产资源著称，这些珍贵的石头不仅在当地受到珍视，也通过丝绸之路传播到远方。德宏地区则以其稀有矿产资源为丝绸之路的繁荣做出了贡献。

四川、云南等地区的自然资源与人文资源相互依存、相互促进，共同为南方丝绸之路的开通和发展提供了得天独厚的条件。这些资源不仅可用于生产制作蜀锦提花织机，以及贮贝器、成都漆器等众多器物，满足当地人民的生产和生活需求，还成为商贸往来的重要商品。通过南方丝绸之路，这些珍贵的自然资源、人文资源得以流通或传播至更远的地方，促进了不同地区之间的经济和文化交流。

第二节　南方丝绸之路交通路线

一、南方丝绸之路交通路线开通历史

南方丝绸之路的开通并不是一蹴而就的。总体而言，其沿线地理环境复杂，地势险峻，山高路窄，沟壑纵横，这些恶劣条件严重地制约了交通路线的发展。历代王朝均是在前朝的基础之上，逐步克服自然屏障所带来的困难，经过历代人不断地拓展，才有了几经变迁、多次改道后又贯通的南丝路。

南丝路主干线虽然开辟于公元前4世纪，但主要是由秦、西汉、东汉三个统一王朝断续打通。秦汉时期采取"通道""置吏"并举的措施经营西南夷，"通道"即通过组织人力物力修筑道路；"置吏"即指在道路打通的基础上，沿交通道路深入西南夷部族地区设置郡县。[1]著名史学家司马迁在《史记·西南夷列传》中记载了汉武帝时期经营西南夷开辟"蜀身毒道"的过程。汉武帝在张骞出使西域发现南方丝绸之路后，便下定决心打通南丝路。东汉在西汉的基础之上，进一步向西打通出境道路。

汉晋时期南方丝绸之路道路体系主要形成了两条路线，一是从成都出发经由今云南西出缅甸至今印度的"蜀身毒道"；二是从成都出发至

---

[1] 陆韧：《南方丝绸之路研究丛书·历史地理卷》，合肥：安徽人民出版社，2022年2月，第31页。

滇（今昆明市）继续南下，沿云南至越南的跨国红河水道至今越南北方的"进桑麋泠道"。唐宋时期，由于世界地缘政治与商业贸易格局的变化，造船技术的进步，海上丝绸之路逐渐兴起并成为国内国际贸易交流的主要道路。此时期，南方丝绸之路开通"安南通天竺道"，并成为唐宋时期南丝路的基干。这条路线拓展了南丝路云南至印缅的道路，并且将南方丝绸之路与海上丝绸之路相连通。元代，南丝路的路线并未发生较大变化，主要体现在有了更完善的交通设施。元代采取"站赤制度"，"站赤"即"驿传"。"站赤制度"是指在国内或通往属国的交通干线上，根据日程和地理形势设置站赤，作为供军旅、使臣和商旅投宿歇息的驿站。明清时期，在元代"站赤制度"基础上完善南丝路驿站干线道路，与四川、贵州、广西的驿站道路组成西南交通网络；将驿道向东南亚延伸，形成依靠缅甸伊洛瓦底江内河运输抵达伊洛瓦底江入海口的通江达海交通体系。清代至近代，由于技术的进步，南丝路的交通运输方式发生了变化，由人畜驮运向马帮运输和近代交通互联运输过渡，出现了铁路、公路。因为海关的开放，南方丝绸之路开始与世界交通贸易体系接轨。❶至此，南方丝绸之路的交通体系构建完成。

二、南方丝绸之路交通路线基本情况

南方丝绸之路将中国西南地区与欧亚大陆其他地区相连通，构建出中国西南地区走向国际贸易的交通体系，总长约2000公里，是中国最古老的商贸通道之一。南方丝绸之路以蜀文化中心地的成都为起点，向南在国内共形成西、中、东三条路线（图1-2-2-1）。❷

南方丝绸之路的西线是从今四川成都经云南、缅甸到达印度的"蜀身毒道"，又称"蜀滇缅印道"❸。从成都沿四川西北或西南南下，经邛崃到雅安进入"灵关道"（也称"零关道"，东汉时期又称"牦牛道"或"旄牛道"）。灵关道途经雅安、荥经、汉源、西昌、会理、大姚等12个城市，到达姚安后，出灵关道，西折至大理。除此，还存在部分支线，如从成都经广汉、彭县、灌县、宝兴、芦山、雅安，或从西昌经平川、盐源、宁蒗、丽江、鹤庆、邓川至大理。❹

---

❶ 陆韧：《南方丝绸之路研究丛书·历史地理卷》，第92、153、154、174、189、230页。
❷ 邹一清：《贸易通天下》，第2-5页。
❸ 段渝：《文明的史迹：先秦·巴蜀及南丝路历史研究（巴蜀文化卷）》，第51页。
❹ 丁芝萍：《活跃在南方丝绸之路的滇川商旅》，北京：中国文联出版社，2018年4月，第5页。

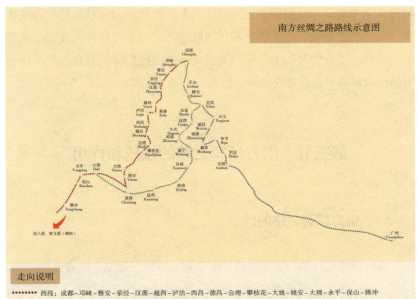

图1-2-2-1　南方丝绸之路路线

南方丝绸之路的中线也是从今四川成都出发，经云南至越南的"步头道"和"进桑道"，后统称为"安南道"或"中越道"。具体为：从成都出发，经眉山、乐山、犍为到达宜宾进入"五尺道"，沿"五尺道"经云南的水富、昭通后，东折至贵州威宁，再西折至云南曲靖，继续向西经云南昆明、楚雄后，与西线在大理会合。

南方丝绸之路西、中线在大理会合后，继续沿"大理—保山"古道，史称"博南道"（为汉唐时期连接大理与保山两地之间的官营驿道主线路）向西南行至永平、"保山—腾冲"古道（简称"保腾古道"），最后自腾冲县城向西北出境缅甸密支那或向西南经德宏（含梁河、盈江、陇川、瑞丽）前往缅甸八莫、瓦城。从大理至出境的这一段先后属于汉代永昌郡、唐代（南诏国）永昌节度及宋代（大理国）以后的永昌府辖区范围，因此人们习惯将其称为"永昌古道"。❶

南方丝绸之路的东线是从今四川出发，经贵州、广西、广东至南海的"牂牁道"，因途经夜郎文化地区，因此也被称为"夜郎道"。❷

南丝路西、中、东三条主线路，贯穿了四川省、云南省的多个城市，

---

❶ 保山市文化和旅游局：《南方丝路永昌道》，昆明：云南大学出版社，2020年11月，第1、9、67、157页。
❷ 段渝：《文明的史迹：先秦·巴蜀及南丝路历史研究（巴蜀文化卷）》，第51页。

虽因时代变迁致三条道路在不同时代其名称有所不同，甚至部分路段改道，以及真正形成规模在清代和民国时期（此时期的南丝路逐步迈入如滇越铁路、滇缅公路和中印公路等新式交通时代❶），但其在古代中国西南地区的对外经济文化交流中，曾起到了至关重要的作用。❷

第三节　南方丝绸之路的性质和作用

一、南方丝绸之路的性质

南方丝绸之路具有多重性质，不仅是一条商贸通道、民族迁徙通道，同时还是一条文化交流与传播的通道。作为许多古老民族的商贸和迁徙通道，其沿线不同民族在移动的过程中，文化的交流与传播不断深入和加强，形成了虽然各具特色但又多民族共享的丝路文化。

从对南丝路的控制权来看，南丝路具有民间交通道路和官方交通道路两种性质。早期，南丝路主要是因民族迁徙而形成，在道路上主要进行的是民族贸易交流，也有部分国际贸易，如《史记·大宛列传》记载张骞在大夏（今阿富汗）发现"邛竹杖、蜀布"，证明古蜀国存在一条经身毒（今印度）到达大夏的道路，且这条道路并未被官方知晓。从秦朝开始，各朝各代通过各种制度控制南丝路，使得南丝路成为官方交通道路。但是，这两种性质并不是独立存在，官方交通道路中也存在民间交通道路。从道路功能来看，南丝路具有外来交往和经济交流的性质。明清时期，有从西南边境进入缅甸及泰国等地的"贡象道路"和从云南前往阿拉伯麦加的"朝觐之路"，在"贡象道路"上发生的宝石贸易、朝贡贸易，最能凸显南丝路的这两种性质。

南方丝绸之路开辟的目的是进行国际贸易交流，这种目的也奠定了外来交往和经济交流性质的产生。从道路情况来看，南丝路具有政治管理和军事行动两种性质。❸在政治管理方面，秦统一之后，秦王朝着力打通"蜀身毒道"，在道路打通的基础上，秦王朝在道路沿线的西南夷部族

---

❶ 陆韧：《南方丝绸之路研究丛书·历史地理卷》，第259页。
❷ 丁芝萍：《活跃在南方丝绸之路的滇川商旅》，第6页。
❸ 邹一清：《贸易通天下》，第10页。

地区设置郡县，将西南夷部族逐渐纳入统一王朝的版图进行统治。在军事行动方面，南方丝绸之路沿线一些地区曾发生过许多著名的军事战争，如三国时期蜀国军队在诸葛亮的率领下南征、汉朝与南越的战争、唐朝与南诏的战争等。综上，南方丝绸之路的性质是多样而复杂的。

二、南方丝绸之路的作用

开发早、沿用时间长的南方丝绸之路古道，其沿线留下了各个时期的桥梁渡口、道路设施、商贸集镇、驿站关隘、战场遗迹、宗教庙堂等众多历史遗迹，这也让后世的我们通过这些遗迹，认识并串联起这条千年古道的发展历程。

南丝路不仅开通了中国与东南亚、南亚等地区交流的大通道，也促进了中国与世界多国经济贸易、文化交流的大发展，其历史价值远超促进经济贸易交流的范畴，具有深刻的文化内涵和历史意义。其作用主要体现在对外贸易、民族迁徙和文化交流❶三个方面。

开通南丝路的主要目的是进行经济交流，因此对外贸易是南丝路最关键的作用。在南丝路上，以商品为载体，以货币为中介，通过贸易的形式实现商品交换（表1-3-2-1）。中国对外输出的商品主要有丝织品、陶瓷器、金银器、茶叶等，其中蜀锦、邛竹杖以及各类青铜器、金银器、漆器最为出名；从国外输入的商品主要有海贝、象牙、香药、玉石、珠宝等。❷在南丝路的西线，对外贸易的货币主要是海贝，这种海贝并非产自国内，而是来源于印度洋。三星堆遗址出土了大量海贝，经过生物学家的科学检测，认为这些海贝大多是来自中国海域，而这些海贝很可能就是随着四川盆地与中南半岛早期贸易与文化交流而达到川西平原腹地的。❸在南丝路的东线，对外贸易则常使用中国货币，中国最早使用的纸币"交子"，也是产生于南丝路上的成都。对外贸易的主要方式有直接贸易和转口贸易两种，直接贸易指由商人亲自贩运；转口贸易指经过多次转口交易完成。

---

❶ 段渝：《历史越千年》，第106页。
❷ 段渝：《历史越千年》，第107页。
❸ 李昆声，陈果：《中国云南与越南的青铜文明》，北京：社会科学文献出版社，2013年3月，第544页。

表1-3-2-1　南方丝绸之路对外贸易信息

贸易形式	商品	货币	方式
输出	丝绸、蜀布、蜀锦、蜀绣、亚麻、布匹、帛、生丝、邛竹杖、蚕桑、朱砂、药材、稻米、杂缯、盐巴、白糖、酒、茶叶、烟、豆类、铜器、金器、银器、铁器、瓷器、纸、牙梳、玻璃器皿、瓦器、颜料等	中国货币	直接贸易转口贸易
输入	海贝、犀牛、犀牛角、大象、象牙、玳瑁、香药、砂糖、琉璃、玻璃、玉石、宝石、水晶、琥珀、珊瑚、木棉、棉花、棉纱、棉织品、毛织品、大米、冰糖、乌木等木材、水牛、封牛、狮子、名马、药材、菩提树、沉香、檀香、画塔、舍利、胡椒、龙脑香、海产品、燕窝、鱼胶、波罗蜜等水果、树胶、鸦片等	海贝	

　　南丝路最早是由于民族迁徙而形成，但完全打通后的南丝路也成为民族迁徙的通道。❶在这条道路上，有藏缅语族的各民族，如藏、羌、彝、白、纳西、傈僳、普米、独龙、怒、阿昌、景颇、拉祜、哈尼和基诺等民族，壮侗语族的傣族，孟高棉语族的佤、布朗和德昂等民族，以及苗瑶语族的苗、瑶等民族聚居于此。南方丝绸之路的四川西部、南部一带，自古就是藏缅语族诸民族南下和壮侗、孟高棉语族诸民族北上的交通走廊以及他们会合交融之所。❷民族迁徙、对外贸易形成了南方丝绸之路上多民族、多族群交错而居的现状，也形成了多文化、多语言相互交融的格局，彼此带来了深入的文化交流。❸由此，成都、雅安、西昌、大理、永昌、腾冲等地方的古代居民以及异国商队都借道南丝路，将礼俗文化、商品技术等先进的思想、物质传播到了异国他乡。

　　蜀与滇的碰撞，将川西平原的青铜文化引入滇文化中，丰富了滇文化中青铜文化的形制和寓意。中国与印度的交流，使印度的海洋文化传入内陆。东南亚地区粟米的种植，葬俗中的岩葬、船棺葬、石棺葬以及部分青铜器的器形与纹饰，也表明该地区受到古蜀文明的强烈影响。❹南丝路上文化交流现象中最具代表性的如铜鼓文化，最早出现于百越族。随着百越族的不断迁徙、分化，铜鼓文化传播到中国西南地区、长江流域以南以及东南亚等地，后逐渐成为壮、苗、瑶、侗、布依等民族共同的文化元素。❺佛教传入中国，是南丝路上文化交流的重大事件。大理是

---

❶ 段渝：《历史越千年》，第110页。
❷ 王万平：《南方丝绸之路上的民族迁徙、文化交流和节庆共享——中华民族共同体形成与发展的一个典型案例》，《民族学刊》2019年第4期，第18页。
❸ 王万平：《南方丝绸之路上的民族迁徙、文化交流和节庆共享——中华民族共同体形成与发展的一个典型案例》，第20页。
❹ 段渝：《文明的史迹：先秦·巴蜀及南丝路历史研究（巴蜀文化卷）》，第295页。
❺ 李昆声，陈果：《中国云南与越南的青铜文明》，引言。

东西向南丝路和南北向茶马古道的交会点,这一地区在南诏时期就开始信仰佛教密宗(当地叫作"阿吒力教")。❶通过南丝路古道,中国西南地区和东南亚、南亚、西亚等地区建立了密切的经济、政治联系,展开了广泛的文化交流。学界普遍认为,南丝路促成了蜀文化、滇文化、中原文化、印度文化、西亚文化等多种文化的交流,实现了中西方最早的相互了解。❷学者王铭铭说:"南方丝绸之路沿线处于中央版图边缘地带,一方面跨境而居,与当地土著在物品上互通有无,语言上交流通畅;另一方面受到中央王朝管控,遥远的王权管控远达于此,在政令上畅通有效,儒学传统文化远播于此,通过人员交流、物品交换,在上下一体的秩序中,核心、中间、海外三圈间文化出现了上下纵横勾连"❸。

南丝路成为中央政府经略西南地区以及与南亚、东南亚进行文化交流的枢纽和要道,推动了民族的流动迁移和文化的互动,使西南边疆成为文化交流与碰撞的特殊区域。在此基础上建立起了基于西南边疆的文化传统,彼此间联系密切的商贸、文化网络。南丝路在西南边疆文明的形成、统一多民族国家的塑造、中华文明多元一体化进程中发挥了重要作用。❹

三、南方丝绸之路与其他丝绸之路的关系

南方丝绸之路作为古代中国对外交流的重要通道之一,与北方丝绸之路、海上丝绸之路、草原丝绸之路在交通路线以及商品流通等方面有一定联系,并共同构成了一个庞大而复杂的交通和贸易网络。这些丝绸之路不仅是商品交换的路线,更是文化交流、宗教传播、技术交流的重要途径,对于促进古代文明的交流与发展起到了至关重要的作用。

北方丝绸之路,作为陆上丝绸之路的主要通道,起点位于中国的中原地区,穿越中亚,到达地中海沿岸的欧洲。这条路线以其穿越草原和沙漠的艰苦环境而著称,主要依靠驼队和马队进行长途运输。南方丝绸之路则以四川成都为起点,经过云南等地,连接东南亚、南亚,甚至中亚。南方丝绸之路的路况复杂多变,沿途自然景观和气候条件与北方丝

---

❶ 王万平:《南方丝绸之路上的民族迁徙、文化交流和节庆共享——中华民族共同体形成与发展的一个典型案例》,第21页。
❷ 李远国:《南方丝绸之路上的宗教文化交流》,《中华文化论坛》2008年S2期,第168页。
❸ 王铭铭:《经验与心态——历史、世界想象与社会》,桂林:广西师范大学出版社,2007年1月,第303页。
❹ 王立教,戴蓉:《南方丝绸之路开凿对西南边疆文化塑造探析》,《贵州社会科学》2020年第5期,第102页。

绸之路截然不同，以热带河谷、高原雪山、坝子丘陵等地形为主，运输方式也更为多样。两者在交通路线上相互补充，共同构成了古代中国对外交流的陆上网络。一些专家依据文献认为：南方丝绸之路的开通要早于北方丝绸之路。❶ 如《汉书·张骞传》记载，张骞为寻求一条通往安息（波斯）、大秦（罗马）的道路，去往大夏，在大夏发现了"邛竹杖和蜀布"，进而得知南方丝绸之路的存在。但由于沿线少数民族对经济贸易与文化认知的不同，南方丝绸之路并没有成为官府道路。因此，汉朝才开辟了北方丝绸之路。

海上丝绸之路是连接中国沿海地区与东南亚、南亚、西亚乃至非洲的海上贸易路线。南方丝绸之路的东线，即从今四川经贵州、广西、广东至南海的路线，与海上丝绸之路相衔接，形成了陆海联运的贸易网络。这种连接方式使得南方丝绸之路在古代中国的对外贸易中起到了桥梁和纽带的作用，不仅促进了商品的流通，还加强了文化的交流与融合。

草原丝绸之路主要穿越中亚草原地带，连接中国北方与欧洲。虽然南方丝绸之路与草原丝绸之路在地理上相隔较远，但它们在历史上都起到了促进东西方文化交流的作用。南方丝绸之路通过与北方丝绸之路的连接，间接与草原丝绸之路相联系，共同推动了古代文明的交流与发展。

南方丝绸之路在地理上的独特性，使其成为连接中国西南地区与外界的重要通道。它不仅促进了物质商品的交换，还促进了宗教、艺术、技术等非物质文化的传播。南方丝绸之路见证了佛教、道教等多种宗教的传播，对于沿线地区的文化发展产生了深远的影响。此外，南方丝绸之路也是多民族交流融合的纽带，促进了不同民族文化的相互理解和尊重。

南方丝绸之路与其他丝绸之路不仅促进了商品的流通，还加强了文化的交流与融合，在构建"中华民族共同体"过程中发挥过重要作用，也为构建"人类命运共同体"提供了历史经验和实践思路，❷ 对世界文明的发展产生了重要影响。

---

❶ 刘兴诗：《南方丝绸之路》，武汉：长江少年儿童出版社，2017年9月，第10—13页。
❷ 王万平：《南方丝绸之路上的民族迁徙、文化交流和节庆共享——中华民族共同体形成与发展的一个典型案例》，第18页。

第二章 器物设计文化

第一节　器物文化概述

一、器物的内涵

器物，作为日常生活与生产中不可或缺的组成部分，涵盖了各种具有实体形态的器具和物品，英文解释为 implements 或 utensils。在古代中国，这一概念起源于《周礼》中的描述，原文"又其外方五百里，谓之男服，三岁壹见，其贡器物"❶。其中提到的"器物"主要指的是用于祭祀的青铜尊彝等礼器。这些礼器不仅是实用的容器，更是古代文化和社会礼仪的重要组成部分。在《礼记注》❷中，对"尊"的解释强调了其在祭祀活动中的重要性，以及关于尊的特定审美和价值观念，如"以小为贵""以下为贵""以素为贵"。这些观念反映了古代社会对于器物的审美追求和精神象征。《说文解字》释"器为'皿'也，象器之口，犬所以守之"❸。段玉裁补充道，"皿，饭食之用器也。然则皿专谓食器。器乃凡器统称……有所盛曰器，无所盛曰械"。"器"是会意字，指狗所守的盛食器，渐次扩展到其他容器。既为实用器，首先要满足人们日用的功能需求，即"有所盛""备物致用"。因而历代经解多从使用角度解释"器"，如《左传》载"得器用也"❹，杜预注"器用者，谓物之成器可为人用者也"，再如《资治通鉴》载"徐庶见备于新野，备器之"❺，胡三省注"物之有用者谓之器"等。随着时间的推移，古代"器"的概念不止于用具，如《黄帝内经》中的"故器者，生化之宇"❻，此"器"意为人体；《易经》中"器"的含义更加宽泛，如"形而上者谓之道，形而下者谓之器"❼，即一切有形的、具体的、物质的东西都可称之为"器"。

器物之美，是一种融合了外在形式与内在文化的复合美，是通过直接的感官体验和深层次的文化意蕴，给人以全面的审美体悟。这种美不仅体现在器物的外在形态上，更蕴藏在其丰富的文化内涵和历史传承中。

---

❶ 陈戍国点校：《周礼》，长沙：岳麓书社，1989年7月。
❷ [汉]郑玄注，王锷点校：《礼记注》，北京：中华书局，2021年6月。
❸ [东汉]许慎，史东梅编：《说文解字》，昆明：云南人民出版社，2011年8月。
❹ [春秋]左丘明：《左传》，南昌：二十一世纪出版社，2015年6月。
❺ [宋]司马光：《资治通鉴》，上海：上海古籍出版社，1987年5月。
❻ 姚春鹏译注：《黄帝内经》，北京：中华书局，2009年7月。
❼ [明]来知德，胡真校：《周易》，上海：上海古籍出版社，2013年1月，第323页。

器物外显美是器物直观的、物质的表现，通过器物的材料、肌理质感、结构设计、纹饰图案、色彩搭配以及制作工艺等展现，是使用者在视觉、触觉等方面的直接感受。内隐之美则是指器物所蕴含的更为深远的文化内涵和审美价值。在漫长的历史演进中，器物被人们赋予了兼具时代特征的文化意义，❶它不仅是器物的装饰和形式，更是通过器物传达出的历史信息、文化传统、哲学思想和审美情趣，需要观者通过思考和感悟来体会。内隐之美在于其持久性和深度，不易消逝，会随着时间的推移而愈发显得珍贵和独特。❷

器物具有目的性、人工性、精神性和文化性。❸"器物制造是从人类谋取基本物质生存条件开始，并且一直同物质生活状况的改善直接相关，但这丝毫不能改变另一个基本事实，那就是成器活动从很早的时候起就已超越了单纯求取生存的物质事实的界限，从而建立起了物品世界和包括人类精神现象在内的生活世界之间彼此呼应的联系。❹"器物自身只是一种看得见的有形载体，但其背后所体现的，则是社会变迁、文明程度、文化因子，甚至是人物事迹、社会观念、思想认知等内容。器物能够流通，能够传播，能使其所附着的文化意义得以不断彰显、传递与组合，能由单一功能转换到复合功能，由简单到复杂。器物的设计与应用，都是围绕着方便人的活动和基本需求来进行的，也是随着生产实践的发展而不断迭代的，并由最初无意识自发地依据生活和生产经验进行设计和制作，发展到自觉的、有意识、有规模、有组织、有目的的生产经营活动，最终从社会分工中独立出来，形成专门的器物制作人和器物制作部门。❺

中国传统文化，尤其强调"器物"的精神及文化意义。《易传·系辞上传·第十章》载："《易》有圣人之道四焉：以言者尚其辞；以动者尚其变；以制器者尚其象；以卜筮者尚其占。❻"杨慎《升庵集》载："古人制器必尚象，以一瓠言之，上圆象天，下方象地，且又取其置顿之安稳焉。春秋之世，已有破瓠为圆者。❼""象"是《周易》的重要构成因素，

---

❶ 陈胜前：《中国文化基因的起源：考古学视角》，北京：中国人民大学出版社，2021年4月，序言第16页。
❷ 郑丽虹，许大海：《道之"玄妙"与器物审美维度——兼论〈道德经〉中的设计美学意蕴》，《南京艺术学院学报（美术与设计版）》2022年第4期，第142页。
❸ 宗立成：《中国设计文明研究》，北京：科学出版社，2022年1月，第41–42页。
❹ 徐飙：《成器之道——先秦工艺造物思想研究》，南京：江苏美术出版社，2008年1月，第9页。
❺ 王婷：《中国传统器物对现代设计的启示》，《包装工程》2013年第8期，第124页。
❻ 黄汉立：《易经讲堂3：系辞上传发挥》，合肥：黄山书社，2012年3月，第381页。
❼ [明]杨慎撰：《升庵集》，上海：上海古籍出版社，1993年6月。

它包含了从象形到象意的设计观念和设计思想。"象"来源于客观自然的"形象",是在观察自然万物的基础上,经过高度概括出来的、抽象的意义。"制器尚象"的设计思想,即主张把有形之"器"作为一种抽象符号,通过对自然事物的模拟、类比和象征,以表现更深层次的"意"。《宣和博古图》言:"凡彝器有取于物者小,而在礼实大。"❶这里的器连接的是道、礼、儒家观念。"有造物,便有设计,有设计,便有思想。"❷

二、器物的分类

中国传统器物种类繁多,分类形式也多样。从其属性看,可分为功能性器物、精神性器物、身份象征性器物等;从其存在方式看,可进行材质、年代和用途的分类(图2-1-2-1)。考古学界通常按照材质对不同器物进行区分,将器物分为石器、陶器、金属、骨器、木器、玉器和贝壳等七大类。田自秉在《中国工艺美术史》中,按照原始社会、商代、周代、春秋战国、秦汉、三国两晋、隋唐、宋代、元代、明代、清代、近代等年代顺序,分别阐述了不同时期的器物艺术形态和工艺制作。❸根据王琥主编

图2-1-2-1 传统器物分类图

---

❶ [宋]王黼著;诸莉君校点;顾宏义主编:《宣和博古图》,上海:上海书店出版社,2017年1月。
❷ 邵琦等:《中国古代设计思想史略》,上海:上海书店出版社,2009年11月。
❸ 田自秉:《中国工艺美术史》,上海:东方出版中心,2010年4月。

的《中国传统器具设计研究》可知,器物按照用途可分为生产用具和生活用具两大类,其中生产用具又可分为农耕器具、工作器具、运输器具、纺织器具、计量器具、军事器具;生活用具又可分为饮食器具、居所器具、交通器具、携佩器具、文化器具、陈设器具和生活杂具。❶

按照用途分类,可了解器物的使用功能和使用场景,有利于对器物设计文化的分析。本书以用途为分类方式,并根据《南方丝绸之路研究丛书:文物考古卷》❷书中所梳理的南丝路沿线遗址及文物,系统梳理南方丝绸之路上四川、云南沿线遗存或遗址出土的器物,了解南丝路西南段器物的主要类型(图2-1-2-2、图2-1-2-3)。通过系统梳理可以发现,

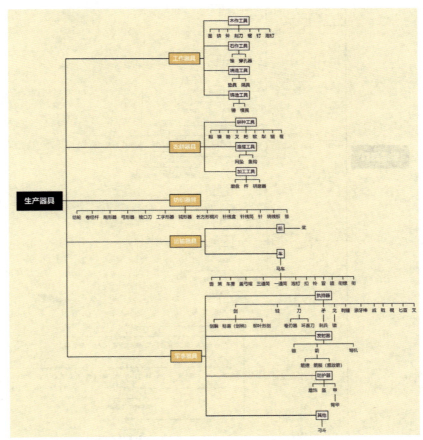

图2-1-2-2　南丝路西南段器物分类图1
（资料来源：据《中国传统器具设计研究·卷三》改绘）

---

❶ 王琥:《中国传统器具设计研究·卷三》,南京:江苏美术出版社,2007年1月,第2页。
❷ 刘西诺,何兆阳:《南方丝绸之路研究丛书:文物考古卷》,合肥:安徽人民出版社,2022年2月。

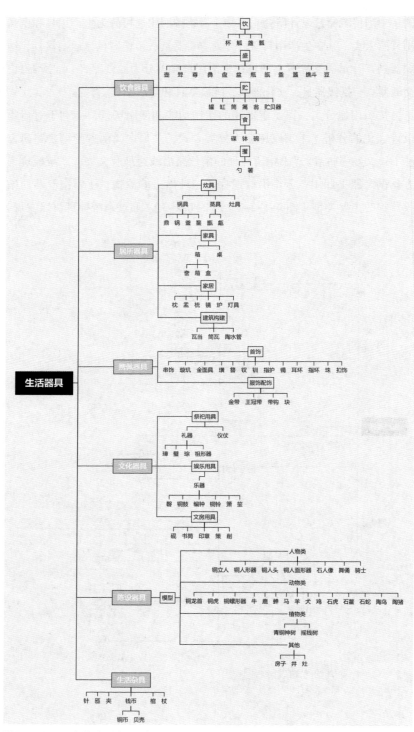

图2-1-2-3 南丝路西南段器物分类图2

（资料来源：据《中国传统器具设计研究·卷三》改绘）

南丝路西南段器物种类繁多，在生产器具中具体涉及工作器具、农耕器具、纺织器具、运输器具和军事器具等五大类，在生活器具中具体涉及饮食器具、居所器具、携佩器具、文化器具、陈设器具和生活杂具等六大类。其中，生活器具的种类远远多于生产器具，在生产器具中，军事器具的种类最为丰富，在生活器具中，饮食器具的种类最为丰富。

三、器物文化的研究与传播

（一）器物文化的研究

文化是一个民族的根基，也是一个民族区别于其他民族的重要标识。从广义视角来看，文化就是一个国家或民族在长期历史发展过程中所形成的历史地理、风俗习惯、文学艺术、思维方式和价值观念的总和；❶狭义而言，文化是人类发展过程中创造的精神财富，包括器物文化、制度文化、精神文化等。器物是文化的载体和象征，是文化最直接的反映。器物文化研究包括器物造型演变、源流，器物与特定的文化、现象、信仰之间的关系等。当代艺术史、艺术考古研究中最新出现的一些研究范式，如整体研究和超细研究等，多数研究的重点都聚焦于考察器物遗址。器物在揭示古代文化内涵上所起的作用越来越大，在弥合传统文化中宏观概论与微观探究之间的鸿沟上也起到了很好的连通作用。以器物为介质进行研究，使传统文化中存在的诸多问题与争议得到了很好的解决。

作为文化的组成部分，中国古代器物承载了丰富的文化信息和内涵。对器物文化的研究和重视从中国古代社会就已开始。《考工记》❷是我国春秋时期记述官营手工业各工种规范和器物制造工艺的文献，全文有7000多字，记述了木工、陶工、皮革、染色、玉器和金属加工等六大类30个工种的技艺，是我国最早的关于器物生产和文化的著作。文中记载了"天有时，地有气，材有美，工有巧"的成器之道，其生态观、材质观、伦理观等制器思想，仍然影响着当今的器物设计。《礼记》是我国战国到秦汉时期的重要儒家思想资料集，该文献论述了礼器的作用："礼器，是故大备。大备，盛德也。礼器，言礼使人成器，如耒耜之为用也。❸"《汉

---

❶ 马丹：《"视觉图像"与"文化意蕴"的融合——美术鉴赏课程核心素养的建构研究》，《东北师大学报（哲学社会科学版）》2022年第6期，第176页。
❷ 闻人军译注：《考工记译注》，上海：上海古籍出版社，1993年3月，第117页。
❸ [汉]郑玄注，王锷点校：《礼记注》，北京：中华书局，2021年6月，第301页。

礼器制度》❶是秦汉时期的孙叔通撰写的典章文献，记述了秦汉时期的官制、典章和礼仪。《长物志》❷是晚明苏州文士文震亨撰写的一部关于生活和品鉴的笔记体著作，全书依照现代科学划分，包括建筑、动物、植物、矿物、历史、造物等各个层面，是研究明清社会生活史和器物文化的重要史料。

（二）器物文化的传播

文化是连接个体与个体、个体与群体、个体与社会、群体与社会的纽带，文化传播就是文化作用的方式。孙英春认为："所谓跨文化传播，就是不同文化之间以及处于不同文化背景的社会成员之间的交往与互动，涉及不同文化背景的社会成员之间发生的信息传播与人际交往活动，以及各种文化要素在全球社会中流动、共享、渗透和迁移的过程。"❸文化传播研究涵盖人文学、社会学、传播学等多领域的学科，我国对其研究始于20世纪80年代，主要聚焦两大维度：其一是文化对传播的影响研究，探讨一种文化如何影响另外一种文化；其二是传播对文化的影响研究，分析人类传播科技的变迁对文化个体乃至传播模式的影响等。

器物既然作为文化的载体，在文化交流过程中便自然扮演着重要角色。器物的文化传播指某种文化与器物深度融合，在该器物的发展史中这种融合得到了老百姓的广泛认可，并随着这种器物在世界各地的销售和使用，它所承载的文化也传遍世界。器物文化传播的条件有二：第一，器物作为某种文化载体有很高的认知度；第二，器物在较大的范围内得到传播、消费和使用。器物是文化传播最简易、渗透性最强的载体，任何一个器物使用者，都可以接受器物文化的影响。器物文化对接受者的影响不是在特定场合或者刻意安排下发生的，而是通过联结器物和消费者的认知和情感，形成消费和使用者对于器物的依恋，从而在不知不觉中、自然而然地发挥着作用。❹

南方丝绸之路作为早期古蜀对外交流的途径，在造就三星堆古蜀文明中起着举足轻重的作用。三星堆古蜀文明借助南方丝绸之路与相邻的中原文化、楚文化、滇文化，以及相隔千里之外的南亚、中亚、东南亚

---

❶ 叔孙通：《汉礼器制度》，北京：中华书局，1985年1月。
❷ [明]文震亨撰，胡天寿译注：《长物志》，重庆：重庆出版社，2017年4月。
❸ 孙英春：《跨文化传播学导论》，北京：北京大学出版社，2008年9月，第41页。
❹ 凌继尧，陆兴忍：《器物的文化传播功能》，《东南大学学报（哲学社会科学版）》2015年第4期，第107、111、148页。

及西亚等近东文明相联系。通过南方丝绸之路，古蜀先民不断与外界进行经贸文化交流。商贾频繁往来于南亚、中亚等地，使古蜀国的物产等不断输出，也使各种域外物资不断流入蜀地。在南方丝绸之路沿线留存遗址中出土的文化遗产，大多数是以器物形态留传下来的。它们不仅保留了古代南方丝绸之路遗存下来的烙印，从中还可看出不同地域、国家、民族文化之间交流、影响与互动的历史印痕。但目前相关研究还较少，因此人们对南丝路沿线器物承载文化的传播情况，还知之很少、很片面。

第二节　器物设计文化概述

一、设计文化概述

（一）设计文化的界定

《现代汉语词典》中将文化定义为人类在社会历史发展中所创造和积累的精神财富与物质财富的总和。李艳[1]和陆继翔[2]等人认为设计文化是文化的一部分，与设计相关的或者具有设计属性的文化都可以称为设计文化。陈根[3]和韩久海[4]等人认为设计文化是指人类用艺术的方式造物的文化，这些造物成果包含了文化的意义，并反映了特定时空、特定地区人们的文化水平。郑建启[5]认为设计文化的本质是整体规划和协调人、物、环境三者关系场的活动，在人类需求发展和生存环境有限的关系中，设计文化通过造物的方式进行协调，能够完整准确地规划和协调好三者关系的设计文化便可称为好的设计文化。基于以上关于设计文化的定义内容可知设计文化是指具有设计属性的造物文化，其过程是通过造物的方式来协调人、物、环境三者的关系，其结果能够反映特定时空、特定地区的文化水平。

---

[1] 李艳，张蓓蓓：《工业设计概论》，北京：化学工业出版社，2017年9月，第272页。
[2] 陆继翔，王平，余隋怀等：《新零售用户体验设计中的设计文化探析》，《包装工程》2019年第4期，第4页。
[3] 陈根：《平面设计看这本就够了》，北京：化学工业出版社，2017年4月，第48页。
[4] 韩久海，侯石明：《设计概论》，北京：北京师范大学出版社，2013年5月，第26页。
[5] 郑建启：《设计文化的本质是协调人—物—环境的关系场——郑建启谈"设计与文化"》，《设计》2020年第2期，第85页。

（二）设计文化的内涵与形式

设计文化作为造物文化，其内涵非常丰富。胡飞在《中国传统设计思维方式探索》中，将设计文化的内涵分为物质层、制度层和观念层等三部分内容。[1]物质层处于外部层，主要包括产品在设计、生产、流通、交换等过程中所涉及的物质载体，以及用户与产品交流过程中所产生的消费、使用等物质行为内容；制度层处于中间层，主要包括关于设计过程的所有组织制度，如设计行为规范、设计结果检校规范等；观念层处于内部层，主要包括设计文化意识、设计文化形态、设计文化心理、设计文化模式四个方面的内容，该部分内容主要在政治、历史、艺术、宗教等文化内容影响下形成，是一切设计文化活动的依据和基础，并会影响物质层的呈现形态。

设计文化的内涵决定了设计文化的形式。设计文化的形式分为物质性形式和非物质性形式两种。[2]物质性形式主要是通过器物的设计呈现，其最显著的特征是以器物为载体，通过接触器物来感受理解其所承载的文化内容，如玉器文化、青铜文化、漆器文化等。非物质性主要包括制度和行为。制度是指人们在社会发展过程中所制定的典章制度和社会规范，行为是指人们在社会交往中所形成的习惯定式，多以礼俗、民俗、风俗等模式出现，如祭祀、宗教等，这两方面内容多以设计思想的形式呈现，如老子思想体系中的"道法自然"设计文化思想，孔子思想体系中的"美善结合"设计文化思想，《周易》中的"观物取象"设计文化思想。设计思想会影响器物设计文化的形成，并在器物设计文化中有所体现，如《考工记》中记载的器物所传达的"成器之道"设计文化思想。因此，器物在某种层面上也体现了设计文化三个层面的内容。

设计文化的内涵与形式的形成受到生活方式和生产技术的影响，[3]生活方式可以影响设计思想的形成，生产方式可以推动器物设计的实现。胡飞在《中国传统设计思维方式探索》中提到，在设计文化中，由需求、意图、舆论等产生的初级心理意识网络，在经过长期的积淀和理性过滤后，再映射到政治、艺术、经济、道德、宗教等领域，便会形成设计思想。[4]换言之，日常生活的需求、风尚等内容会致使某项器物设计的产生，

---

[1] 胡飞：《中国传统设计思维方式探索》，北京：中国建筑工业出版社，2007年6月，第7-9页。
[2] 何灿群，董佳丽，向威：《设计与文化》，长沙：湖南大学出版社，2011年2月，第93页。
[3] 何灿群，董佳丽，向威：《设计与文化》，第53、54页。
[4] 胡飞：《中国传统设计思维方式探索》，第8页。

该设计在发展过程中，经过生活中艺术、政治、宗教等内容的影响，最终会凝聚为某种设计思想，如《考工记》中记载的生产工具所体现的"天有时，地有气，材有美，工有巧"的设计思想。设计文化除了受设计思想影响外，还受生产技术影响。设计源于技术，只有当生产技术条件达到，设计才能得以实现。如青铜铸造技术的出现推动了青铜设计文化的产生与发展，铁具生产技术的出现，推动了农耕器具设计文化的产生与发展。因此，生活方式和生产技术构成了设计文化的主要影响因素。

综上所述，设计文化的内涵由内到外主要包括观念层、制度层和物质层（图2-2-1-1），其中观念层和制度层主要以设计思想的形式呈现，该内容的形成主要受生活方式的影响；物质层主要以器物设计的形式呈现，该内容形成主要受生产方式的影响，此外设计思想可以指导器物设计，器物设计也会体现设计思想。

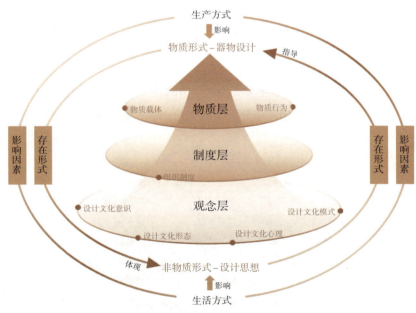

图2-2-1-1　设计文化内涵与形式

二、器物设计文化的界定

器物设计文化是以物质层为核心内容，映射制度层和观念层的设计文化形式，其内涵包括物质内涵和非物质内涵，物质内涵多以显性的器物设计作为表现形式，非物质内涵多以隐性的设计思想作为表现形式。显性的器物设计多通过器物的外部特征直接体现，如形态、色彩等；隐性的设计思想，需要综合考虑生产方式、生活方式等设计文化产生的影响因素，以及器物设计的特征内涵，才能构建其具体特征内容，具体表现为生活文化和社会文化两个方面。隐性的设计思想可以指导器物设计的产生，而器物设计的内容也可体现设计思想（图2-2-2-1）。

显性的器物设计内容主要可以分为形态、结构、材质、色彩、图案等五个部分。❶ 形态代表了特定区域的审美趋向，如优雅温和的有机形态和简洁严谨的几何形态。结构是实现需求的根本基础，不同地域其结构比例有所差异，如云南泡菜坛的坛沿与坛身比相比四川泡菜坛更趋近于2∶3。材质是输出器物的基本条件，不同材质蕴含着不同的情感与信息，如古代青铜器物除了作为实用物品外，还具有一定的阶级象征功能及礼仪文化功能，竹编器物则主要以实用功能为主。色彩和图案是器物设计中一项十分重要的因素，需要综合考虑地域文化、使用环境、生产条件等诸多因素，其设计内容能够直观反映出文化内容，如彝族漆器表面的动物纹、植物纹、自然景象纹等纹样装饰可折射出彝族独特的自然崇拜和图腾崇拜等文化内容。

隐性的设计思想内容主要受到生活方式的影响，具体而言其内涵包括生活文化和社会文化两部分。生活文化由人、物、环境构成，当人、

图2-2-2-1　器物设计文化内涵与形式

---

❶ 何灿群，董佳丽，向威：《设计与文化》，第108–110页。

物、环境三者的关系发生了变化时，人们对于器物的需求与使用方式也会发生一定的改变，因此，通过分析器物设计可以探查出特定时空、特定地域的生活文化。社会文化由社会意识与哲学思想构成，社会文化在很大程度上会影响器物的形态，如古代云南将用于祭祀信仰的铜鼓形态赋予贮贝器的器物形态上，增加其文化属性。因此，通过分析器物设计也可以探查出不同地域的社会文化内容。根据器物的生活文化内容和社会文化内容，可以推理出器物所蕴含的设计思想内容。

三、器物设计文化分析要点

（一）器物设计文化分析方法

目前器物设计文化分析方法主要涉及设计学、符号学和基因学三个学科领域，其中以设计学分析方法为主。符号学和基因学分析方法通常需要与设计学分析方法相结合使用，以设计学理论知识为基础，将器物设计内容转化为符号学或基因学理论中相对应的元素，进行相关分析（图2-2-3-1）。

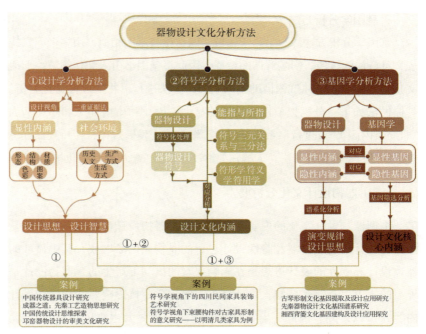

图2-2-3-1　器物设计文化分析方法

1.设计学分析方法

设计学分析方法是器物设计文化分析的主要方法，是从设计的角度分析器物设计的物质内涵，结合二重证据法，推导出器物设计的非物质内涵。具体做法是对器物的形态装饰、结构原理等内容进行详细的设计分析，梳理出设计特征，根据相关文献，分析器物所在时空的社会环境，如历史人文、生产技术、生活方式等，由此推导出器物设计文化产生的原因、器物设计文化的内涵与特征等内容，更加倾向于器物设计思想、设计智慧的挖掘。

2.符号学分析方法

符号学研究范围涉及事物符号的本质、特征、意义以及符号与人类之间的关系。符号学理论主要包括能指与所指，符号三元关系和三分法，符形学、符义学、符用学三个方面内容，这为器物设计文化的分析提供了方向。具体做法是将器物设计的内容进行符号化处理，并将其物质内涵、非物质内涵与符号学内容相对应，借助符号学理论进行分析。如器物设计的物质内涵对应符形学内容，非物质内涵对应符义学内容，影响因素对应符用学内容，通过分析符形学内容，结合符用学内容，可以探析符义学内容，从而了解器物的设计文化内涵。

3.基因学分析方法

基因学分析方法源自生物学领域，因文化与基因相似，由多个元素构成，具有代际传递、影响群体的特征，因此将基因学引入文化领域，形成文化基因的概念，并试图借助基因学分析方法进行器物的设计文化分析。具体做法如下：分别提取器物设计的显性基因（物质内涵）和隐性基因（非物质内涵），或进行谱系化分析，了解其演变发展规律，探析其设计思想；或进行基因筛选分析，了解其关键设计基因，输出设计文化核心内涵。

（二）器物设计文化分析要素

根据器物设计文化的内涵与形式可知，器物设计文化内涵主要由显性器物设计的物质内涵和隐性设计思想的非物质内涵构成，其中显性的器物设计和隐性的设计思想是在影响要素的推动下产生的，器物设计是外显的，可以直接被感知，设计思想需要综合分析影响要素和器物设计内容才可以得知。因此，器物设计文化的分析要素主要包括显性要素、隐性要素和影响要素三个层面，其中显性要素和影响要素是主要分析内容，隐性要素是分析结果（图2-2-3-2）。

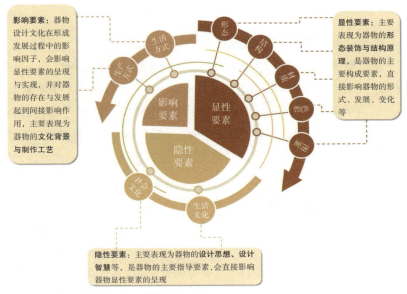

图2-2-3-2　器物设计文化分析要素

1. 显性要素

显性要素即器物设计文化的物质内涵，主要表现为器物的外部特征，人们可以通过视觉、触觉等直接感知，具体包括形态、材质、结构、色彩、图案五个要素，即器物的形态装饰、结构原理。显性要素是器物的主要构成要素，直接影响器物的形式、发展、变化等。

2. 影响要素

影响要素主要指器物设计文化在形成发展过程中的影响因子，具体包括生活方式和生产方式两个要素，即器物的文化背景与制作工艺，它们会分别影响显性要素的呈现与实现，并对器物的存在与发展起到间接影响，如农耕生活推动农具的发展，竹编技艺造就竹制品多样的存在形式。

3. 隐性要素

隐性要素即器物设计文化的非物质内涵，主要表现为器物的设计思想、设计智慧等，具体包括生活文化和社会文化两个要素。生活文化是在人、物、环境三者的关系影响下产生的文化内容，具体表现在器物的使用方式、结构设计、图案装饰等内容上，如实用性、审美性、包容性等。社会文化由社会意识与哲学思想构成，具体表现为器物的文化内核，如本土性、自然性、民族性等。隐性要素是器物的主要指导要素，会直接影响器物显性要素的呈现。因此，通过分析显性要素与影响要素，可以探析出器物内部的隐性要素。

（三）器物设计文化分析任务

1.研究器物设计文化内涵特征

研究器物设计文化的内涵与特征是首要关键任务。器物设计文化由物质层、制度层和观念层构成，它们分别展现了器物的设计特征与设计思想，对于文化的传承与设计的发展具有指导意义。目前主要存在两种研究方式：一是对某个器物设计文化内涵的深度研究，了解其设计智慧、设计维度等；二是对不同地区某个器物的比较研究，了解不同地区器物的设计文化特征、成因与关系。

2.分析器物设计文化演变规律

分析器物设计文化的演变规律是深度了解器物设计文化的主要方式之一，分为时间和空间两种维度分析。时间维度分析主要是对不同时期器物设计文化内容的系统梳理，了解其演变规律；空间维度分析主要是对不同地区器物设计文化内容的全面对比分析，了解器物设计文化变化的原因、规律及文化融合等现象。

3.探索器物设计文化传承路径

探索器物设计文化的传承路径是主要目的之一，主要包括对隐性设计思想的传承探索和对显性设计特征的创新探索。隐性设计思想的传承分析主要通过对设计智慧与设计内涵的获取，来完善设计理论，指导设计发展，如古代"天人合一""道法自然"等设计思想与当下绿色设计、可持续发展观的联系。显性设计特征的传承分析主要是基于已有设计文化内容，借助新的方法理论与技术手段，实现设计文化在当下生活语境中的传播，如数字化表达、符号化处理与应用等。

第三节　南方丝绸之路器物设计文化

一、南方丝绸之路沿线文化

中国是世界上文明持续最长的国家之一，中国文化显示出了强大的生命力，这使得我们对中国古代文化的研究有迹可循。[1]漫长的历史演进中，

---

[1] 宗立成：《中国设计文明研究》，第235页。

勤劳、智慧、勇敢的各族人民创造了悠久、灿烂的民族文化，各民族之间在文化上又互相影响、吸收、渗透、融汇，由此形成了中华民族的共同文化。南方丝绸之路最初虽为民间商贸用道，但随着物产在不同地区之间的流通，加之四川、云南等地区文化的包容性，使南丝路沿线地区产生了多样的文化交融现象。这种交融文化的原型主要包括四川地区的古蜀文化、云南地区的滇文化，以及这些地区中的少数民族（如彝族、白族等）文化。

（一）古蜀文化

从考古学的角度出发，古蜀文化主要指在新石器时代末期至战国晚期，[1]以成都平原蜀族人为主，在岷江上游所创制的具有明显地域特征的物质、精神和社会结构。学者李绍明认为古蜀文化是先秦时期，产生于成都平原的以青铜文化和农耕文明为代表的一种古文化形态。考古界按照时代分期将古蜀文化分为宝墩文化、三星堆文化、十二桥文化和晚期蜀文化，[2]其中三星堆文化和十二桥文化是古蜀文化的核心内容。

宝墩文化处于新石器时代晚期，属于古蜀文化的起源阶段，该阶段以农业、渔猎业为主，由于生产力水平低，加之地理环境的阻碍，宝墩文化时期其文化影响范围较小。距今3700～3200年的三星堆文化，属于古蜀文化的形成阶段。在此阶段，阶级国家产生，神权至上、政教合一的观念形成，青铜文明逐渐发展，并受宗教神权的影响，产生诸多具有神秘色彩的文化器物，典型的青铜器如青铜人像、青铜面具、青铜神树等（图2-3-1-1）。随着南方丝绸之路的开辟，三星堆文化得到广泛的传播。十二桥文化处于公元前1250至公元前650年，属于古蜀文化的发展阶段，该阶段在继承三星堆文化的宗教神权政治基础上，产生了更为丰富的祭祀方式，如金沙祭祀遗址等，并加强了帝王阶级统治制度。[3]该阶段的青铜文化因金属冶炼技术的进步，得到极大发展，并逐渐进入成熟时期。晚期蜀文化处于公元前500至公元前316年，属于古蜀文化的衰落阶段，该阶段的神权政治逐渐被官僚政治所取代，神权文明逐渐被礼乐文明所取代，形成较为完善的阶级统治制度。[4]青铜文化由于受到楚文化影响，而逐渐失去地方性特征。

---

[1] 探秘天下编写组：《三星堆：世界第九大奇迹》，北京：时事出版社，2017年1月，第145页。
[2] 宋志民：《蜀文化尖底陶器续论——兼谈成都金沙遗址的时代》，《四川文物》2005年第6期，第26页。
[3] 冯晓枫：《文明起源时代古蜀文化的演进》，四川省社会科学院，2009年。
[4] 段渝：《政治结构与文化模式：巴蜀古代文明研究》，上海：学林出版社，1999年1月，第158页。

图2-3-1-1　三星堆青铜器
①人首像　②面具　③神树　④铃
（资料来源：翻拍于《中国出土青铜器全集》❶）

古蜀文化的特征主要形成于三星堆文化和十二桥文化时期。在三星堆文化和十二桥文化中，文化内容主要包括宗教、神话和巫术三个方面，受文化内容影响产生的青铜器、玉器等物质内容则是文化特征的显性表现。在宗教方面，古蜀人的信仰和崇拜的主题主要可分为主神信仰、泛灵信仰、祖先崇拜和大石崇拜四类。❷在古蜀人的泛灵信仰中，动物是常见主题，如鸡、鸟、鱼、虎等，自然界的无机物也被赋予灵性，产生山神、江神等。而主神信仰则是泛灵信仰的最高层级，三星堆出土的青铜神树便是古蜀人主神"上天还下"的天梯。古蜀人的祖先崇拜则多以青铜人物雕像或宗庙的形式呈现。大石崇拜是古蜀文化中一种特殊的崇拜形式，可分为独石、列石、墓石三类，其遗迹主要分布于成都平原。古蜀文化中的神话可以分为自然神话和社会神话两种，自然神话以怪兽为主体，社会神话又可分为起源神话和英雄神话两类，其中英雄神话的主要内容多围绕历代蜀王。在三星堆文化和十二桥文化时期，古蜀国是一个高度发达的神权社会，上层统治集团需要通过举行巫术仪式与神灵进行交接，三星堆出土的金杖和金沙遗址出土的大量玉器便是祭神的重要媒介。此外，在民间也流行甲骨占卜术，多用龟甲进行占卜。以上文化内容，除以完整的实物进行表现，还多表现在以纹样、色彩等形式装饰器物表面。

在蜀文化的孕育与滋养下，南方丝绸之路四川段的器物造型兼容并蓄，不断地吸纳本土与外来文化，形成了依生活需要而制作的实用器物，如制作蜀锦的提花织机、成都漆器中的九子奁、邛窑陶瓷中的省油灯等；依重礼尊礼需要而制作的青铜器物，如三星堆贮藏贝币的龙虎尊、圆罍

---

❶ 李伯谦：《中国出土青铜器全集（四川·重庆·云南·贵州·青海）》，2018年12月，第9、13、16、29页。
❷ 段渝：《四川简史》，成都：四川人民出版社，2019年8月，第72页。

等；因爱生物敬自然而制作的仿生自然的器物，如青川郝家坪墓葬出土的鸱鸮壶、凉山彝族的鸟形髹漆酒壶等。

（二）滇文化

滇国是南丝路东线古道西南夷中的重要古国，[1]滇文化是战国秦汉时期由滇国人创造的具有浓郁民族特色的地方文化类型，[2]它以昆明滇池区域为中心，广泛分布于云南东部地区。[3]根据考古资料证实，滇文化的核心属高度发达且极具特色的青铜文化，它在中国乃至世界的青铜文化中占有重要地位，并且对云南文化特征的形成有着深远影响。

滇文化的形成主要经历了两个阶段。早期阶段由于受地理条件限制，云南与中原联系较少，滇文化的发展较少受到外界影响，加之青铜制作技艺的进步，具有地方特点和民族风格的青铜文化逐渐形成，由此，云南地区的文化特征也逐渐生成。中晚期阶段，由于西汉王朝对滇池区域进行统治，汉文化伴随汉族移民相继进入云南地区，对滇文化产生了一定冲击，并逐渐取代了滇文化。

滇文化最明显的一个特征是在青铜器上大量使用写实性题材进行装饰，主要涉及社会生活写实、宗教信仰写实等方面（图2-3-1-2），由于宗教信仰会影响社会生活，如祭祀活动等，因此部分社会生活写实也是宗教信仰写实。社会生活写实主要以古滇国居民的生产、生活、历史、风俗等为基础，用雕刻或雕塑的形式呈现。古滇国的宗教信仰主要包括农神崇拜、动物崇拜、祖先崇拜和生育崇拜四类。[4]农神崇拜是指古滇人通过祭拜农神来祈求五谷丰登、风调雨顺。在滇国墓葬中出土的贮贝器的器盖上便立体式地呈现出古滇人祭祀农神的场景。古滇人的动物崇拜对象可分为两类，一类是对人畜有害的动物的崇拜，如蛇、虎等，目的在于保护人畜安全；另一类是对象征财富与权力的牛的崇拜，目的在于祈求更多的财富。[5]对于古滇人来说，祖先既是家族的开创者，也是后代的保护神，因此祖先崇拜并不亚于对其他神灵的崇拜。生育崇拜是滇国居民对人口兴旺的一种祈求表现，在青铜器上，或雕刻有男女交媾的图像，或以蛙形进行装饰。

---

[1] 屈小玲：《南方丝绸之路沿线古国文明与文明传播》，第53页。
[2] 杨勇：《论滇文化器物上的猴装饰》，《文物》2020年第7期，第44页。
[3] 段渝：《历史越千年》，第113页。
[4] 张增祺：《滇国与滇文化》，昆明：云南美术出版社，1997年10月，第206页。
[5] 徐亚非：《民族宗教经济透视》，昆明：云南人民出版社，1991年12月，第29页。

图2-3-1-2　古代云南青铜器
①五牛铜线盒　②立牛曲管铜葫芦笙　③叠鼓形战争场面铜贮贝器　④战国牛虎铜案
（资料来源：云南省博物馆官网）

在滇文化以及多样文化的影响下，南方丝绸之路沿线云南地区的器物造型特色突出，有着浓郁的生活特征和信仰文化特征，形成了重礼尊礼同时兼具实用功能的器物，如贮藏海贝的贮贝器等；依实际需求而制作的生活器物，如建水陶汽锅等；依宗教信仰而作的消灾祈福器物，如鹤庆瓦猫等。

（三）多元民族文化

南方丝绸之路主要途经四川凉山彝族自治州、云南楚雄彝族自治州和大理白族自治州等少数民族聚集区，主要涉及彝族和白族两大少数民族。由于地理、政治、经济等因素，彝族和白族在社会发展进程中形成了自己独特的文化特征。

彝族，因地区不同又称"诺苏""诺苏泼""纳苏泼""山苏"等。彝族祖先是游牧民族，19世纪初以前，彝族仍然是以畜牧为主，农业为辅，过着没有定居的迁徙游牧生活。[1]据史料记载，彝族源于古氐羌人，是其在南下过程中与西南土著部落融合发展的结果。[2]当前，彝族集中于四川、云南、贵州和广西等地。[3]彝族的文化内涵深受其宗教信仰影响，以祖先崇拜为核心，融合了图腾崇拜、自然崇拜等信仰文化（图2-3-1-3①②③）。祖先崇拜的核心观念是"祖界"和"三魂说"，"三魂说"认

---

[1] 张建世：《凉山彝族传统的皮角胎漆器》，《西南民族学院学报（哲学社会科学版）》1998年第6期，第11页。

[2] 王希恩，何星亮：《世界民族（第九卷）》，北京：中国社会科学出版社，2014年11月，第2299–2303页。

[3] 白兴发：《彝族文化史》，昆明：云南民族出版社，2014年6月第2版，第1页。

为祖先逝世后会有三个不同归宿的灵魂,类似汉字中的"魂、魄、灵"。通过祭祖可以实现消灾治病、粮食丰收等。祭祖有家庭祭祖和家族家支祭祖两种形式,其仪式可分为日常祭、节日祭和超度祭。彝族的图腾崇拜内容十分丰富,有龙、虎、鸟兽、灵竹、马樱花、葫芦、太阳、火焰等,彝族人民习惯使用图腾符号来记载民俗、神话、仪式等。彝族的自然崇拜多与自然现象和万物生灵有关,尤以崇拜天神、山神、地神、水神、火神、石神和日月星辰、风雨雷电诸神为主。❶通过自然崇拜,彝族人祈求生活平安,吉祥美满。因此,彝族的器物造型有浓郁的自然气息、生活气息、宗教文化特征等,如模仿鸽子、鸟形状的髹漆(或银制)酒壶,节庆或日常生活中抒发情感的月琴,消灾祈福、祈求美好的擦克法器等,这些都是彝族先民现实需求的真实写照。

白族,又称"白子"或"白尼",源于中国南下古羌氏人,是在社会发展中不断融合汉族和其他民族逐渐形成的少数民族。❷因此,白族文化主要由多元民族文化构成,其信仰体系也是多元的,也存在祖先崇拜、自然崇拜等信仰,但本主崇拜是白族所独有的信仰崇拜(图2-3-1-3④),体现出白族人民对美好道德品格和理想人格的期盼。

图2-3-1-3　多元民族文化器物
①彝族玛都(灵牌)　②彝族漆绘木餐桌　③彝族鹰爪酒杯　④白族本主文化

二、南方丝绸之路四川、云南段器物设计文化

南方丝绸之路沿线的民族迁徙和物资流动,促使本土文化与外来文化产生不断碰撞融合,并在此基础上和谐共生,形成"和而不同"的多元文化,也成为世界文化交流史上最为丰富多彩的一个文明区域。❸各地区所使用的器物因地域文化特征不同而有所区别,因而其器物的设计文化也有所不同。根据材质分类方式,梳理各地区较为常见的器物类型,

---

❶ 王希恩,何星亮:《世界民族(第九卷)》,第2321页。
❷ 王希恩,何星亮:《世界民族(第九卷)》,第825、826页。
❸ 王万平:《南方丝绸之路上的民族迁徙、文化交流和节庆共享——中华民族共同体形成与发展的一个典型案例》,《民族学刊》2019年第4期,第23页。

并按照功能属性等方式，对各器物进行细分与归纳，可总结出南方丝绸之路四川段、云南段器物的设计文化基本特征。

（一）四川段器物设计文化

四川地域范围辽阔，物产资源丰富，在历史发展进程中，产生了多种器物文化，其中有代表性的如以成都漆器为代表的漆文化、以三星堆和金沙遗址为代表的青铜器文化和玉石器文化，以及以邛窑为代表的陶瓷器文化等（表2-3-2-1）。

表2-3-2-1　四川段部分器物设计文化分析

器物类型	品种类型	功能性质	装饰纹样
漆器	**饮食器具**：鼎、簋、盒、盘、盆、盂、碗、豆、杯、卮、壶、榼、勺、壶、尊、匜等； **文化器具**：砚、尺、鼓、木槌、琴、竽、雷琴等；	生活实用	几何纹、动物纹、植物纹、自然景象纹及人物故事纹
青铜器	**文化器具**：青铜立人、青铜人头像、青铜面具、铜树、铜戈、铜铃和铜鸟、铜虎、铜蛇等； **军事器具**：剑、戈、矛、钺等； **居所器具**：鍪、釜等	祭祀信仰	几何纹、动物纹、自然景象纹
玉石器	**文化器具**：璋、琮、环、璧、戚形器、瑗、戚形佩等； **农耕器具**：斧、锛、斤、凿、凹刃槽、磨石等； **携佩器具**：珠、管、坠、钩、簪等	祭祀信仰 生活实用	几何纹、动物纹、植物纹、自然景象纹及人物故事纹
陶瓷器	**饮食器具**：罐、杯、壶、盏、碟、碗、豆、瓶、钵、盘、茶具等； **文化器具**：笔架、砚、水盂、水注、镇纸、水滴、投壶、陀螺、瓷哨、瓷摇铃、瓷坝、象棋、围棋、骰子等； **陈设器具**：动物瓷塑、人物瓷塑、宗教瓷塑等； **居所器具**：灯、盆、枕、盒等	生活实用	釉装饰：青釉、铜绿釉、铜红釉、白釉、蓝釉、邛三彩等； 纹样：几何纹、动物纹、植物纹、人物纹、自然景象纹

成都漆器自春秋战国时期就已存在，种类繁多，但主要涉及饮食器具和文化器具，如盒、豆、碗、盆、砚、琴等，多以追求生活实用为主。[1]成都漆器多以暗红漆作为底色，用金、银、黑漆等绘制纹样进行装饰，其纹样种类丰富，主要有几何纹、动物纹、植物纹、自然景象纹及人物纹，这些纹样多以带状呈现在漆器表面。三星堆和金沙遗址出土的青铜器和玉石器是古蜀文化的代表，其中青铜器成就了影响深远的四川青铜文化。青铜器虽然涉及饮食器具、文化器具、居所器具、军事器具，但这些器具并非以实用功能为主，多用以祭祀信仰，如青铜神树、铜尊等。其纹样主要有几何纹、动物纹和自然景象纹，且这些纹样多分布于青铜容器上，青铜非

---

[1] 张玉萍，刘潇微：《体验设计：成都漆器的传承与嬗变》，北京：中国发展出版社，2021年6月，第20页。

容器如青铜人像、铜树等少有纹样装饰。其中自然景象中的日晕纹、动物纹中的眼形纹、歧羽纹、鸟纹、兽面纹等纹样不曾出现于其他地区的青铜器上,体现了三星堆青铜文化的独特之处。三星堆出土的玉石器除携佩器具外,其他类型的器具基本也用于祭祀,部分玉器表面饰有几何纹、动物纹、植物纹、自然景象纹及人物故事,但石器表面几乎没有纹样雕饰,纹样雕饰主要呈现于其他遗址出土的石刻作品。

邛窑的陶瓷器种类繁多,涉及人们日常生活的多个方面,主要包括日常生活的饮食器具,文化娱乐的书法用器、玩乐器等。其风格素雅简朴,以生活实用为主,多贴近民间生活,部分器具的功能、结构设计极为巧妙,如省油灯。在装饰纹样方面,邛窑陶瓷器有的直接以釉色作为装饰,其釉色主要有青釉、铜绿釉、铜红釉、白釉、蓝釉等;有的在晾干后的泥坯体上用色料绘制几何纹、动物纹、植物纹、人物纹、自然景象纹等进行装饰。

四川段不同类型的器物呈现出不同的设计文化。在品种类型方面,漆器和陶瓷器主要以饮食器具和文化器具为主,其中文化器具主要用于学习娱乐,青铜器和玉石器主要用于祭祀(少数青铜器用于贮藏贝币或用于农耕)。在功能性质方面,漆器和陶瓷器主要以生活实用功能为主,青铜器、玉石器则以祭祀信仰功能为主。在装饰纹样方面,器具的装饰纹样类似,并与中原地区存在共性,如都使用回纹、云雷纹、联珠纹等纹样,但也保留有自己的地域特点,如三星堆青铜器所独有的日晕纹、眼形纹、歧羽纹等,体现了四川地区对不同文化包容兼蓄的态度。

(二)云南段器物设计文化

云南作为南方丝绸之路的重要途径和中转省份,其器物设计文化的形成和发展受到蜀文化的影响,并因滇文化的独特文化内涵而形成了独具地域特色的设计文化(表2-3-2-2),主要表现在髹漆器物、青铜器物及陶瓷器物上,玉石器也因社会历史发展呈现出一定特征。

表2-3-2-2 云南段部分器物设计文化分析

器物类型	品种类型	功能性质	装饰纹样
漆器	饮食器具:壶、杯、盘、耳杯、碗、勺、盒、卮、豆、臼等; 居所器具:奁、梳、几案、椅凳、橱柜、床榻、屏座等; 纺织器具:幅撑、打纬刀等; 军事器具:箭箙、剑鞘、木柲等; 文化器具:象脚鼓、笙、漆木棺、漆木椁等	生活实用	几何纹、动物纹、植物纹、自然景象纹、人物纹样、文字纹

续表

器物类型	品种类型	功能性质	装饰纹样
青铜器	饮食器具：壶、罐、碗、盘、杯、勺、尊、甑等； 农耕器具：锄、锌、镰、铲、斧、锯、凿、刀、锥、鱼钩等； 纺织器具：针、纺轮、经轴、布轴、打纬刀、布撑、分经杆等； 居所器具：炉、夜、案、盒、桶、灯、枕、镜、钩、贮贝器等； 军事器具：剑、矛、斧、戈、钺、啄、戚、锤、叉、镞、镦、弩机、箭策、剑鞘、头盔、铜甲等； 文化器具：鼓、钟、锣、铃、葫芦笙等； 携佩器具：扣饰、镯、簪、铜珠饰等	生活实用 祭祀信仰	几何纹、动物纹、植物纹、自然景象纹及人物故事纹
玉石器	饮食器具：杯等； 携佩器具：玦、镯、瑗、钩、珠、管等； 文化器具：玉衣、尸帘等； 军事器具：剑饰器等	生活实用 祭祀信仰	几何纹、动物纹、自然景象纹
陶瓷器	饮食器具：盘、碗、盅、碟、茶碾等； 居所器具：瓶、炉等； 文化器具：火葬罐、陶俑等	生活实用	釉装饰：青釉、青花等； 纹样：几何纹、动物纹、植物纹、自然景象纹、人物故事纹、文字纹

  云南漆器发展可溯源至蜀文化演进时期，随后才受到滇文化影响，其漆器的文化内涵与彝族漆器具有一定的重合性。❶云南漆器种类繁多，因生活需要而设计的器物最多，且以实用功能为主，如盒、瓶、盘、杯等。在装饰纹样方面，云南漆器多以自然写实为主，如鱼纹、猴纹、马纹、孔雀纹、爬虫纹等动物纹，茶花纹、栀子纹、秋葵纹、芦苇纹、灵芝纹等植物纹，芒纹、涡纹、水波纹等自然景象纹以及人物纹；即使是抽象的几何纹，也是先辈在观察过自然物象后创想提炼出来的，如编织纹、席纹、辫纹、锯齿纹等。云南的青铜器是滇文化的代表，相比四川青铜器，云南青铜器并未出现大量用于宗教祭祀的青铜雕塑，而是以生活实用为主（如贮贝器等），但在器物的装饰表现上，会通过宗教祭祀、生产生活（包括部分动物、植物的形象）等立体化雕塑场景，来传递古滇人的各种习俗与信仰崇拜。这种装饰生动形象地再现了云南先民的生活文化内容，也为后人研究滇文化提供了重要佐证资料。云南的玉石器主要有作为装饰品的携佩器具、军事器具和作为收藏品的文化器具，而饮食器具相对较少。除部分玉器表面装饰有虺龙纹、弦纹、卷云纹外，大多玉器表面为光素无纹。云南的陶瓷器以建水窑的器物最出名，其生产的器物主要以饮食器具和家居器具为主，但由于唐宋时期的云南实行

---

❶ 何颖：《云南漆艺史研究》，陕西师范大学博士学位论文，2015年11月，第166–168页。

火葬制度，因此出现了陶质火葬罐。建水窑早期以青釉素面瓷器为主，后随着烧制技术的进步，又出现了青釉印花、划花和青花等装饰的瓷器，以及用花草、凤穿牡丹、蕉叶、莲花等植物纹装饰，用狮子滚绣球、海马等动物纹样装饰，用山水风景、海水、太阳等自然景象纹装饰，用人物高仕、文字符号等故事纹装饰的瓷器。

南丝路云南段的器物设计文化，是在吸收、借鉴其他文化基础上，结合滇文化地域特色而形成的设计文化。在品类方面，漆器和青铜器所囊括的器物类型最丰富，且以生活器为主，玉石器和陶瓷器的类型虽然较少，但也主要是生活器具类。在功能性质方面，云南段的器物总体上以追求生活实用为主，仅部分青铜器和玉石器用于祭祀，且青铜器主要以场景雕塑形式表达信仰。在装饰纹样方面，云南段的器物主要采用写实手法描绘纹样，漆器、玉石器和陶瓷器采用与其他地区相似的刻画手法呈现纹样，而青铜器是以立体式雕塑呈现某一主题场景，这在其他地区是鲜见的。总体而言，云南段器物在形与饰方面，都体现出尊重自然，将地域元素融入实用功能的设计文化特征。

（三）多元民族器物设计文化

彝族和白族是南方丝绸之路上参与贸易文化交流的两个主要民族。因各自在历史发展过程中均形成了自己的民族文化特色，所以其器物的种类和设计文化也具有差异性（表2-3-2-3）。彝族的早期器物主要是银器、漆器、铁器、纺织器等，这些器物构成了彝族生活、生产中的主要器物。白族和彝族相似，同样大量使用银器、铁器，在木器方面，其木雕技艺高超，但较少有实用器物。

表2-3-2-3 彝族和白族部分器物设计文化分析

民族名称	器物类型	品种类别	功能性质	装饰纹样
彝族	银器	携佩器具：银斗笠、帽饰、耳饰、领饰、胸挂、衣扣、手镯、戒指等； 饮食器具：壶、杯、碗、盘等； 军事器具：头盔、甲胄、藤甲、长矛、弓箭筒、盾牌、马具、银帽、银蓑衣、护肘、刀具等； 文化器具：法器等	生活实用 祭祀信仰	动物纹、植物纹、自然景象纹
	漆器	饮食器具：壶、杯、盲、碗、盘、钵、盏、盆、勺等； 军事器具：铠甲、头盔、盾牌、护手筒、护腕、护腿牌、弓、箭、箭筒、牛角号、火药筒、刀鞘等； 运输器具：马鞍、马笼头、马镫、马镫带等； 文化器具：法器、口弦、葫芦笙、唢呐、版画等； 居所器具：桌、橱柜、凳等	生活实用 祭祀信仰	几何纹、动物纹、植物纹、自然景象纹、生产用具纹、人身体及生活器物纹样

续表

民族名称	器物类型	品种类别	功能性质	装饰纹样
白族	银器	携佩器具：帽冠饰、发饰、耳饰、项圈、项链、银扣、胸针、胸花、银饰牌、各式铓须坠等 饮食器具：餐具、茶具、酒具等； 陈设器具：装饰画、屏风、花瓶等； 文化器具：香炉、佛灯、护身符、神像等	生活实用 祭祀信仰	几何纹、植物纹、动物纹、人物纹、文字纹
	木器	居所器具：坐具、卧具、几案、橱柜、梁、柱、门窗、檐板、栏杆、木等； 陈设器具：工艺品、屏风、花瓶等	生活实用	几何纹、植物纹、动物纹、文字纹、人物故事纹

  彝族是较早制作银制器的民族之一，其种类繁多，造型独特，具有强烈的民族风格。彝族的银器主要分为携佩器具、饮食器具，也有少量文化器具。作为携佩器具，最突出的特点就是与服饰搭配使用，如彝族服饰的银胸挂饰及银排扣；军事器具中用银制器物作为点缀式装饰；文化器具中有用银装饰毕摩主持宗教仪式时使用的法器，起到驱邪等寓意。作为饮食器具，银制器物主要用来盛酒、盛饭等。彝族的银制器物纹样主要有动物纹、植物纹和自然景象纹等，这些纹样集中体现了彝族人民的发展历史、宗教信仰等，如常见的太阳纹和羊角纹就折射出彝族人民的图腾崇拜和自然崇拜。彝族木器是彝族文化内涵与生活需求相结合而产生的器物，是彝族技艺文化的代表之一，其纹样题材丰富，大多源于自然界或生产生活场景，且纹样多是组合使用，通过使用对比、变化、连续、统一等形式美法则进行调和搭配来表现装饰内容。

  白族的银器与彝族的相似，多是携佩器具和饮食器具，也有少量用于装点环境的陈设器和用于祭祀的文化器具。在装饰纹样方面，白族银器的纹样更丰富，具有多元文化特点。白族银器有几何纹、植物纹、动物纹、人物纹、文字纹等装饰纹样，这些纹样或对称、或重复、或连续地雕刻在器物表面。白族木雕技艺高超，其木雕器物主要集中于居所器具和陈设器具。居所器具主要是指建筑用器和家居用器，如门窗、檐板、栏杆、木梯等。白族木雕的装饰题材丰富，有自然景观、花鸟虫兽、人文风情、神话传说、历史典故等，具体可分为几何纹、植物纹、动物纹、文字纹、人物故事纹等，内容大多具有幸福安康、吉祥如意的寓意，传达出白族人民对美好生活的向往。

  综上，南丝路沿线不同地区的器物类型及设计文化均有所不同。古代南丝路沿线的人们，由于受历史条件、技术水平等限制，其器物的设计制作常以最简单的材料、最简洁的构造来完成，因而器物更凸显的是实用性和适人性。四川段和云南段虽都以漆器、青铜器和铁器为主，但四川段的漆器、青铜器等器物的装饰纹样是在传统纹样基础上结合古蜀文化内容，并根据器物形制、功能等进行变化而形成的；云南段的漆器、青铜器等器物纹样则是以写实为主要内容。四川段青铜器装饰纹样多以雕刻手法呈现，云南段青铜器装饰则以立体雕塑方式呈现。彝族和白族的器物则主要以银制器和髹漆木器为主，彝族的器物以其民族文化为主要装饰内容，充分体现了其祖先崇拜、图腾崇拜、自然崇拜等宗教信仰。白族器物装饰纹样内容更丰富，制作手法更复杂，一方面体现了白族先民高超的制作技艺，另一方面也体现了白族文化的多元化与包容性。

南丝路器物的设计文化，与中国造物设计体现的人与自然、功能与形式、传承与创新等发展理念是一致的。只是南丝路上的器物，更多是基于生产生活实际，是在自身的地域文化土壤中生成与发展的，带有突出的原生性、自然性。南丝路上有绝对创新的器物相对有限，但南丝路上的器物文化依然是历史长河中不可磨灭的印痕，是中国设计文化体系中的重要内容。

崇古追新

南方丝绸之路
器物设计文化

第三章 南方丝绸之路典型器物设计案例

第一节 日用之道：生活实用类器物

一、邛窑省油灯

（一）文化背景

物质文化是在特定历史时期和生活环境的共同作用下产生的。唐宋时期常见于老百姓生活中的省油灯，集科学性与实用性于一体，是中国民间智慧的结晶，是民间百姓为应对社会发展需求而创造的器物。从其诞生以来，随着社会历史的发展和器物文化的传播，省油灯在形态、结构、装饰等方面都随着时代变迁有一定的变化（图3-1-1-1），如从最初的碗盏式，到后期的立柱式、敞开式，从以釉色作为主要装饰，到后期出现莲花纹、动物纹等纹样装饰等。在省油灯的所有品类中仍以邛窑省油灯最为出名，一方面它是省油灯的开始，另一方面因为它在形态、结构、功能、装饰等方面，均体现了民间器物的素朴风格和功能至上的生活理念。

1.省油灯简介

省油灯，又称"夹瓷盏"和"夹腹灯"，是一种夹层中空且具有省油功效的古代灯具。《简明陶瓷词典》中解释省油灯为："照明工具。灯碗为夹层，中空，可以注水降热，减少油的过热挥发，以达到省油目的。唐宋时期省油灯盛产于四川地区，以唐邛窑青釉、宋琉璃厂窑青、褐釉

图3-1-1-1　省油灯
（资料来源：②~⑨公众号"室内设计师"）

为多见。《老学庵笔记》所提省油灯，即指此类。[1]"陆游的《老学庵笔记》描述省油灯："今汉嘉有之，盖夹瓷灯盏也。一端作小窍，注清冷水于其中，每夕一易之。寻常盏为火所灼而燥，故速干。此独不然，其省油几半。[2]"省油灯在四川诞生并非偶然。唐宋时期，四川市场经济发展繁荣，商品供小于需，导致夜作生产出现。《宋代经济史》中记载："尽阅农事，夜治女功，斥卖所作，以佐财用。[3]"妇女们白天忙完农事，夜晚开始生产工作，从而售卖更多商品，换来钱财补贴家用。此外，大量文人入蜀加之科举制度的完善促使四川地区读书风气盛行，诸多下层寒士为考取功名开始夜读学习。夜作生产和夜读学习使灯具的使用量增加，但是灯油在古代并不富足，因此在这种经济和文化的双重推动下，具有省油功效的省油灯便应运而生。

2.邛窑省油灯简介

邛窑省油灯是目前最为典型的省油灯具，由邛窑生产制作，并逐渐影响到中国其他地区省油灯的出现与生产。邛窑是四川地区古代最大的民窑体系，其生产的器具不仅具有天然质朴的民间风格，还具有明显的巴蜀文化风格，主要表现在对多元文化的融合。邛窑位于川蜀地区，古代川蜀人民为了生存和发展开拓了多条对外交流道路，其中南方丝绸之路对邛窑的器物设计产生了最为深远的影响。南方丝绸之路虽为商道，但也是民族文化交流要道，在这条道路上所产生的文化交融，深刻地影响了邛窑的器物设计，主要表现在器物的装饰上。如隋代邛窑器物上曾出现波斯萨珊王朝银饰上常用的联珠纹，具有阿拉伯和西亚风格的彩绘几何纹和竖条带纹也曾出现在邛窑器物上。此外，南方丝绸之路对于邛窑省油灯而言，还起到传播器物文化的作用。随着贸易活动的开展，邛窑省油灯流传至全国各地，我国南北方诸多瓷窑开始仿制邛窑省油灯。其中南方地区主要以江西景德镇瓷窑、福建瓷窑和浙江瓷窑为代表，其生产的省油灯多为立柱式，且饰有莲花纹，造型更加简约精美，北方地区的省油灯多为高注孔式和敞开式，其造型相比南方来说更加粗犷豪放（表3-1-1-1）。邛窑省油灯作为省油灯的起点，不仅产生了重要的实用价值和文化价值，还具有更加深刻的文化传播意义。

---

[1] 汪庆正：《简明陶瓷词典》，上海：上海辞书出版社，1989年11月，第148页。
[2] 陆游：《老学庵笔记（卷十）》，北京：中华书局，1979年，第130页。
[3] 漆侠：《宋代经济史（下）》，北京：中华书局，2009年9月，第640页。

表3-1-1-1　各地区省油灯比较分析表

地区	案例	线框图	造型	纹样	注水孔
邛窑省油灯	唐代邛窑绿釉省油灯		碗盏式	无	壁孔式
南方地区省油灯	宋代景德镇窑青白釉省油灯		立柱式	莲花纹	壁孔式
北方地区省油灯	唐代黑釉省油灯		碗盏式	无	高注孔式

（二）案例简介

本案例是唐宋时期四川地区较为典型的邛窑省油灯（图3-1-1-2①），出土于成都指挥街遗址。此省油灯通高4.9厘米，口径10.8厘米，底径4.6厘米，弧腹，口微敛，玉璧底（图3-1-1-2②）。管状注水孔在省油灯外壁中上部，与夹层相贯通，嘴口略低于盏口沿，盏面内侧黏结一弓形柄。省油灯内壁满釉，外壁半釉，是在灰胎的基础上先施青釉，再施酱褐釉，最终釉色呈深褐色。

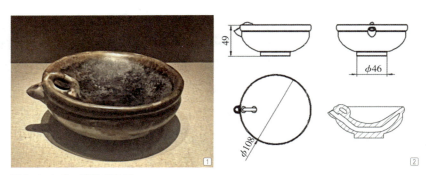

图3-1-1-2　邛窑省油灯
①省油灯外形　②基本尺寸

（三）使用方式分析

省油灯作为民间用品，其文献记载并不多，具体的使用方式只能从仅有的文献记载进行推敲。目前学术界对其使用方式存在两种相反的观点：一种认为"夹层边上有小孔，从小孔注入冷水，上层注油置灯芯。燃烧时夹层中的水可降低灯的温度，减少油的消耗"❶；另一种认为"灯的使用法，是把灯芯和油从盏嘴灌入夹层，而后在灯面蓄水，降低油温，减少蒸发，节省油耗"❷。第一种观点得到普遍的认可。夹层边上的孔嘴很小，将植物油燃料通过小孔注入夹层内并非易事，灯芯置于孔嘴处，若滑落至夹层中也不易取出。《老学庵笔记》中也记载："一端作小窍，注清冷水于其中，每夕一易之。❸"若按照第一种观点的使用方式，每天更换燃料变得极其麻烦。若夹层中注水，盏面注油，其使用方式变得更加容易。或是直接通过小孔注水，然后在盏面注油，再放入灯芯点燃使用，但是孔嘴狭小，这种方式容易导致清水洒落至桌面和燃油中。或是直接将省油灯没入清水中，待夹层中灌满清水，拿出省油灯，擦干盏面并注入植物油燃料和灯芯（图3-1-1-3）。

前文提到省油灯是在夜读学习和夜作生产盛行的背景下产生的，自然使用群体主要是读书人和广大百姓。但是作为平常百姓的日常用具，省油灯很少被记录在文献古籍和书画壁画等资料中，作为读书学习用具倒是有所记载。《斋居记事》中写道："照书烛必令粗而短，勿过一尺。粗则耐，短则近。书灯勿用铜盏，惟瓷盏最省油。蜀有夹瓷盏，注水于盏唇窍中，可省油之半，灯檠法，高七寸，盘阔云寸，受盏圈径二寸半，择与圈称者。❹"从此文献中可知省油灯通常是与灯檠组合使用的（图3-1-1-4①②）。唐宋时期人们已经采用垂足而坐的方式，省油灯放在桌面上，其光线较低，且不易拿放。灯檠起到支架作用，省油灯放置于灯檠上，光线被抬高，更适合读书学习（图3-1-1-4③）。

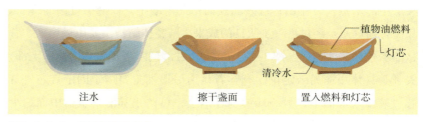

图3-1-1-3　省油灯使用方式

---

❶ 徐鹏章：《川西古代瓷器调查记》，载《文物参考资料》1958年第2期，第41页。
❷ 陈丽琼：《邛窑新探》，《四川古陶瓷研究》编辑组编《四川古陶瓷研究》，成都：四川省社会科学院出版社，1984年，第138页。
❸ 陆游：《陆放翁全集（上册）》，北京：中国书店，1986年，第495页。
❹ 陆游：《陆放翁全集（上册）》，第503页。

图3-1-1-4　省油灯使用场景

（四）结构原理分析

邛窑省油灯最初的形态是百姓常用的碗盏容器，在夹层中注入清水，在盏面上加入灯油和灯芯就可以构成具有省油效果的照明用具。其省油功效主要在于利用导热和水蒸发的原理使灯盏保持低温状态。陶瓷材质具有耐高温、导热性能差等特点，相比金属材质，陶瓷灯体不易发热。因此，在灯芯燃烧期间，盛放灯油的陶瓷载体的温度不会有明显升高，加之加入了清冷水，水蒸发可以带走部分灯芯燃烧所产生的热量，灯盏在使用期间的温度会有所降低，从而减少因高温蒸发产生的灯油损耗量。此外，为了减少灯盏本身对灯油的损耗，即陶瓷材质对灯油的吸收，利用釉的渗透性小这一特点，在灯盏面施满釉，从而隔离陶瓷材质和灯油。以上对省油灯材质的选择，充分体现了先辈们"适器选材、物尽其用"的造物观点。

省油灯的结构是随着工匠们对省油原理的深入了解而变化的。为了使省油效果更加明显，省油灯的夹层容积逐渐增大，以增加蓄水量；注水孔的口径增大，并由起初的壁孔改为凸出且斜直向上的管状孔，利于夹层中的水蒸发并排出；灯盏面表面积逐渐缩小，以减少灯油的挥发。邛窑省油灯便是经过进一步改良的成果，其整体结构主要由弓形柄、管状注水孔和盏体构成（图3-1-1-5①）。弓形柄附着于盏体内侧中上部，关于其具体用途尚未定论。有学者认为弓形柄主要用于固定灯芯，灯芯一端浸入灯油中，另一端缠绕在柄上，可防止其滑落至盏中而熄灭（图3-1-1-5②）。❶也有学者不赞同这种观点，认为灯芯吸油后会变得黏稠，搭在盏口沿不易移动，弓形柄的作用应类似把，用于手执。❷管状注水孔主要附着于盏体外侧中上部，其倾斜角度在50°左右，一方面利于清

---

❶ 张亚堃：《物以致用——唐宋邛窑省油灯设计研究》，《美术大观》2018年第5期，第84页。
❷ 陈德富：《邛窑省油灯研究》，《四川古陶瓷研究》编辑组编：《四川古陶瓷研究（二）》，成都：四川省社会科学院出版社，1984年10月，第104页。

图 3-1-1-5 省油灯结构原理

冷水注入,另一方面方便水蒸气排出。盏体作为省油灯的主体结构,又由口沿、腹壁、底足三部分构成。本案例中的省油灯盏体主要为敛口口沿,弧腹腹壁,玉璧底。

（五）形态装饰分析

省油灯的形态体现出古代器物造型的科技美感,其整体形态塑造以省油原理为准则,以实现省油功能为目的。邛窑省油灯是在工匠们对省油原理进一步了解的基础上制作出来的。整体形态小巧别致,主要由上下两部分构成,下部分作碗形或深腹杯形,用以储水;上部分作口径与下部形体口径一致的盘形,用以盛油（图3-1-1-6①）。在陶土未干之际,将两者口沿粘接,融合成一个单体。由于上下形体腹差的不同形成中空夹层用以储水。外壁侧有一个方便注水和排水蒸气的注水孔,内壁侧有一个方便手执或置放灯芯的弓形柄。整体形态体现了古人"制器尚象""以适为用"的造物观。

省油灯作为民间用具,以实用功能为主,在唐宋时期多无纹样装饰,其釉色、胎质构成视觉表现和装饰基础。隋唐时期,瓷器流行釉不及底的施釉风格,[1]邛窑省油灯的上釉方式便受此种风格影响（图3-1-1-6②）。省油灯的盏面施满釉,灯盏外侧上部施釉,约占整体的二分之一。灯盏外侧的下部和底足不施釉,露出化妆土的灰白色和胎土的砖红色。由于施釉过程中液体釉的自然流动,留下了有机痕迹,形成生动的釉色与胎色的自然分界线,呈现出一种动态视觉效果。此外,由于釉、化妆土和胎土分别呈现出三种不同的色彩和质感,所以形成了丰富的色彩层次和独特的视觉效果。形制小巧的灯盏,加之色泽亮丽的装饰,体现了古人的独具匠心,以及民间用具的古朴素雅之感。

---

[1] 詹颖:《邛窑器物设计的审美文化研究》,北京:中国轻工业出版社,2019年6月,第426页。

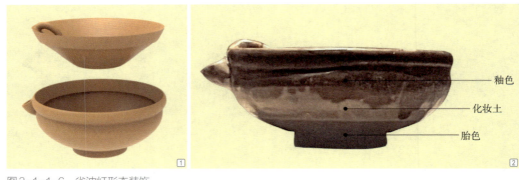

图3-1-1-6　省油灯形态装饰

（六）制作工艺分析

邛窑省油灯多取用当地黏土制作胎体，由于黏土含铁量较高且伴有粗颗粒，使省油灯胎体呈砖红色，且胎质略粗糙。为了改进原料的不足，工匠们通常会在瓷胎表面施一层化妆土，使胎体变得细腻光滑，并在此基础上施以釉料。唐宋时期邛窑省油灯的釉料中铁、铜氧化物含量较高，导致釉呈现出深浅不一的青绿色、黄褐色、酱褐色等多种釉色，邛窑省油灯的釉色便以酱褐色为主。

邛窑在制作瓷器时通常会使用轮制、模制和手工捏制三种成形方法。轮制成形法主要用于无附件的单一器形，如瓶、碗、杯等。模制成形法主要用于人、动物、植物等有机形态的塑造，需要将调制好的胎泥倒入事先准备的模具中，随后脱模成形。手工捏制成形法主要用于具有附件的复杂器形，需要先将器物的主体部分和附件部分别捏制成形，然后再将捏制好的主体与附件进行粘接、拼贴并修整。邛窑省油灯主要采用的是轮制和手工捏制组合的成形方法。

邛窑省油灯的制作工序主要分为以下几步。第一步：配泥料。根据器物的尺寸，取用本地的高岭土，调配适量的用以制作坯体的胎土。第二步：制坯。制坯是制作省油灯的最关键工序。首先使用轮制成形方法，分别拉出一个口径相同的深腹碗形坯件和浅腹盘形坯件。然后在两者胎泥未干之际，沿口沿部分将两者粘接扣合，并在深腹碗形坯件腹侧上端挖一小孔，使两坯件黏合所形成的中空夹层能与外界相通。最后，使用手工捏制成形方法，捏制管状注水孔和弓形柄，并将其与灯体进行拼接粘贴，修整成形（图3-1-1-7）。第三步：涂化妆土。在成形的泥坯上涂抹一层化妆土，使坯体更加细致光滑。第四步：制釉。根据预制效果，

图 3-1-1-7 省油灯制坯流程
（资料来源：《唐宋时期邛窑省油灯设计研究》❶）

将所需的矿物原料按比例调配，并对其磨制、过滤，然后静放。第五步：施釉。待坯体阴干后，先施青釉，再施酱褐釉，并且盏面施满釉，灯体外壁施半釉。第六步：烧制。将施釉完成的坯件放置在匣钵中，入窑烧制。

（七）设计比较分析

邛窑省油灯因其设计巧妙，成本低廉，在唐宋时期得到广泛使用和推广，并随着丝绸之路而流传至全国各地。但由于其源于民间，在装饰造型上较为简朴，因此后代在对其仿制的过程中，在保留其省油原理的结构基础上，主要对其外观结构等进行了再设计，增加了更多的装饰肌理效果（图 3-1-1-8），如宋代湖田窑生产的清白釉莲花省油灯和辽代出

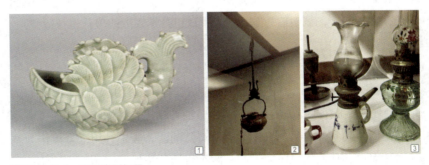

图 3-1-1-8　不同类型灯具
① 摩羯灯　② 亮油壶　③ 煤油灯
（资料来源：① 辽宁省博物馆官网）

---

❶ 张亚堃：《唐宋时期邛窑省油灯设计研究》，江南大学硕士学位论文，2018年，第65页。

土的摩羯灯。但作为民间用具，由于省油灯的省油效果有限，操作不便等缺点，加之工艺技术的进步和新需求的产生，省油灯逐渐被新的灯具所替代。在四川地区，一种称作"亮油壶"的陶瓷灯具逐渐取代了省油灯，由于两者均是民间用具，都是以实现照明功能为主，因此在造型装饰上都较为简朴。在煤油原料传入中国后，省油灯已完全消失，取而代之的是煤油灯，因为原理结构的改变，加上调节亮度、方便移动等需求的产生，煤油灯和省油灯在造型、结构、功能上有了很大的区别。

1. 摩羯灯

摩羯灯出现于辽代，因模仿摩羯鱼的形态而被称为摩羯灯，起初人们认为它应该是水盂或水滴，但中国历史博物馆孙机先生经过研究证明其应是一盏省油灯，其省油原理和省油灯基本一致，通过清冷水降温，但两者的结构有所差异，摩羯灯腹部被分割成前后两部分，前半部分通常用于储油，后半部分则用于储水。[1]藏于辽宁省博物馆的"辽青瓷飞鱼形水盂（辽代摩羯灯）"是摩羯灯中的精品，其结构正是如此。辽青瓷飞鱼形水盂出土于辽宁省北票辽墓，属于北宋时期辉州窑烧制的作品，其通高9.3厘米，长14厘米，宽7.3厘米，底径4.4厘米，整体器形呈飞鱼形，双翅贴于盏体两侧，尾部上翘，顶部前后分割处贴有两圆点眼，底部为平底圆足，尾部和翅膀饰有水滴形圆珠，表面施以青釉。使用时，将清冷水注入灯体后部，将灯油注入灯体前部，灯芯搭附在口沿处（图3-1-1-8①）。相比简单素朴的邛窑省油灯，摩羯灯的整体形态更加生动精致，宛若飞鱼。但摩羯鱼形象并非源自中国，它是文化传播与交融的产物。摩羯鱼是印度神话中的形象，在印度神话中摩羯鱼被视为河水之精，生命之本，后来可能通过佛教传入中国，其传入中国后与中国本土文化相结合，被塑造为头部为龙形或鱼身带翼形的兽首鱼身造型。

2. 亮油壶

清代、民国年间，省油灯在四川地区逐渐消失，取而代之的是亮油壶。亮油壶的形制和饮食用壶很相似，其通高普遍约为5厘米，口径为1.5~2厘米，腹径为10厘米左右。与省油灯相比，亮油壶不再通过清冷水降温而达到省油效果，而是从壶口将灯油注入腹中，用玉米棒作为塞子堵住壶口，从而构成密闭空间，减少灯油的蒸发，灯芯则从管状嘴穿入至腹中（图3-1-1-8②）。此外，亮油壶增加了柄，该柄的设计充满了智慧，无论柄旋转多少角度，亮油壶始终保持水平状态。通常柄的使用

---

[1] 孙机：《摩羯灯——兼谈与其相关的问题》，《文物》1986年第12期，第77、78页。

方式有三种，一种是手持，使亮油壶类似当代的手电筒，可随时随地移动使用；另一种是悬挂，在接近柄的尾部有挂钩设计，方便亮油壶固定悬挂在某处；还有一种是嵌入，柄的尾部呈尖锐状，可插入墙面中以固定亮油壶，民国年间，百姓生活较为贫苦，其居住的房子墙面存在诸多裂缝，亮油壶柄的尖端易插入其中，起到固定作用（图3-1-1-9）。亮油壶制作简单，操作易用，且封闭的壶体能阻止灯油的蒸发，更加省油，直至新中国成立初期，仍被使用。

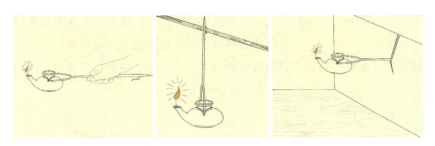

图3-1-1-9　亮油壶使用图

3. 煤油灯

煤油灯，又称洋油灯、火油灯，由欧洲国家传入中国。近代中国通商以后，西洋的煤油开始输入中国，以玻璃为主要材质的煤油灯逐渐取代国内的菜油灯、蜡烛等，成为农村家庭的主要照明工具。煤油是从石油中提炼出来的燃料，相同大小的灯头，煤油灯的亮度是旧式灯具的四五倍。煤油灯主要由灯座、灯头、灯筒构成（图3-1-1-8③）。灯座通常为玻璃材质，作为灯的底座，也用以储存煤油，部分底座设有把手或凹槽，方便移动。灯头通常由铜制成，形如张嘴蛤蟆，灯芯从嘴中穿入，在灯头的侧边有一齿轮，可控制灯芯的上升或下降，从而控制煤油灯的光亮。灯筒通常也为玻璃材质，形如腹大腰细的葫芦，主要起到挡风作用。煤油灯的传入和推广，改变了中国民众的生活方式，也见证了中国农业文明与西方工业文明的碰撞。

综上，随着社会历史的发展，省油灯逐渐被功能更加完善的亮油壶、煤油灯所取代（表3-1-1-2）。相比省油灯，亮油壶与煤油灯增加了可悬挂、手提、可调节亮度等功能，满足了不同生活环境下人们的需求，并体现了技术的进步。但由于亮油壶、煤油灯与省油灯均主要是民间用品，因此在形制、色彩等方面都较为朴素传统。摩羯灯与省油灯相比，其结构原理相似，但形制与色彩更加美观，且具有一定的文化寓意。

57

表3-1-1-2　不同类型灯具的比较分析

器物	材质	形制	色彩	装饰	功能
省油灯	陶泥	碗盏形	釉色、化妆土色、胎色	材质肌理	照明
摩羯灯	陶泥	飞鱼形	釉色	鱼纹、水滴纹	照明
亮油壶	陶泥	壶形	釉色	材质肌理	照明、手提、悬挂
煤油灯	玻璃	长直形	材质色、青花色等	植物纹、文字纹等	照明、手提、调节亮度

（八）设计评价与研究

邛窑省油灯虽为民间用品，但在设计、科学、技术等方面均展现出其价值所在，它不仅融入中国古代灯具的发展历程中，且具有浓厚的地域特色，并展现出古代邛窑高超的制作技艺。因其拥有科学价值、历史价值和审美价值，应对其进行保护和传承。

1. 设计评价

邛窑在生产中创制了极具科学价值的民间用具——省油灯。在古代，它不仅是一种具有省油功效的新型照明用具，更是劳动人民工匠精神的体现。在功能形态上，邛窑省油灯以实现省油功能为目的，以夹层中空结构为基础，用最简易且朴实的碗盏形构建整体形态。在色彩和装饰上，邛窑省油灯的胎质和色彩构成其视觉表现和装饰基础的主要内容，体现了民间器物自然活泼的意味。在制作工艺上，邛窑工匠将轮制和手工捏制的制瓷工艺结合，采用先分制后拼接的步骤，巧妙地制作省油灯夹层中空的结构。邛窑省油灯以其先进的科学技术和精巧的结构设计，受到诸多百姓和文人墨客的赞赏，并在较广地域内产生了一定影响。

2. 学术研究

著名邛窑研究学者陈德富先生曾从设计学、物理学、考古学等多个层面对邛窑省油灯展开研究，其得出的诸多结论成为后期研究省油灯的理论基础，如省油灯原理实验等。陈德富先生认为省油灯具有以下三层重要意义：一是邛窑省油灯的传播促使邛窑文化走向全国，使邛窑的制瓷技术、装饰方法、文化韵味等对中国陶瓷文化产生了深远的影响；二是邛窑省油灯继承和发扬了蜀文化，邛窑省油灯的创造正是蜀文化中科学精神、创新精神、包容精神等内容的体现；三是邛窑省油灯使邛窑文化与民俗文化、传统文化相融合，使具象的器物转化为一种生活文化，如流传度极高的俗语——"不是省油的灯"[1]。由此可见，邛窑省油灯的

---

[1] 陈德富：《邛窑文化走向全国——以省油灯为例》，《成都文物》2003年第1期，第12页。

器物文化传播影响不仅仅局限于器物器形,更是一种科学原理、创新精神、文化内容的传承。

3.当代转换

邛窑历史久远,始于东晋,兴盛于唐、五代,以邛三彩最为出名,是最早使用高温彩釉技术的窑址之一。但在两宋时期,随着更加精美的窑系的诞生,加之四川传统手工业遭到破坏,邛窑逐渐走向衰落并消失,邛窑的烧制技艺也因此消失了八百多年。近年来,随着更多优秀的邛窑作品被人们所发现并得到欣赏,邛窑的历史重要性再次被提及,邛崃市政府也积极采取相关措施,分别从文化建设和基地建设两个方面保护和传承邛窑。在文化建设方面,积极申请非物质文化遗产保护,培养传承人。邛陶烧造技艺已被列入四川省非物质文化遗产名录,是四川非遗的代表性项目。以何平扬、何丹为代表的邛陶烧造技艺传承人,在反复研究和实验的基础上,掌握并延续了邛窑器具的烧造技艺,并复制和设计出更多的优秀作品,如省油灯(图3-1-1-10)。但由于省油灯制作工艺复杂,时间周期较长,还未形成更多与此相关的文创作品。不过随着年轻人对传统文化的关注度越来越高,省油灯也开始被更多年轻人所接受,并被赋予新的含义:寓意爱情之火经久不息。在基地建设方面,邛崃市以非物质文化遗产的保护与传承为切入点,以邛窑遗址公园为核心,积极创建邛窑国家考古遗址公园。该公园主要包括六个板块,分别是邛窑遗址核心区、文博创意园区、文博达人创意发展及商业地产区、文博及民宿村落、文博楼宇经济发展区。从其构建和规划可以看出,邛崃将全面发展邛窑,在继承的基础上,将以更多创新方式使其顺应时代发展。

图3-1-1-10 何丹制作的省油灯
(资料来源:成都全搜索新闻网)

二、贮贝器

(一)文化背景

贮贝器(图3-1-2-1)是云南滇文化和青铜文化的代表,它主要出土于云南的呈贡天子庙、江川李家山、晋宁石寨山等墓地,除了用于贮藏海贝外,还主要作为文化器具用于祭祀或陪葬,是古滇国所独有的青铜器物。据《滇国与滇文化》记载:"滇国时期,当地民族尚未使用文字,

图3-1-2-1 贮贝器

尤其是没有本民族的文字。因此表示某一物或记录某一事时，多采用图画形式。[1]"贮贝器的器盖上雕塑有赶集、动物厮杀、狩猎、纺织、战争等场景，这些场景再现了云南青铜文化、滇国社会文化的内涵，成为极其重要的历史、生活研究资料。其盖上精美复杂的装饰雕像，不仅体现了云南青铜文化的高超技艺，作为南方丝绸之路上的独特器物，更成为古滇国历史发展以及文化传播的重要载体。

1. 云南青铜文化与铜鼓文化

云南青铜文化具有明显的融合性色彩和地域文化特征。以江川李家山为代表的青铜文化是古滇国青铜时代发展的高峰期，其出土的青铜器物在形制、种类、工艺等多方面，既体现了从中原地区引入古滇国的青铜铸造技艺在春秋战国时期的成熟，也展现了其本土文化与巴蜀文化、北方草原文化、东南亚文化相融合的多元地域性特征，是中国青铜文化的集大成者。[2]据陆韧《南方丝绸之路研究丛书·历史地理卷》一书考证，早在汉晋时期，通往越南的进桑糜泠道就已开通，并连接了海上丝绸之路，成为古代我国西南地区的重要交通路线。[3]而江川李家山、晋宁石寨山等地区均分布于南方丝绸之路的中线上，因此李家山等地的青铜文化可能会因此受到不同地域、国家、民族文化的影响。牛虎铜案和贮贝器是李家山青铜文化的代表性器物，贮贝器器盖上丰富精彩的立体雕塑，足以展现古滇国高超的青铜器失蜡法铸造技艺。

---

[1] 张增祺：《滇国与滇文化》，第217页。
[2] 蔡传兵：《青铜之光闪耀南丝路》，《玉溪日报》2021年7月13日，第003版。
[3] 陆韧：《南方丝绸之路研究丛书·历史地理卷》，第46页。

贮贝器的诸多器形是仿制于铜鼓，甚至将铜鼓直接作为贮贝器使用。铜鼓是中国南方和东南亚国家一种重要的青铜礼乐器，产生于春秋时期，之后通过技术传播、民族迁徙、贸易、馈赠等方式，逐渐在云南、四川、贵州、广西、广东、海南等省区和越南、泰国、老挝、缅甸、柬埔寨、马来西亚、印度尼西亚等7个东南亚国家广泛传播并流传至今。❶铜鼓除具有伴舞娱乐、传递资讯、击鼓赛神、指挥军阵等功用外，更是权力的象征，还是祭祀、丧葬等场合的礼器。云南铜鼓通体由青铜制成，可分为鼓面和鼓身两部分（图3-1-2-2）。鼓面为平整圆形，中心处常装饰有太阳纹，在太阳纹的周围装饰有称为"芒"且呈放射状的角齿纹，具有太阳光芒之意。以太阳纹为圆心装饰有称为"弦线"且半径不同的多个同心圆，两道"弦线"之间的面积被称为"晕"或"晕圈"。鼓身被拟人化地分为鼓胸、鼓腰和鼓足三部分，其间的比例随时代变迁而有所变化，由此形成了不同外观形态的铜鼓。在鼓胸和鼓腰之间常设有半环形鼓耳，用于悬挂铜鼓。铜鼓在少数民族的经济、文化、社会生活中具有极其重要的作用，在长期的历史发展中形成了独特的铜鼓文化。其丰富的纹饰、特有的造型也反映了少数民族的经济状况、文化内涵。贮贝器从实用器具发展为文化器具，便是借助了铜鼓文化的功能属性。

2.贮贝器的演变历史

从考古学角度来看，贮贝器最早可追溯至战国中期或更早，❷它是以贝币的广泛使用为背景而产生的。在滇国的诸多遗址中，都曾发现大量

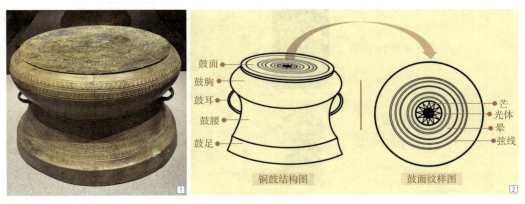

图3-1-2-2　铜鼓

---

❶ 李昆声，陈果：《中国云南与越南的青铜文明》，第486、569页。
❷ 李昆声，陈果：《中国云南与越南的青铜文明》，第219页。

产自印度洋、太平洋等地区的海贝，这些海贝可能是以"国际货币"❶的身份，沿着南方丝绸之路传至云南。为贮藏海贝，古滇国人民创造了贮贝器。汉武帝以后，随着古滇国逐渐走向没落，滇文化逐渐被汉文化同化，贮贝器也随着滇国历史而逐渐消失。

从器形演变来看，贮贝器的演变历史大致可分为早、中、晚三个时期（表3-1-2-1）。早期的贮贝器大致出现在战国中期或更早，以贮藏贝币为主要功能，其器形以筒形为主。因为早期海贝数量较少，所以还未出现专供贮藏海贝的器物，多使用桶形器作为代用品，即将铜质提桶形器物进行适当改进而形成贮贝器。后随着贝币以及社会需求的增多，对器形、装饰等进行了适当"设计"的贮贝器逐渐产生，其中较为典型的器形为束腰（也有称细腰❷）筒状。中期的贮贝器大致处于西汉初期至西汉中晚期，已被赋予了更多的文化寓意，开始从功能性器物逐渐转向象征性器物，其器形多以铜鼓为主，甚至直接将铜鼓作为贮贝器使用，以此试图将铜鼓的权力、财富等象征意义转移至贮贝器上。晚期的贮贝器大致出现在西汉中晚期，为进一步增强贮贝器的文化寓意，出现了异形如叠鼓形贮贝器。这类器物的盖上往往雕塑有纳贡、战争等较复杂的场景，以突显至高无上的权力。后随着历史推进和制作工艺的变化，贮贝器的造型由繁复走向简单，并逐渐走向没落直至退出历史舞台。

表3-1-2-1　贮贝器发展演变分析表

时期	分类	细分形态	图例	线框图	功能
早期	筒形贮贝器	提桶形贮贝器			盛放酒水、贮藏贝币
		束腰贮贝器			贮藏贝币

---

❶ 李艾丽：《古滇国女性贵族的"存钱罐"》，《玉溪日报》2022年3月16日，第6版。
❷ 蒋志龙：《再论石寨山文化》，《文物》1998年第6期，第32页。

续表

时期	分类	细分形态	图例	线框图	功能
中期	鼓形贮贝器	铜鼓贮贝器			击打乐器、祭祀礼仪、贮藏贝币
		铜鼓形贮贝器			祭祀礼仪、贮藏贝币
晚期	异形贮贝器	叠鼓形贮贝器			祭祀礼仪、贮藏贝币

3.贮贝器的分类

基于贮贝器的演变历史，按照器形的不同，可将贮贝器分为提桶形贮贝器、束腰筒形贮贝器、铜鼓形贮贝器和异形贮贝器四大类。其中，束腰筒形贮贝器又可分为束腰形贮贝器和虎耳束腰形贮贝器，铜鼓形贮贝器又可分为铜鼓贮贝器、单鼓形贮贝器和叠鼓形贮贝器（图3-1-2-3）。提桶形贮贝器是以铜质提桶为原型，利用其空腹可存放物品的特点来贮存贝币，并非专用的贮贝器。束腰筒形贮贝器是最早的专用贮贝器，部分器身设有虎耳。铜鼓形贮贝器或是直接使用铜鼓作为贮贝器，或是对铜鼓进行改制，形成单鼓形贮贝器和叠鼓形贮贝器。异形贮贝器是除以上三类贮贝器以外的贮贝器的合称，其器形与一般贮贝器存在较大的区别，可能是一种代用品。

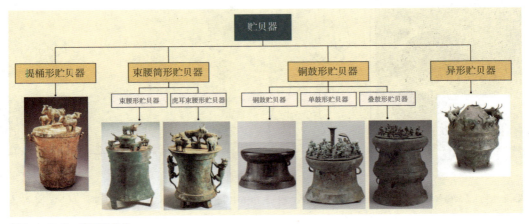

图3-1-2-3　贮贝器分类

（二）案例简介

贮贝器反映了古滇国的社会历史、青铜铸造技艺，是南方丝绸之路上彰显云南地域文化的典型代表。从最初仅为贮藏贝币的实用器物，逐渐演变为兼具实用性、审美性及文化象征性的礼器，这体现了南方丝绸之路上器物文化的多样性。贮贝器的器形较多，不同器形之间既含有共同特征又各具特色，这使其具有了丰富的研究价值。本书对各类贮贝器进行整体分析，系统梳理出贮贝器的使用方式、形态装饰、制作工艺等内容，以期了解其作为贮藏类器物所具有的设计特征，挖掘其蕴含的滇文化，探索其传承与保护路径。

（三）使用方式分析

墓葬出土的贮贝器里绝大多数盛满海贝，[1]由此可知，其产生最初是源于贮藏贝币的实用目的。后随着青铜铸造技艺的进步，加之贝币数量有限等原因，贮贝器又被赋予了更加丰富的文化内涵，并逐渐转化为祭祀礼仪用品、权力象征器物。因此，其使用方式也体现在实用功能和文化功能两个方面。

贮贝器的实用功能是更好地贮藏贝币。贮贝器的器形源于铜质提桶，其较大的内部空间为贝币提供了合适的贮藏区域。贝币作为古滇国人民对外交流贸易的主要媒介，在经济生活中得到广泛使用。[2]贝币源于海贝，其具有一定的体积，且多产自印度洋等地，古代的中原地区较为少见，因此其价值更为凸显。为了更好地收藏海贝，贮贝器便应运而生（图3-1-2-4①）。贮藏贝币的贮贝器，其使用方法较为简单：首先是打开器盖，然后放入贝币，最后盖上器盖（图3-1-2-4②）。贮贝器的器盖、器

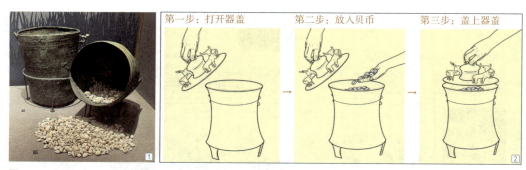

图3-1-2-4　贮贝器使用图

---

[1] 孙太初：《云南晋宁石寨山古遗址及墓葬》，《考古学报》1956年第1期，第52—55页（贮贝器在文中被称为"铜器"）。
[2] 王永胜：《云南古代贮贝器器盖艺术》，《收藏家》2003年第11期，第7页。

身设计精美,巧妙使用青铜铸造技艺,足以见证古滇国人民对于贝币的喜爱与珍惜。

贮贝器的文化功能主要包含两方面内容,即作为权力与财富的象征、祭祀与信仰的媒介。贮贝器作为古滇国的代表性器物,不仅具有浓厚的地域民族特征,且带有明显的阶级印记。❶贝币虽然是古滇国对外贸易的交流媒介,但其数量较少,一般平民阶级无法拥有,而为贵族阶级所有,贮贝器也由此而成为贵族群体的专用品,并发挥着象征权力与财富的功能。此外,贮贝器器盖上所展现的社会生活场景,多是以贵族阶级的视角塑造的。例如在贮贝器器盖上雕铸的古滇国纺织场景中,一人通体施以鎏金,形体较大,端坐于方垫之上,监视其他正在忙于纺织工作的纺织者,这明显区别于其他人,应是周围人物的主人,或是奴隶主,或是女贵族(图3-1-2-5①)。

由于古滇人缺乏对自然科学的认知,他们将自然界发生的诸多事物与神灵相关联,因此产生了对各种神灵的祭祀活动,贮贝器器盖上有的雕铸有大量的祭祀场景(图3-1-2-5②)。有学者认为古滇人将祭祀场景雕铸于贮贝器上,可能是想以贮贝器为载体,用海贝作祭品,借助"交感巫术"中的触染律原则来勾连墓主人与天神的联系,❷从而为家族求得平安与庇护。因此,贮贝器大都发掘于大中型墓中。

发挥文化功能的贮贝器,其具体而详细的使用方式目前无文献记载,但根据考古发现及史料记载,此类贮贝器多是作为随葬品藏于墓中,象征墓主人的身份。

图3-1-2-5 贮贝器器盖
(资料来源:①云南李家山青铜器博物馆官网,②公众号"博古格物")

---

❶ 王永胜:《云南古代贮贝器器盖艺术》,第10页。
❷ 韦姗杉、黄诗莉:《滇文化中出土贮贝器的墓葬主人性属探析》,《民博论丛》2021年第00期,第55-65页。

（四）结构原理分析

贮贝器作为贮藏贝币的容器，主要由器盖、器身、器足三部分构成。起初，古滇人为方便取拿器盖，在器盖上铸造了具实用价值的立体装饰，之后器盖上的立体装饰逐渐演变为具有实用价值、历史价值与审美价值的场景雕塑。贮贝器的器形不同，其结构也略有不同（图3-1-2-6）。部分提桶形贮贝器和束腰筒形贮贝器都设有虎形器耳，但提桶形贮贝器大都没有器足，束腰筒形贮贝器多为三足。在铜鼓形贮贝器中，将铜鼓直接作为贮贝器使用的结构形式是通过将铜鼓倒置，底部朝上实现的。改制的单鼓形贮贝器是在铜鼓底部设置一底，并将鼓面设为带孔的可活动的器盖，以方便贮藏海贝。叠鼓形贮贝器则是将两个铜鼓相叠而成，一般上面铜鼓正放，并将鼓面设为可开合的器盖；下面铜鼓可正放也可倒放，正放时上面铜鼓去底，下面铜鼓去盖，倒放时上下铜鼓底相扣合。铜鼓形贮贝器其器形源于铜鼓，多在鼓身腰线处设有器耳。异形贮贝器的形式特殊且不固定，但其器物结构基本包括器身和器足两部分，大多没有器盖。

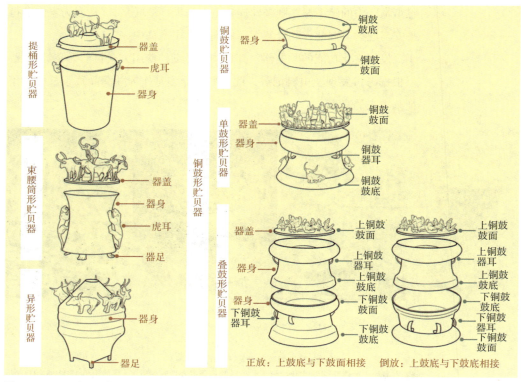

图3-1-2-6　贮贝器结构分析

（五）形态装饰分析

不同类型的贮贝器，其形态、装饰、尺寸等有较大差异（表3-1-2-2）。

提桶形贮贝器器高多在50厘米左右，盖径在30厘米左右，器形似圆桶状，器身主要采用阳刻法绘制有平面纹样，器盖则多以牛为设计元素，用立体雕铸的方式进行具体制作。那时的古滇人对贮贝器的设计还处于萌芽期，尚未形成独特的装饰表现风格。

束腰筒形贮贝器是贮藏贝币的专用品，也是贮贝器发展到成熟期的代表。其整体器形与竹节相似，外轮廓优美流畅，但束腰形贮贝器和虎耳束腰形贮贝器在形态上略有差异。束腰形贮贝器的器高多集中在30厘米以上，盖径在15～20厘米之间，其外轮廓从上至下为先直后曲的喇叭状线条。器盖、器身两侧分别设有左右对称且上下一致的方孔器耳，保证了器盖、器身扣合时的位置，并以此形成贮贝器正面、侧面、背面相对固定的观察角度。虎耳束腰形贮贝器的器高多集中在45～55厘米之间，盖径在25～32厘米之间，其外轮廓为上下扩中间缩的流畅曲线形。虎耳形器耳铸造于器身腰线的最细处，左右对称，虎头朝上，四肢有力，虎视眈眈，似有一跃而起之意。束腰筒形贮贝器的器盖上也多以立体牛作为装饰，但与提桶形贮贝器相比，其数量和制作技艺都更胜一筹。

铜鼓贮贝器源于铜鼓，在形态装饰上和铜鼓基本一致，其形态主要由弧形的鼓胸、束腰形的鼓腰、外扩的鼓足构成，并在胸部和腰部连接处设有鼓耳，装饰主要为錾刻太阳纹，兼有双弦纹、圆涡纹、三角齿纹等。❶单鼓形贮贝器的器高多集中在21～40厘米之间，盖径在22～35厘米之间，是由铜鼓改制而成，其器盖上立体牛的形象基本消失，取而代之的是宗教祭祀、生产劳动、纳贡等场景。有的贮贝器器盖上场景中的雕塑人物形象多达127人，❷但刻画时会着重强调领导者，似有权力象征之意。叠鼓形贮贝器器高多集中在39～63厘米之间，盖径在30～35厘米之间，由二鼓上下相叠而成。其器盖上多铸有战争、狩猎、动物厮杀等场景，以突出权力的至高无上。

---

❶ 佟伟华：《云南石寨山文化贮贝器研究》，《文物》1999年第9期，第55页。
❷ 方铁：《西南通史》，郑州：中州古籍出版社，2003年3月，第24页。

表 3-1-2-2　贮贝器形态装饰分析表

分类		图例	线框图	器身简图	尺寸	装饰
筒形贮贝器	提桶形贮贝器				器高：50 厘米左右 盖径：30 厘米左右	盖顶立体牛
	束腰形贮贝器				器高：30 厘米以上 盖径：15～20 厘米	盖顶立体牛
	虎耳束腰形贮贝器				器高：45～55 厘米 盖径：25～32 厘米	盖顶立体牛 虎耳
铜鼓贮贝器	单鼓形贮贝器				器高：21～40 厘米 盖径：22～35 厘米	器身太阳纹
	单鼓形贮贝器				器高：21～40 厘米 盖径：22～35 厘米	盖顶纳贡场景
	叠鼓形贮贝器				器高：39～63 厘米 盖径：30～35 厘米	盖顶战争场景

（六）制作工艺分析

贮贝器是古滇国也是云南青铜器高超铸造技艺的物化印证，其器身和器盖分别采用范模铸造法和失蜡法制作而成。范模铸造法用于铸造体积较大的器身，已发掘的贮贝器在器腹、器底等多个部位有较为明显的铸痕，且花纹部位存在因处于外范合拢处而产生的错位现象。器盖上复杂繁多的立体雕塑多是采用失蜡法铸造而成，然后拼接于器盖上，拼接后再通过焊接进行加固。[1]贮贝器的铸造工艺反映出古滇国人民高超的技艺水平和独特的艺术风格。

用范模铸造法制作贮贝器的器身，其制作工序大致可分为四个步骤

---

[1] 李艾丽：《古滇国女性贵族的"存钱罐"》，《玉溪日报》2022 年 3 月 16 日，第 6 版。

（图3-1-2-7）：第一步制陶模，用泥土制作与贮贝器器形、尺寸相同的模型，并将事先设计好的纹样刻画在模型的相应位置，然后入窑烧制使其变硬；第二步制陶范，利用已烧制好的内模用泥土翻制外范，外范一般分为对称的两块或者四块，制作好的外范也需要入窑烧制使其变硬，此外需要按照预先设定的贮贝器壁厚刮去一层内模；第三步合陶范，将多块外范拼接，将刮好后的内模置于外范内，装配成合范，并捆绑固定；第四步浇铸，将融化好的铜液从浇铸口注入陶范，直至铜液饱满为止。待铜液冷却后，打碎外范，取出内模，然后通过锯锉、锤击等工序对贮贝器加以修正。基于以上程序，贮贝器的器身便制作完成。

用失蜡法制作贮贝器的器盖，其制作工序大致可分为五个步骤（图3-1-2-8）：第一步制模，用泥料制作部件内芯，阴干后在内芯表面均匀贴上蜡片，并雕刻纹饰形成蜡模；第二步制泥范，用稀释的泥浆在蜡模表面反复涂抹形成一定的厚度，并用草拌泥浆包覆，形成整体泥范；第三步失蜡模，将制作好的泥范放入窑中低温烧制，烧制好的泥范不仅变硬，而且泥范内的蜡也已融化流出，因此在泥范与内芯之间形成了空腔；第四步浇铸，从浇铸口向内浇注铜液，待铜液冷却后，去除内芯与外范，并对制作的青铜器进行打磨加工；第五步拼接，为使铸造的立体装饰物能够与器盖铆合，立体装饰物的根部皆有凸榫，器盖的相应位置也有榫眼。将立体装饰物凸榫与器盖榫眼铆合，之后再进行焊接、加固，装饰繁复、精美且立体的贮贝器器盖即制作完成。

图3-1-2-7　范模铸造法制作贮贝器的器身流程

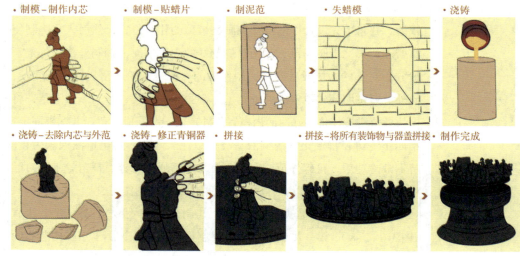

图 3-1-2-8 失蜡法制作贮贝器的器盖流程

（七）设计比较分析

贮贝器作为云南地区青铜文化的代表，从最初用于贮藏贝币的实用器物，逐渐演变发展为兼具象征、祭祀寓意的文化器物，有着突出的艺术价值、历史价值和文化价值。除用贮贝器贮藏贝币外，古代南丝路上的老百姓还用青铜制作的尊、罍以及陶土制作的扑满等器物贮藏贝币。相较于贮贝器，青铜尊、罍的器形及纹样的设计更繁复；扑满作为民间用品，整体设计较朴素，以实现功能为主，后期发展为把玩器具，其形态装饰才逐渐丰富。

1. 四川"贮贝器"

四川地区的"贮贝器"主要包括青铜尊和青铜罍（图3-1-2-9①），该类器物也可作为酒类贮藏器物，主要发掘于三星堆遗址，由于发掘时发现器物内部藏有贝币，因此被认为是贝币类贮藏器物，其造型与云南贮贝器的设计风格存在明显的区别。在形态方面，四川"贮贝器"均为滑肩斜直腹平底，或为敞口，或为直口，整体形态曲直有度，富于变化，又稳定协调。在结构方面，四川"贮贝器"均为一体式结构，包括器身、器足两部分，且器足较大，均为平底桶状器足，增强了器物的稳定性及严肃感。在装饰方面，四川"贮贝器"均使用青铜材质，并以展示材质本身色彩为主，但由于受时间和环境的影响，其材质色彩存在一定的差异性，尊类"贮贝器"以龙纹、虎纹和人物纹图案为主，罍类"贮贝器"以云纹、羊纹、龙纹、兽面纹图案为主，两类贮贝器上都大量出现动物图案,且在器物的肩部均设有多个动物立体头部图案,使器物充满神秘感和文化感。青铜文化也是古蜀文化的重要内容,与古滇青铜文化相比,古蜀青铜文化善于创制大型器物,其器物类型涉及饮食、军事、居所、文化等多方面,并鲜有立体雕塑装饰,多是以平面雕刻的方式进行装饰表现。

2.扑满

扑满是我国古代贮藏金属货币的主要贮藏器物,至迟在汉代已有发展,又称为"积受罐""悭囊",类似当代的存钱罐。扑满多作为实用器物,因具有"满则扑之"的特点,在民间得到广泛使用。《西京杂记》中曾这样描述扑满:"扑满者,以土为器,以蓄钱,有入窍而无出窍,满则扑之。❶"由此可知,扑满多为陶器,用以存钱,但有入口而无出口,若想取钱需要等其贮满后将其打碎取出。扑满作为日常用品而非随葬品,又因其具有"满则扑之"的特点,因此出土完整留存的扑满实物较少。根据已出土的扑满可以发现,早期扑满较为素朴,无装饰,且多为球状形,顶部设有一狭口,用于投放货币(图3-1-2-9②)。❷随着扑满在民间得到普及,加之制作工艺的进步,扑满在唐宋时期达到顶峰,并在功能上得到进一步改善。扑满顶部增加凸状提钮,或肩部增加挂耳,方便提拿;顶部或腹部开有小孔,可插系绳子,悬挂于梁上;部分扑满开设多个小孔,或对称式投币口,提高投币效率,方便观察货币贮藏情况。随时间不断演进后,扑满逐渐从贮藏器具变为灯具、把玩器具等,"一器多用"的功能组合极大地提高了其使用价值。其装饰纹样更加丰富,并出现仿猪等形态的扑满。作为平常百姓贮藏货币的器物,扑满不仅发挥出其贮藏功能,更体现古人们勤俭节约的品性。

综上,云南贮贝器与四川"贮贝器"及扑满存在一定的共性与差异性(表3-1-2-3)。共性表现为三者均是用于贮藏货币的容器,但是云南贮贝器与四川"贮贝器"还可作为礼器使用,且均是使用青铜材质铸造而成,但是两者的形态及装饰存在明显的差异。四川"贮贝器"是以酒

图3-1-2-9 不同类型的贮币器物
①四川"贮贝器" ②扑满
(资料来源:①三星堆博物馆官网,②成都博物馆官网)

---

❶ [晋]葛洪撰,周天游校注:《西京杂记》,西安:三秦出版社,2006年1月,第215页。
❷ 曹建中:《古代"扑满"设计价值研究》,《创意与设计》2020年第3期,第56页。

具作为替代品使用，尚未形成专用贮贝器，其形态与古蜀青铜酒具相似，且表面多以龙纹、云纹、虎纹等平面纹样为主，与云南贮贝器的铜鼓形态及立体装饰存在较为明显的区别。扑满，作为民间用品，其形态以实用性为主，鲜有装饰，多是展示材质本身的色彩肌理。

表3-1-2-3　不同类型贮币器物比较分析

器物	材质	器形	色彩	装饰	功能
云南贮贝器	青铜	提桶形、束腰筒形、铜鼓形	材质色	立体动物、立体场景	贮藏贝币、礼器
四川"贮贝器"（尊、罍）	青铜	滑肩斜直腹平底、敞口或直口	材质色	龙纹、虎纹、云纹、羊纹、兽面纹、人物纹等	贮藏贝币、礼器
扑满	陶泥	球形、仿生形	材质色	材质肌理	贮藏货币

（八）设计评价与研究

贮贝器作为古滇国的代表性器物，是多种文化的融合者，也是中国青铜文化的集大成者，其精彩的立体装饰，不仅展现了古滇国高超的青铜制作工艺，也丰富了历史上滇文化的相关内容。挖掘贮贝器背后所蕴藏的文化含义，再现并丰富其价值内容，对于弘扬和传承中国传统文化，探析南方丝绸之路上的器物文化，具有十分重要的意义和作用。

1.设计评价

贮贝器作为滇文化所独有的贮藏贝币的青铜器物，具有浓郁的地方特色和民族风格，是古滇国贵族阶级盛放海贝及珍宝的宝箱，也是权力、阶级的象征，其优美的造型，丰富的装饰，高超的青铜铸造技艺，使其被视为云南青铜文化的独特代表。贮贝器源于贮藏贝币的实用目的，因此早期器形的设计多考虑贮藏的容积以及取拿的方便。随着铸造工艺的进步，逐渐增加了立体装饰，并对其器形进行独具特色的设计。由于贝币较为珍贵，贮藏贝币的贮贝器逐渐发展为彰显权力、地位的象征性器物，并在铜鼓的基础上改制成更加精美的铜鼓形贮贝器，其平坦的鼓面，用细致入微的浮雕或圆雕写实手法雕铸了丰富多维的立体装饰场景，描绘出了古滇国生产生活、宗教信仰、丧葬祭祀、生态环境等内容。贮贝器成为该区域古代人民生活与环境的真实写照，是一本"无声史书"，也是当代学者研究古滇国的重要史料。

2.学术研究

贮贝器深厚的艺术价值、历史价值和文化价值，赋予了其更高的研究价值。目前学术界对于贮贝器的研究主要从梳理和探析两方面入手。梳理主要是指对贮贝器历史的梳理，包括贮贝器的发展背景、器形演变等内容。如张增祺在《晋宁石寨山》一书中系统梳理了石寨山贮贝器出土地的地形特征，所在墓葬的墓形结构，以及与其相关的社会历史、装饰艺术、青铜制作工艺等多方面内容。❶关于贮贝器的探析研究可分为内涵研究和传承研究两部分。其内涵研究包括对贮贝器的器形和装饰的研究，以及通过贮贝器探析其蕴含的滇国文化研究。如刘利借用类型学的方法对不同类型的贮贝器的造型和装饰进行了系统分析，区别出不同时期贮贝器的艺术特征；❷韦姗杉以贮贝器为载体，通过分析贮贝器器盖上的立体装饰场景，试图探析出贮贝器的装饰纹样与墓葬主人性属的关系。❸传承研究主要是在对贮贝器的造型、装饰等系统梳理基础上，结合当代社会发展需求，提出对贮贝器新的研究方向。如刘佳丽借助"数字人文"的方法来探讨如何利用数字技术来保护和传播青铜贮贝器。❹贮贝器作为"国之重器"，其深厚的价值和传承的路径还有待学术界进行更加深刻的研究。

3. 当代转换

贮贝器作为云南省的器物名片，其当代转换的有效性十分重要，国家和社会层面也分别对其传播路径做了探索。国家层面，曾大量出土贮贝器的云南省玉溪市江川区，建立了一座以江川李家山古滇文化墓地出土文物为主的专题性博物馆——云南李家山青铜器博物馆（图3-1-2-10①），该博物馆展示了大量的青铜贮贝器，向民众普及了贮贝器的相关文化知识。此外，玉溪市政府正在试图依托李家山青铜文化，将古滇国的青铜文化置于"一带一路"的发展路径上，打造前卫古滇铜街，建立特色青铜文化小镇，推进青铜文化产业发展，传播古滇国青铜文化。社会层面，主要是借助体验活动和文创产品传播贮贝器。除了博物馆的参观体验外，云南省博物馆会不定时推出贮贝器的相关学习和娱乐活动，如贮贝器DIY、贮贝器集章活动等（图3-1-2-10③）。文创产品方面，主要是在材质和功能方面对贮贝器进行改变。材质改变是指在不改变贮贝器器形的基础上更换材质，如用木头代替青铜使贮贝器作为摆件更加适合当代生活环境

---

❶ 张增祺：《晋宁石寨山》，昆明：云南美术出版社，1998年10月，第55-65页。
❷ 刘利：《古滇国青铜贮贝器造型艺术探究》，《创意设计源》2017第6期，第16页。
❸ 韦姗杉、黄诗莉：《滇文化中出土贮贝器的墓葬主人性属探析》，第55-65页。
❹ 刘佳丽：《古滇贮贝器图像的数字化保护与传播研究》，昆明理工大学硕士学位论文，2021年5月，第65页。

（图3-1-2-10②）。功能的改变会使其形式发生一定的变化，目前云南省博物馆推出的贮贝器文创产品，主要借助了贮贝器的造型和文化内涵，全新的使用方式及色彩装饰赋予其新的功能属性，如冰箱贴、书签、摆件等（图3-1-2-10④⑤）。贮贝器丰富的历史价值、文化价值、艺术价值在当代转换路径中还未充分体现，其更多合适、长久的发展路径还有待探索。

图3-1-2-10　贮贝器当代转化案例
①云南李家山青铜器博物馆　②木制贮贝器　③"通关文牒"集章活动　④贮贝器摆件　⑤冰箱贴
（资料来源：①云南李家山青铜器博物馆官网）

三、彝族月琴

（一）文化背景

器物的产生往往都有特定的文化背景，且会在历史长河中逐渐发展出自己的文化体系。月琴是常见于中国西南地区的一种民间乐器，主要流传于四川、云南、广西、贵州等地，大多出现在南方丝绸之路上的彝族、汉族、苗族、布依族、白族等少数民族的民俗生活中，具有实用性与娱乐性，是老百姓为满足情感需求而创造出的器物。月琴最早用于老百姓的自娱自乐、节日庆典等日常生活或民俗活动中，后逐渐发展并走向正式舞台，并演变出京剧月琴和民族月琴两大类别（图3-1-3-1）。从诞生以来，月琴广泛流传至全国各地，但受各地民俗文化和环境差异的

图3-1-3-1 月琴一览

(资料来源:②~⑦《云南民族乐器图录》❶)

影响,月琴在形制、结构、装饰、演奏技巧等方面演变出不同的地域特点。南方丝绸之路上彝族地区月琴的基本形制以圆腹、长颈居多。在云南红河彝族地区,月琴琴箱除了最常见的圆形外,还有四方形的琴箱;云南楚雄彝族自治州的月琴琴颈则较短,琴箱较大,甚至有六角形和八角形的琴箱。在月琴所有的品类中,除了京剧月琴因为京剧伴奏而出名,少数民族月琴中彝族月琴最为出名。究其原因,一方面是彝族广泛分布于我国西南地区,人口基数较大,而月琴在彝族的民俗活动中出现频率较高;另一方面,彝族处在较为隔绝的生存环境中,这使得彝族月琴在形制、装饰、弹奏技巧等方面保持着朴素的、原生态的民族风格和浓郁的文化特点,也较突出地体现了民间器物的地域风格。

1.月琴简介

月琴,是一种用于弹拨的少数民族乐器,云南、四川大小凉山等地的彝语中称其为"潘别",广泛流行于彝族地区,是彝族人民最喜欢的乐器之一。❷月琴最早可溯源到西汉时期的阮,当时用于弹挑的乐器笼统称为琵琶。东汉时期傅玄的《琵琶赋》载:"使工人知音者,载琴、筝、筑、箜篌之属,作马上之乐。观其器中虚外实,天地之象也;盘圆柄直,阴阳之序也;柱十有二,配律吕也;四弦,法四时也。"阮是乐匠参考琴、筝、筑、箜篌等乐器制作的,圆腹直颈,四弦十二柱,构成其结构基础。自唐起,阮逐渐分化出一种独立的乐器——月琴。北宋陈旸《乐书》描

---

❶ 吴学源:《云南彝族乐器图录》,昆明:云南美术出版社,2009年12月,第148页。
❷ 张鑫昌、王天玺:《中国彝族通史(第二卷)》,昆明:云南人民出版社,2012年5月,第527页。

述:"月琴形圆项长,上按四弦十三品柱,像琴之徽,转轮应律。❶"演变至清代,月琴才有如今的短颈形态。月琴于清代中前期甚至更早被引入秦腔,成为京剧西皮调的源头,吴长元在乾隆五十年所著的《燕兰小谱》中说:"蜀伶新出琴腔,即甘肃调,名西秦腔。其器不用笙笛,以胡琴为主,月琴副之,工尺咿唔如语。❷"后逐渐与京胡、二胡和三弦并称为京剧文场中的"四大件"。

月琴在南丝路上因不同地域而有不同的称呼。云南彝族称月琴为"四弦""腔资";四川彝族人口中又称其为"帕别""弦子""哦巴月琴";苗族人则称其为"弹琴"。月琴活跃于民间的音乐生活中,常见于男女之间谈情说爱的场景,是用于传达爱意的乐器。同时,因月琴有高音阶特征,所以常见于一些传统节日和喜庆活动,如火把节、彝族年、跳坡等。一人或数人弹琴,众人围圈而舞,甚至葬礼都有月琴伴奏的身影。此外,由于民族之间的融合以及精神文化需求,月琴也逐渐从西南彝族地区发展至全国范围,其形制、结构等也有了不同的发展。

2.彝族月琴简介

彝族月琴是目前最为典型的月琴种类,归类于民族月琴,是一种以"弹""挑"为主要弹奏手法的乐器。据《新唐书·南蛮传》及云南巍山文宫昌桥墩壁画可推算,彝族月琴制作技艺早在唐朝就已出现,元明时期已经在民间盛行,❸主要分布在四川省的大小凉山和西昌、云南省的楚雄和巍山以及贵州威宁等彝族地区。彝族月琴在构造上与汉族的月琴相似,甚至有些彝族人直接向汉族人购买月琴,但两者也存在一些差异,如《凉山彝族民间器乐选集》中描述:彝族使用的月琴结构与汉族相似,但演奏月琴只用两条弦,一般都按照一个纯五度来定两条弦的音高,用一个食指,以较快的速度按照固定的节奏来回拨弹。❹据《新唐书·南蛮传》记载唐贞元年间(785—805年)的南诏乐器"龙首琵琶一,如龟兹制,而项长二尺六寸余。腹广六寸,二龙相向为首,有轸柱各三,弦随其数"❺。可见在彝族民间,人们普遍认为龙首月琴是最珍贵的。彝族月琴的

---

❶ [北宋]陈旸:《乐书》点校(下)卷141《乐图论》,郑州:中州古籍出版社,2018年6月,第719页。

❷ [清]吴长元:《清代传记丛刊》(周骏富编)艺林类28《燕兰小谱》卷5,台北:明文书局,1985年,第90页。

❸ 张鑫昌、王天玺:《中国彝族通史(第二卷)》,第527页。

❹ 中国音乐家协会成都分会:《凉山彝族民间器乐选集》,北京:音乐出版社,1960年8月,第7页。

❺ [北宋]欧阳修、宋祁:《新唐书》册31卷222下《南蛮传》,北京:中华书局,1975年2月,第8页。

琴箱呈扁平正圆形，但也有八边形、六边形等多边形或衍生形（如蛙形）琴箱（图3-1-3-2），如南方丝绸之路云南段红河彝族地区的四边形、楚雄彝族地区的六边形和"八角琴"等。其中圆形琴箱的被称为"库竹"，菱形琴箱的被称为"八角月琴"。彝族人在演奏月琴时，习惯以站姿进行演奏，常将月琴斜抱在胸前，左手持琴按弦，右手用竹片或牛角片弹弦发音，尤其在西昌地区流行用拨片进行弹奏。彝族月琴不仅具有使用价值与社交价值，还具有较高的民族文化研究价值。

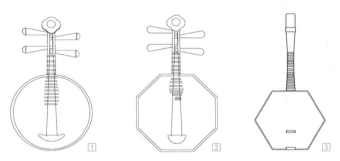

图3-1-3-2　不同类型的彝族月琴
①圆形月琴（基本形制）②八边月琴　③六角月琴

（二）案例简介

本案例中云南红河州的彝族月琴（图3-1-3-3①），收藏于云南丽江市博物馆。此月琴通高约70厘米、宽约35厘米、厚约5厘米（图3-1-3-3②），有四弦，共八品（琴品是调整弦的振动频率以产生不同声音的基本位置），圆腹。琴颈较窄且微长，琴头呈龙首状，琴轴呈锥形，有明显花纹装饰，琴身多用老红木制作，琴框以及琴杆呈红褐色，

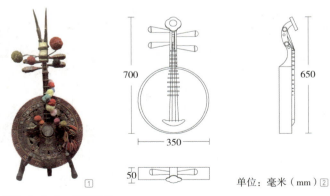

图3-1-3-3　彝族月琴
①云南红河州彝族月琴　②彝族月琴三视图

面板上有丰富装饰，中间安有一面圆镜，缚手上方的面板处有开孔作为音孔，整体绚丽大方，极具民族气息。

（三）使用方式分析

彝族月琴作为一种独立乐器，其详细的弹奏技巧在相关文献中已有了系统性的研究，下文是在这些文献的基础上对彝族月琴的弹奏方式做归纳概括。彝族月琴的弹奏方式可分为两种，即坐式和站立式（图3-1-3-4）。坐式演奏时，身直肩平，琴头在左上，琴腔在右下，斜置于胸前，勿紧贴身体，左手按弦，右手弹奏。坐式演奏的坐姿又分平腿式和跷腿式两种。平腿式的弹奏姿势要求腿与肩同宽，左脚在前半步，月琴底部置于右腿之上，斜放于胸前，为了防止月琴滑落，应选择较为低矮的椅子。跷腿式弹奏姿势，要求右腿在上，左腿在下，琴腔底部放在右腿近膝盖处，琴腔上部轻靠于右肩，左手控弦，右手挑拨，以右腿、右肩以及手三个部位为支点保持平衡。跷腿式是目前最主要的演奏方式。站立式演奏时，演奏者都习惯给月琴加一根琴带，将月琴挂于胸前，以此降低演奏难度和保持平衡。站立演奏对身体姿态的要求不是十分严格，平衡且放松即可，彝族民间火把节、彝族节时，人们绕圈而舞，边跳边弹，所以站立式姿势的发展与使用环境有一定关系。总体而言，坐式演奏更适合新手入门学习以及舞台正式表演，而站立式则需演奏者有更高的月琴弹奏基础和平衡感。

月琴演奏方式主要是左手控弦，右手弹拨，所以弹奏技巧分为左右手技巧。左手的控弦技巧有推拉弦、滑音、滑指、打音、带音、揉弦、吟弦和泛音等；右手的弹拨技巧有撮、双弹、双巧、双轮、扫弦、伏弦、扫轮、划弦和滑轮等。彝族人在弹奏舞曲时，还习惯击拍琴腔，以增强音乐氛围。在弹奏彝族月琴时，要注意身体姿势的正确，保持规律且顺畅的呼吸，这样才能更好地保持稳定状态和表达情感。目前，彝族地区的音乐文化研究还不是特别深入，很多音乐并没有正式的文字记录，也没有正式的名字，而是习惯以地名命名，如《喜德调》《布托调》《雷波调》等。彝族月琴常用于节日、婚嫁、丧礼、谈情说

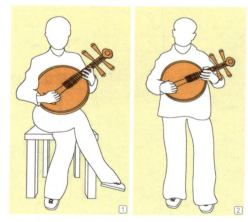

图3-1-3-4　彝族月琴使用图
① 跷腿式　② 站立式

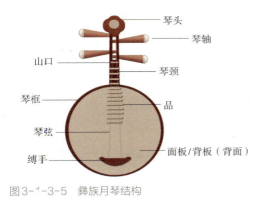

图3-1-3-5 彝族月琴结构

爱等场景,因此彝族月琴的出现更多以伴奏的方式演奏高音部分,且即兴性较强,想要融入彝族的月琴文化,就需要演奏者熟练地掌握月琴的弹奏技巧。

（四）结构原理分析

彝族月琴的整体结构由琴头、琴轴、琴颈、山口、品、琴框、面板及背板、缚手和琴弦九大部分构成（图3-1-3-5）。

琴头是月琴最上面的块状部分,常见形制为"如意""龙凤"等,用于连接和固定琴轴以及保护琴轴不受破坏。此外,演奏者常常将月琴斜着放于胸前,琴头可以起到较好的平衡作用。琴轴多为四个,也有三个的,分布在琴头下面两侧,主要由木料或牛角制成,用于调节琴弦音准,通过拧转琴轴,可以微调琴弦的张力,从而改变其音高。同时,琴轴也有一定的装饰作用,外表常刻有装饰纹样。琴颈是琴头和琴腔的连接部位,上面固定有品,起支撑琴弦的作用。山口是琴颈和琴头的过渡部分,由嵌有骨料的硬木块加工而成,有三或四个凹槽,琴弦就固定于其中。不同材料、大小、形状的山口,所发出的声音在音色、音高等方面会有一些区别。月琴的品呈长条状,由木头或象牙制成,根据十二平均律排列,附在琴颈和面板之上,具有调节琴弦音高的作用。除此,还可以通过特制的工具来移动品,来微调音高。也有人为了防止木制品长久使用而产生杂音,会在其上嵌上铜条。总之,品可以帮助演奏者控制音高和音律的准确性。月琴的琴框又叫作侧板,是由硬木制作而成的侧面边框,是琴箱共鸣的组成部分,其上有时也会装配一些附件,来保证月琴演奏的稳定性。面板和背板,是琴箱的正反两面,由桐木制成,通过琴框连接在一起,组成共鸣箱,合称琴腔,是月琴主要的平衡和功能结构体。月琴的缚手形制如同月牙,常由红木或者竹子加工而成,粘在面板中下方,上有三或四处弦孔,用于固定琴弦的尾端,也称栓弦。缚手保证琴弦不会因为张力的原因而滑动或产生异音,另外,它还可以作为弹奏月琴时的支点,提供给演奏者更好的掌控感和平衡感。琴弦是月琴演奏时的弹奏点,由丝弦、钢弦、尼龙或者金属缠钢丝弦等材料制成,有三根或四根琴弦,按照从细到粗的顺序排列。弦头通过山口凹槽,拴在琴轴上,弦尾固定在缚手处。演奏者以拨子或手指弹奏,琴弦振动所产生的

声音与琴箱产生共鸣，进而形成月琴声。值得注意的是琴弦材料和制作方法会影响音色效果，所以对琴弦的制作有着较高的标准。❶

（五）形态装饰分析

彝族月琴的形态沿袭了古代的乐器形制，前文提及月琴是由西汉时期的阮演变而来，当时统称为"琵琶"。此类弹拨乐器盘圆柄长，月琴的形态与其相比，琴颈更短，音阶更广，琴箱的基本形制也趋向于饱满的圆形，现如今汉族、彝族以及其他民族所使用的月琴即为这种形态。由于地域文化差异，仅在彝族生活区域内就有不同形态的月琴，如红河彝族地区的月琴琴颈较长，琴箱呈圆形和四方形；四川大小凉山彝族地区和云南楚雄彝族地区的琴颈较短、琴箱较大，也有六角和扁八角形（彝族月琴的一种比较典型的独特形态）的琴箱（图3-1-3-2）；在云南南华彝族地区出现了琴箱为腰子形态和芭蕉扇形态的月琴；甚至据传有一些人形、蝉形等形态的月琴（未有明确资料记载，还有待考证）。月琴的基本形态体现了古人"天圆地方""阴阳两极"的思想，但其衍生出的各种形态也体现出古人"因地制宜"的造物观。

月琴作为弹奏乐器，其核心功能是演奏音乐，所以自古代的阮演变至今，较多是在琴头上做一些装饰。有的将琴头雕刻成"如意"或"龙凤"形，琴箱上却仅仅是鬃涂一层漆，并无什么装饰，如京剧月琴和四川的大小凉山彝族地区的一部分月琴。少数民族的月琴不同于京剧月琴，尤其是云南彝族月琴，它经过了几百年的民间文化洗礼，已演变出较多的装饰内容和形式，显示出浓烈的民族地域特色。琴头是彝族月琴的首要装饰区，彝族人喜欢将它雕刻成含珠的龙头、马头或装饰有寓意吉祥的民族龙须、龙眼、龙首如意等，有的还喜欢在琴头上附加一些其他装饰，具有一定的象征意义，如五彩绒球、红花等。民间认为龙首月琴是最珍贵的。

琴箱是彝族月琴最主要的装饰部分，通常采用雕刻、彩绘、贴纸等方式进行装饰，面板、背板以及琴框上常雕刻或镂空有龙、凤、花鸟等各种图案，有的还镶嵌6面闪闪发光的镜子。❷彝族人还喜欢在月琴上附加一些金属配件，如琴头、琴框、弦轴、挂环等部位常被装饰得绚丽多彩。同样，彝族月琴的装饰颜色也很绚丽，主要采用红色、黑色、黄色、蓝色等（图3-1-3-6）。彝族人对月琴的装饰较为丰富，这种装饰极大地

---

❶ 崔玉坤：《月琴演奏教程（技巧与练习）》，北京：人民音乐出版社，2009年5月，第5页。
❷ 张鑫昌，王天玺：《中国彝族通史（第二卷）》，第527页。

增强了月琴的视觉效果，具有强烈的民族特征，同时也是彝族人民审美情趣和文化内涵的体现。

（六）制作工艺分析

虽然在当代有不少彝族人选择直接购买月琴，但彝族月琴特殊的制作工艺仍是彝族的非物质文化遗产。"一方水土养一方人"，彝族月琴的制作也是奉行"就地取材，因地制宜"的中国古代造物思想。彝族月琴的琴头和琴颈由一整块

图3-1-3-6　彝族月琴装饰图
①姚安彝族龙首月琴　②双柏木雕龙首月琴图
（资料来源：《中国彝族文物集萃》❶

硬木做成，琴框主要由老红木、花梨木、紫檀木等材料制作，面板和背板多用梧桐木，琴轴由黄杨木或樟木制成，末端拧动处常嵌有牛角、象牙等骨饰，山口常用镶有骨料的硬木制成，缚手多用红木或竹子，琴弦的主要材料有丝弦、尼龙弦、钢弦以及马尾长毛弦等。

彝族月琴的制作主要有以下步骤（图3-1-3-7）。

第一步：准备材料与工具。准备制作的相应工具以及原材料，如胶水、木材、刻刀、斧子、刮刀等。

第二步：制作琴杆。对木料进行脱皮，打磨平整，用整块硬木做成琴头、琴颈、琴轴和山口，将琴头雕刻出形状，琴轴雕刻上花纹，外旋处镶嵌骨料，将山口连接于琴头与琴颈之间，再把琴轴装于两侧。

第三步：制作琴身。由于琴框的不规则性，所以需要用多块规格一致的硬木拼接而成，再将正反两板连在琴框两侧；用硬木做成品和缚手；彝族月琴的品一般设有7～11个，现多用11品，音域为两个八度，长度为3～4厘米，厚度0.5～1厘米，表面打磨光滑，将缚手制成月牙形，打上三四个间距约1厘米的音孔，贴于琴箱中下部。

第四步：制作弦。弦要求弹性、韧性、耐性好，除了上文提及的材料外，还有些彝族人喜欢用钓线制作。

第五步：组装。先将琴杆和琴箱组装在一起，再装弦，将弦的下端穿过缚手的音孔并固定，将弦的上端穿过山口凹槽并拴于琴轴上，最后安品，将品依据高低秩序贴在琴颈和琴箱中上部，品的凸出度从上往下一个比一

---

❶ 中国民族博物馆，楚雄彝族自治州博物馆，凉山彝族奴隶社会博物馆：《中国彝族文物集萃》，北京：民族出版社，2016年10月，第195、196页。

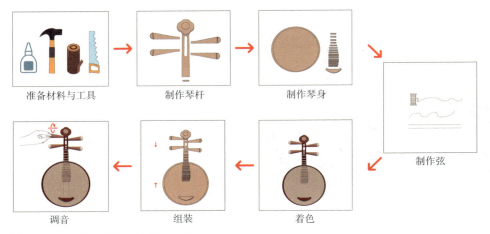

图3-1-3-7 彝族月琴制作流程分析图

个低,要求按弦在上一品时,所下压的弦不会碰到下一品,一般安11品。

第六步:着色。先用刮刀把腻子粉均匀涂抹于月琴上,干后用砂纸打磨,然后涂上底漆,待干透后给雕刻完的月琴绘制图案纹样并涂上颜色,因彝族人爱黑崇红喜黄,所以以黑红黄为主,最后喷上面漆,起到防水防潮、保护月琴等作用。

第七步:调音。通过琴轴来调节校音。

(七)设计比较分析

南丝路之上的乐器种类繁多,融合西南各少数民族的文化,演变成了特有的南丝路乐器文化体系。为了更好地了解彝族月琴背后的乐器文化,就此选取了南丝路上的三胡、葫芦笙和白族龙头三弦来进行分析比较(图3-1-3-8),主要比较这些器物的来源、结构、弹奏方法、特征等内容。

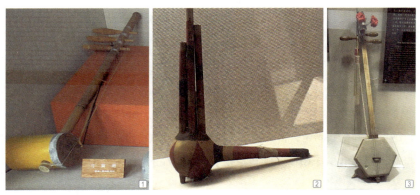

图3-1-3-8 设计比较图
①三胡 ②葫芦笙 ③云南白族龙头三弦

1.三胡

三胡，又称"额胡""里胡"[1]，是一种彝族特有的弓弦乐器，撒尼人称"嘞胡"，阿细人称"嘿胡"，因其有三条弦而得名，三胡流行于云南的石林、路南、弥勒、泸西、丘北等彝区。[2]三胡源于晚清时期，是在汉人二胡的基础上改良而来。[3]三胡形似中胡，通长约105厘米，由琴筒、琴头、琴杆、弦轴、千斤、琴弦和琴弓等部分构成（图3-1-3-8①），琴杆由竹木制成，琴筒在竹木基础上蒙以蟒皮、羊皮等皮革，弦轴多用梨木，长约8.5厘米，多以马尾或丝线作琴弦，琴弓长约45厘米，弯度较大，以细金竹拴马尾。在演奏时，左手轻托琴杆于千斤位置，大拇指巧妙勾住细绳套，琴筒则被稳妥地置于左侧腰间，左手的食指、中指、无名指及小指精准地按弦，而右手则持琴弓夹于三弦之间来拉奏。[4]

三胡和月琴的形制相近，琴箱、琴头、琴颈为主体结构，不同的是三胡配备了琴弓进行拉奏，而月琴使用手或拨片进行弹奏。通常而言，三胡属于中音乐器，但音量大，音色浑厚优美，常用于抒发心中情感。彝族人每逢婚丧嫁娶，三胡都是常见乐器，随同伴奏的还有月琴、三弦、竹笛等。

2.葫芦笙

葫芦笙，是一种彝族古老的气鸣乐器，彝语称"卜惹""吉尔卜惹""博嘞莫哞""吉觉布惹"等，[5]广泛流行于广西那坡县、云南大理白族自治州和四川大小凉山彝族聚居处等西南地区[6]。葫芦笙的起源可追溯至两千多年前的先秦时期，云南晋宁石寨山和江川李家山均有青铜葫芦笙出土。[7]葫芦笙通体长约28厘米，高约8厘米，一般由笙斗和笙管构成，笙斗以长颈葫芦制成，颈的顶端开洞或另接一节以葫芦颈做的吹嘴，其上并排插入1~5根笙管露出斗底，每根笙管各开一按孔，以竹或铜制的簧片置于笙管下段斗内部分（图3-1-3-8②）。[8]葫芦笙的演奏方法较为独

---

[1] 俄木沙马：《彝族民间音乐概论》，成都：四川大学出版社，2022年11月，第101页。
[2] 佚名：《彝族民间乐器——三胡》，《民族音乐》2014年第5期，第2页。
[3] 赵媛媛：《红河州彝族弓弦乐器的保护与传承研究——以彝族三胡为例》，《黄河之声》2016年第8期，第94页。
[4] 俄木沙马：《彝族民间音乐概论》，第101页。
[5] 彝语中，吉尔指笛子，卜指吹或吹响，惹引申为小葫芦；"吉觉布惹"是葫芦笙在四川彝区的特称，是吉觉布惹在二十世纪三四十年代将葫芦笙引入凉山，并将其发扬光大，因此以其名冠之。引自俄木沙马：《彝族民间音乐概论》，第85、86页。
[6] 杨琛：《葫芦笙》，《民族艺术》2022年第3期，第29页。
[7] 罗苑宁：《葫芦笙的源流考据及其在当代民族民间音乐中的运用》，《名作欣赏》2022年第18期，第34页。
[8] 俄木沙马：《彝族民间音乐概论》，第86页。

特，演奏者常以右手托住笙斗，中指按第一孔，拇指堵底孔，左手扶笙管，手指分按其余四孔，以含、吹、呼、吸发声。在彝族文化中，葫芦笙只能在每年九月初一到次年五月十六期间演奏，其余时间为禁鼓期，禁用乐器。❶

葫芦笙和月琴虽同属于彝族人民经常使用的乐器，但两者差异仍较大，葫芦笙为吹奏乐器，需要手口并用，而月琴是弹拨乐器，仅需双手配合弹奏即可。两者的形态各具特色，葫芦笙整体呈"V"形，在乐器中较为罕见，而月琴的形制和传统意义上的琵琶较为相似。两者在音色上也存在显著差异，葫芦笙音色多变，清脆而圆润，高音、中音和低音可以通过不同的吹奏技艺实现，各有特色，常用于独奏、伴奏和对奏，别具民族韵味和乡土气息；而月琴属于高音乐器，音色清脆，声音较小，适合用于抒情弹唱，给人以悠扬、典雅之感。

3.白族龙头三弦

白族龙头三弦，是云南少数民族的一种乐器，历史悠久，底蕴深厚，其起源最早可追溯至元明时期❷，属于传统三弦的一种，是民族文化与传统乐器相结合的典型器物。龙头三弦通体全长约100厘米，由琴头、琴轴、琴杆、琴弦、琴箱等部分组成（图3-1-3-8③）。形如其名，琴首为龙头形制，硕大而精美，嘴中含一滚珠，琴首多用红花梨、黄桃木等质地细腻的木材制作，上配三根琴轴，左一右二；琴杆以硬木制成，呈前平后圆的半圆柱状，表面平滑，不设品位；琴箱多呈扁六边形，厚度一般不超过8厘米，表面蒙以厚绵纸或皮革。❸龙头三弦是白族青年男女唱山歌、对调子的重要伴奏乐器，演奏时，将龙头三弦斜置于胸前，左手托杆按弦，右手弹拨琴弦。

白族龙头三弦和月琴同为弹拨乐器，在结构上有着相似之处，均由琴头、琴颈和琴箱构成，但龙头三弦的琴颈很长，琴箱较小，且琴箱一般用皮革制作，且多呈方形或六边形，又称"琴鼓"。但相较于月琴的音色而言，白族龙头三弦音量大，音色粗犷浑厚且圆润，变化幅度也更大。

综上，月琴与三胡、葫芦笙以及白族龙头三弦之间存在较多联系，但也有较大的区别（表3-1-3-1）。四者都为西南民族乐器，均可用于独奏、合奏和伴奏。就形制而言，月琴的琴箱种类繁多，多呈圆形，也有

---

❶ 杨琛：《葫芦笙》，第29页。
❷ 于鸿启：《大理白族龙头三弦研究》，《黄河之声》2023年第7期，第20页。
❸ 于鸿启：《大理白族龙头三弦研究》，第21页。

四边形、六边形、八边形等；三胡体形较大，琴箱呈筒形；葫芦笙体形较小，整体呈"V"形，白族龙头三弦体形较大，琴箱呈鼓形。就类别和演奏方式而言，月琴和白族龙头三弦都属于弹拨乐器，其中白族龙头三弦多用拨片；三胡属于弓弦乐器，拉弓弦演奏；葫芦笙属于气鸣乐器。就音色而言，月琴的声音明亮且清脆；三胡的声音大，但浑厚优美；葫芦笙的音色独特且多变，清脆而圆润；白族龙头三弦的声音大，音色浑厚而圆润。

表3-1-3-1　月琴与三胡、葫芦笙以及白族龙头三弦的异同比较分析表

乐器	形制	类别	演奏方式	音色	使用场景
月琴	琴箱多呈圆形，也有四边形、六边形、八边形等	弹拨乐器	弹拨（手/拨片）	明亮、清脆	独奏、合奏、伴奏
三胡	体形较大，琴箱呈筒形	弓弦乐器	拉奏	浑厚、优美	独奏、合奏、伴奏
葫芦笙	体形较小，呈"V"形	气鸣乐器	吹奏	清脆、圆润	独奏、合奏、伴奏
白族龙头三弦	体形较大，琴箱呈鼓形	弹拨乐器	弹拨（多为拨片）	浑厚、圆润	独奏、合奏、伴奏

（八）设计评价与研究

彝族月琴的价值在文化、技术、音乐、科学等方面均有所体现，其历史极为悠久，已深深融入南方丝绸之路中，也成为中华民族文化发展的物质化体现之一。它不仅仅是一种乐器门类的代表，更是民族文化中器物设计、地域特征的体现，是民族志研究中重要的一环。但作为民间传统文化，月琴正面临传承和转化发展的困难时期，这就需要国家、社会、学者、传承人等各方面共同努力，共同为彝族月琴的传承发展做出贡献。

1.设计评价

彝族人民为了丰富精神文化生活，引入了月琴并加以民族化改良，形成了独具地域特征的彝族月琴，这不仅体现了南方丝绸之路沿线彝族人民为追求美好生活做出的努力，也是人们乐观心态、工匠精神的体现。在功能形制上，彝族月琴与传统月琴基本一致，基本形制均为圆腹直柄，可用于独奏、伴奏以及合奏，只是传统月琴衍生出京剧月琴版本，更适用于正统舞台表演，而彝族月琴则衍生出各种形状的月琴，也更适用于民间活动。在制作工艺上，彝族人深入挖掘月琴的各部分结构，结合当地的条件，就地取材，采用分制组装的步骤，巧妙地将各种材料运用到月琴的制作中去。在色彩和装饰上，彝族人加入了鲜明的民族特色，在

琴箱上刻画花、鸟、龙等民族图案，颜色以彝族人崇尚的黑红黄为主，搭配一些吸引眼球的附件装饰，如金属配件、彩绳等，使得彝族月琴充满了民族味。彝族月琴易于弹奏，以其清脆高昂的声音和简单精巧的结构，在民间广泛流传，在中国西南地区产生了一定影响。

2.学术研究

国内对彝族月琴的学术研究起步较晚，主要分为体系构建和器乐聚焦两个阶段。体系构建阶段（20世纪末），学者更多关注的是彝族音乐大而全的介绍，尝试着去挖掘适合发展的彝族音乐，月琴器物本身并未得到较大的关注，如曾令士先生撰写的几篇关于彝族民间器乐的研究论文，其中一篇名为《凉山彝族民间器乐研究》载于《音乐探索》1989年第1期，涉及凉山彝族月琴音乐，主要概述了彝族月琴的社会功能和音乐形态特征。器乐聚焦阶段（2010年至今），学者更多聚焦于月琴音乐本身，包括制作与改进工艺、乐曲的挖掘、发展方向等方面，如陈然的《基于凉山彝族月琴音乐及其传承与发展研究》一文提出了凉山彝族月琴音乐的发展措施。就目前的学术研究而言，学术界更多关注的是京剧月琴，对彝族月琴这种民间乐器的关注度其实不够，大部分论文也仅仅是以概述的形式撰写，并未做过多深入的研究分析，而彝族月琴的学术研究，更应是秉承民俗文化研究与创新发展研究并行的双轨制学术研究途径。

3.当代转换

月琴历史悠久，源于西汉，盛行于明清，彝族月琴因独特的民族特征而出名，京剧月琴因为京剧伴奏而经常出现在正规舞台而出名。彝族月琴的近代发展之路也并非十分顺利，1949年前后，月琴在彝族地区十分流行，几乎人手一把，男士以弹奏月琴作为求爱的方式，如果没有较好的技术就很难得到女士的青睐；20世纪60年代，由于一些特殊的历史原因，彝族的月琴文化遭到了很大程度的破坏，弹奏月琴的人也大幅度减少，这种现象延续了十几年。1978年后，多元文化的交流越来越普遍，月琴文化也迎来恢复期，但由于那时彝族地区经济发展缓慢，较少有青年愿意学习月琴，加上老一辈传承人相继离世，造成了彝族月琴"青黄不接"的局面。直至2010年左右，国家也开始重视非遗文化的传承，陆续出台了各种保护非遗的相关政策，彝族月琴文化也才逐渐有实质性的好转，彝族月琴也成为四川省第二批非物质文化遗产保护对象。

近年来，非遗文化的当代转化研究也成为学术界的热点。更多的学者开始发表与彝族月琴转化发展相关的论文，月琴非遗文化的传承发展问题也开始逐渐得到重视。四川省政府积极建设文化基地来保护和传承彝族月琴文化。学术界方面，来自中国美术学院的朱颜发表名为《小凉山彝族月琴文化产业的"年轻态"数字活化》文章，主要研究彝族月琴文化的可持续发展，目标人群定位为年轻人群，提出充分利用当地资源、政府资源、高校资源、运营平台、推广平台，整合各方资源，以"年轻态"活化方式激发年轻人的热情与兴趣，让乡村传统的民族文化以新形态走进年轻人的数字生活并创造经济动力与市场支撑力，达成以文化促进经济，经济反哺文化的良性循环。❶近几年，无论是文化研究基地还是音乐研究基地，均实施了以非遗文化的转化发展为题的项目，如西南音乐研究中心就常以"创新""网络化""发展研究"等关键字作为项目指南，也通过了数个以数媒角度切入研究的项目，如《数媒交互视域下彝族月琴音乐传承与发展路径研究》。

综上，可见彝族月琴的当代转化发展研究已经开始起步，但在继承彝族月琴器物及音乐两方面传统文化基础上进行创新，本身就有很长的路要走，因此基于文献总结出以下在发展和研究中的注意点：①传承对象转为大众。彝族月琴的继承人不能单单选择彝族人，而应转变为大众，在全国乃至世界寻找对其感兴趣的人。②充分整合资源。口口相传的形式不适合当下时代，充分利用网络、博物馆等资源，或将月琴文化以文创形式推广，以此普及月琴文化。③数字交互促进非遗转化发展。文化本身也需要适应时代，屏幕显示、VR（虚拟现实）等现代技术丰富了彝族月琴的存在方式，降低了学习月琴文化的成本。

四、彝族漆饰酒壶

（一）文化背景

在人类文明史上，酒文化是一种重要的文化，早在人类社会发展的野蛮阶段，酒就已经是生产力发展水平的一种标志。酒本身虽仅只是一种液态的物质，但若从其酿造、饮用和社会功能的全过程考察，酒文化也包含了固态的物质文化，如酒器（酿酒器具）、粮食（酿造原料）、酒具（饮酒

---

❶ 朱颜：《小凉山彝族月琴文化产业的"年轻态"数字活化》，《才智》2020年第27期，第15、16页。

器具)等内容;还包含人们对酒的信仰、观念等精神文化的内容。古代南方丝绸之路上,各个少数民族发展出了各具特色又互相影响的酒文化,各类酒具也成为南方丝绸之路器物文化的重要组成部分。彝族作为这条路线上的重要少数民族之一,他们的酒文化尤为具有代表性。彝族的漆饰酒壶更是彝族酒文化中的一个突出代表,其产生是彝族漆器文化、酒文化、游牧文化等多种文化共同作用的结果(图3-1-4-1)。这种酒壶的设计精妙,既能够适应彝族的生产生活方式,又反映了他们独特的审美追求。漆饰酒壶不仅是酒的载体,更是历史上彝族社交活动的一个重要组成部分,饮酒时通过共饮表示团结和共享,反映出彝族社会的凝聚力。

图3-1-4-1 彝族漆饰酒壶

1. 彝族漆器

彝族是中国少数民族之一,具有悠久的历史和丰富多彩的文化。其独特的民族文化传承至今,备受人们追捧。其中,漆器工艺是彝族文化中不可或缺的内容,因其原料天然、工艺精湛、造型古朴、图案和色彩绚丽而备受喜爱。彝族漆器经历几代人使用后仍保持完好,是彝族人民审美意趣和独有文化精神的高度凝练,被誉为中国漆器文化史上的活化石。彝族漆器涵盖生产生活、礼仪装饰和宗教祭祀等多个方面,品种繁多。其作品包括餐具、刀鞘、皮囊、马具、宗教器皿、装饰品等。❶ 随着彝族地区旅游经济的发展,彝族漆器也受到世界各地消费者的青睐。2008年,彝族漆器髹饰技艺被国务院列入第二批国家非物质文化遗产名录。

---

❶ 邓小英:《浅析民间美术之凉山彝族漆器工艺》,《芒种》2015年第15期,第123、124页。

2.彝族酒文化

彝族是一个崇尚酒文化的民族,千百年来形成了别具特色的彝族酒文化。彝族人常用"汉人贵在茶,彝人贵在酒"来形容彝族酒文化的重要性。酒自远古时期以来,就是祭祀的必备用品。彝族崇尚祭祀文化,有以毕摩为象征的祭祀送灵文化。各类祭祀活动都少不了酒的参与。此外,酒也是彝族人民祈求平安保佑、过年过节、迎来送往等场合的必备贡品。中国彝族的传统酒类大致分为三种。一种是甜酒,类似汉族醪糟,彝族人将其称为"支别"。第二种是白酒,即蒸馏酒,彝族人称其为"支几"。第三种是泡水酒,彝族人将其称为"支依"。这种酒是将谷物蒸熟,拌曲,发酵,密封,数月后启封,使用净水浸泡即成。

从发展史的角度,中国古代酒具的发展可划分为五个阶段。一为新石器时代,陶器作为各类酒具。二为夏商西周时期,青铜酒器与陶制酒器并存。三为东周、秦汉时期,漆器成为制作酒器的典型材料。魏晋南北朝一直到隋唐时期,瓷器逐步发展,在酒器制作中逐步扩大,后金银器也蓬勃发展,为第四阶段。宋元明清时期,金银器退居次要地位,瓷器占据主流,为第五阶段。[1]彝族的酒器与其他民族一样除使用陶瓷、金银以外,也使用角质、木竹等材料。传统彝族酒具以漆器和银器为主,其中四川凉山彝族漆器酒具最为独特,具有多种典型器物(表3-1-4-1)。

表3-1-4-1 彝族漆器典型酒具

按功能分类											按材质分类				
酒杯类					酒壶类		酒碗类			舀酒工具		木胎漆器	皮胎漆器	角胎漆器	竹胎漆器	兽足胎漆器
角杯	禽爪杯	畜足杯	木酒杯	海螺杯	咂嘴酒壶	福禄酒壶	圆形碗	椭圆形碗	单耳碗	木勺	葫芦舀子	咂酒管				

(二)案例简介

古代彝族生活方式的特殊性使得他们需要远离住所,为了随时享用美酒,彝族人民创造了咂嘴酒壶。咂嘴酒壶是彝族漆器工艺、木质工艺和艺术文化的结合体,堪称漆器精品。它有圆形壶、扁圆形壶和鸟形壶三种形式(图3-1-4-2)。彝族咂嘴酒壶的腹腔呈密封状态,由于与空气

---

[1] 陈国光:《中国彝族酒文化》,《毕节学院学报》2008年第6期,第26页。

圆形漆饰酒壶　　　　扁圆形漆饰酒壶　　　　鸟形酒壶

图3-1-4-2　三种彝族漆饰酒壶

接触面积小，酒味可长期保持不变。摇晃或摆动酒壶也不会使酒液外泄，适用于旅行和游牧生活。❶

（三）使用方式分析

彝族饮泡水酒，称作"砸酒"。咂酒，旧时称为"打甏"，是一种集体饮酒的形式，而"咂"则是吸吮的意思。咂酒就是通过空心藤枝、竹管或芦苇秆等将酒从酒具中吸入口中的饮酒方式。因此，咂酒又被称为"竿竿酒"。这种泡水酒由玉米、高粱和荞麦等粮食酿造而成。开启时，加入凉水，放置一小时左右即可饮用。古代彝族以游牧或农耕为生，在远离住所时，为了随时享用美酒，人们需要将酿好的酒盛入酒壶中方便携带和饮用。因此，根据竿竿酒的饮用习惯和形式特点，人们创造了咂嘴酒壶。在饮酒时，人们通常将多根竹竿插到底部，直接用嘴吸酒，也可以将酒引出，倒入杯或碗中饮用（图3-1-4-3）。这种泡水酒极其独特

图3-1-4-3　彝族传统"竿竿酒"饮酒场景

---

❶ 付小平，李貌：《凉山彝族饮食文化的典型视觉符号构建研究》，《四川旅游学院学报》2015年第2期，第9页。

的唼饮方式是适应随时迁徙、长途跋涉等实际需求而产生的。在其他民族（如羌族、佤族、藏族等）中也存在，但除了彝族之外，其他民族并没有上述这种独特的漆饰酒壶。

（四）结构原理分析

彝族唼嘴酒壶的实现原理非常巧妙，展现了彝族人民的生活智慧。以扁圆形壶为例，扁圆形壶也称鼓形扁圆壶，彝语汉译称"麻耶"，一般高34厘米、腹径18.5厘米、足径8.5厘米。其结构下方为喇叭形高圈足，分为头、腹、足三部分，造型上是把酒壶前后剖为两半，即前后两部分用子母扣扣合（图3-1-4-4）。将酒壶腔内剜空后，用生漆腻子刮光滑，再上漆使其不漏。壶的足底中心有一孔，将竹管插入腹内顶端，起到进酒管的作用。因此，盛酒时必须将壶倒置，从底部灌酒入内。这样在酒壶装满酒后，壶内所装酒的平面会低于进酒管口，酒就不会溢出来。腹上部斜插一根竹管入腹内，直至腹底端，作为吸酒管。吸酒时，进酒管成为进空气的通道。酒壶倒过来时，管口也高于酒之水平，由于出酒管斜插腹腔，其底端靠近腹腔底部，酒液也能基本吸尽。❶这样一来，彝族唼嘴酒壶实现了酒注入后既不易泄漏，又不易挥发，却能方便地吸饮。

图3-1-4-4　扁圆形壶内部结构
（资料来源：《彝族漆器酒具之唼嘴酒壶设计研究》❷）

（五）形态装饰分析

1.形态特征

唼嘴酒壶的底座为圆锥形平台，主要用于平稳放置酒壶。彝族人喜

---

❶ 李金凤：《千年凉山彝器古韵》，《文物鉴定与鉴赏》2015年第1期，第45页。
❷ 赵浩：《彝族漆器酒具之唼嘴酒壶设计研究》，《艺术设计研究》2023年第1期，第63页。

欢席地而坐，在任何地面上都可方便地放置酒壶。唖嘴酒壶的头部分为圆盘和尖顶两个几何部分。圆盘可以用于系绳以方便携带和佩挂。顶部的尖端形如葫芦塔尖，虽称为壶盖但不能取下。这种设计赋予了唖嘴酒壶尖锐的力量感和向上的动感。唖嘴酒壶整体中间宽，上下窄，底座的直径和上端装饰塔尖的最宽处直径相当，根据视觉完形理论，酒壶的观察和使用者会自动对酒壶进行视觉补全，从而形成了壶身上下对称的形式美感。壶身左右对称，吸酒管的存在是对这种对称性的打破，同时也是对酒壶形态视觉细节的增加。

2. 装饰纹样

彝族唖嘴酒壶是彝族漆器中的代表与精品，其图案纹样种类繁多、造型各异，具有鲜明的自然性特征。主要以日月星辰、山河树木、花鸟蛇虫和生活用具为素材，通过艺术化、抽象化、规则化等方式进行处理后，装饰于漆器胎体上。这些纹样大致可分为以下几类：自然纹样、植物纹样、动物纹样、生活纹样、几何纹样。其中，自然纹样以天文、地理和气象等为主题；植物纹样主要以树木、花卉、草本和水生植物等为主要内容；动物纹样则包括哺乳动物、爬行动物、两栖动物、鸟类和昆虫等；生活纹样则以生产工具、农耕场景、人体及服饰等为主要内容。（图3-1-4-5）这些纹样都具有深刻的文化内涵和历史意义，是彝族先民对自然、生活和宗教信仰的直观表现，也是彝族传统文化的重要组成部分。通过这些漆器装饰艺术，人们可以更好地了解和感受彝族文化的独特魅力和深厚底蕴。

3. 构图法则

凉山彝族漆器纹样一般成组搭配、组合，构成结构繁多、布局讲究的生动画面。依据器物自身的形状进行纹样的选择，并运用对比、连续、调和、变化、统一等不同形式美法则，展现了大自然的美和彝族先民的艺术加工能力。彝族漆器纹样有五种基本构图形式。①单一构图。

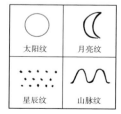
自然纹样

植物纹样

动物纹样

生活纹样

几何纹样

图3-1-4-5 彝族漆饰酒壶常用纹样

运用单个图案进行循环式拼接和组合，表现为带状纹样。②横向纹样构图。纹样的点、线、面横向分布于器物腹部，使整个图案呈现对称分布。③二方连续构图。在平行线之间排列个数不等的图案作为基本组合，再在纵向与横向方位上连续绘制多种纹样形成带状。④四方连续构图。单位图案在横向和纵向两个方向上进行不间断的排列组合绘制。⑤组合构图。以一个纹样作为中心图案，其他纹样以中心图案为主向四周形成放射状构图。

彝族漆器咂嘴酒壶制作艺人在图案创作过程中，使用不同笔型勾画点、线、面，重叠或镶边，巧妙构思与布局多种图案纹样。同时根据社会生活习俗、审美情趣、宗教崇拜和社会礼仪等因素进行变异和创新，形成既有规律可循又充满变化的图案风格。咂嘴酒壶的图案纹样常采用放射式、对称式这两种构图形式（图3-1-4-6）。采用放射式构图，将图案重心置于画面中心、向四周扩散，产生开阔、舒展、扩散的视觉效果。采用对称式构图，通过上下、左右对称的方式构建一种平衡、稳定、自然的视觉效果。[1]对称与均衡是自然界大多数物象存在的特殊形式，也是形式美基本法则之一。所有这些特点都充分展现了彝族漆器制作技艺的精湛和文化内涵的深厚。

4.色彩运用

彝族漆器的彩绘主要采用黑、红、黄三种颜色。黑色作为底色，红黄相间，黑红形成明快的对比，在朴素的基础上彰显华美。黑色是天地之本色，象征着庄重和威严，代表着黑土，给人以肃穆、沉静、高贵、沉默之感；红色象征热情豪放和勇气，代表火，给人以坚定、炽热之感，使人充满活力、幸福、快乐之感；黄色象征着阳光和万物生存的源泉，是人类生活的基石，给人以光明和幸福的感觉。这三种颜色的色料

① 放射式构图　　　　　　② 对称式构图

图3-1-4-6　　部分彝族酒壶构图形式

---

[1] 赵浩，《彝族漆器酒具之咂嘴酒壶设计研究》，第64、65页。

都来自自然资源,经过加工处理后得到。黑色,又称玄色,主要源自用松明烧制而成的锅底灰,为了保持黑色的纯正,髹漆打底时先加入辅助材料(如豆汁或豆面),然后将锅底灰制成粉末状,混入黑色粉末或猪血,混合搅拌均匀后直接涂刷在器物的胎骨上方,作为器物的打底色。红色颜料采用磨成粉末的丹砂或选取湖北产银珠粉末。丹砂是一种硫化汞矿物,一般根据漆匠对颜色饱和度的判断添加量进行调配。现在,漆器生产商主要使用硫黄和汞混合而成的银朱。银朱是一种耐酸碱、不溶于人体内胃汁的鲜红色碎粉末,能够在木质坯胎表面均匀上色,具有抗侵蚀和防虫蛀的作用,食用或使用时不会对人体产生危害。黄色颜料主要来自石黄这种矿物,通常泛指雄黄,属于天然矿物原料。

(六)制作工艺分析

彝族漆器主要分为木胎和皮胎两种。据说两千多年以前的凉山彝族主要以牧牛羊为生,长年在高山峡谷中逐草而居,频繁迁徙,陶瓦器皿易碎且不便携带,于是他们开始使用当地取之不尽、用之不竭的木材制作日常生活器皿。❶这样木胎漆器便应运而生,木胎漆器用料考究,采用天然木材作坯胎,用野生土漆和矿物颜料髹饰,无毒、无异味、耐酸碱、耐高温、不脱漆、经久耐用。至今,彝族木胎漆器已经发展了许多年,积攒下来无数髹饰技艺经验,成为一种独特的民族工艺。其制作工序有十分复杂的流程,可总结为六个大的步骤(图3-1-4-7)。

选材

制作粗坯

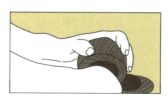
制作细坯

髹漆

彩绘

成品储藏

图3-1-4-7 彝族漆器制作工艺

---

❶ 周成忠:《攀西彝族奇特的酒具》,《收藏界》2011年第1期,第106页。

第一步是选材。凭借历史上的经验总结，格尼（桦槁木）和索玛（杜鹃木之一）最适宜用于彝族漆器的制作。桦槁树木材适合用于制作较大的家具，如桌子、柜子等；而杜鹃树木材则适合制作较小的餐具、酒具等产品。原料采伐后还需自然阴干，方能投入制作。第二步是制作粗坯。将木材先砍削出产品初步的形态，用于制作碗、盘、钵、酒杯等，要将原木砍削成与漆器相似的圆锥或圆柱；用于制作勺子、发簪等的原木则要将其砍削成与之相似的半椭圆形。将制成的粗坯埋在深坑中约100天，再堆积农家肥令其发酵，使漆器不易变形裂开，经久耐用。第三步是制作细坯。彝族漆器的细坯制作有专门的工坊，将粗坯固定起来，使用机械车削，由师傅进行车削，制成原木色器皿。第四步是髹漆。髹漆前必须先打底色，使用猪血、黄豆面和锅底灰调和出底色颜料，打完底色后再进行阴干。接着使用扁形鹅卵石打磨，磨光后开始重复髹漆—阴干—打磨—髹漆的步骤，次数越多越好，至少三次。等最后一道漆阴干，就可以绘制花纹装饰了。第五步是彩绘。彝族漆器只有黑、红、黄三种颜色，彩绘时先绘黄色，后上红色，线条全部纯手工绘画，不能用辅助工具。彩绘的图案多为日月星辰、花鸟虫鱼等纹样。第六步是成品储藏。当彝族漆器的花纹装饰绘制完成后，需要进行储藏阴干。通常将一个小窑洞作为储藏室，在洞里铺上一层青松叶，将制成的漆器平放进去，同时注意漆器的摆放要疏密得宜。摆放完成后使用石板作门，用布絮把缝隙塞严实，避免风雨侵入，还要注意防止鼠、蛙等小动物爬进。在储藏室存放一年以后，才能投入使用和出售。这是彝族漆器制作过程中最后一个重要的步骤。❶

（七）设计比较分析

彝族是一个崇尚酒的民族，其酒具也不仅局限于漆饰酒具一种。在凉山彝族奴隶社会博物馆中，还藏有部分银器酒具，本书通过对其进行介绍和比较，展现彝族酒文化的其他侧面。此外，南方丝绸之路上西南少数民族地区还流行茶酒文化，白族作为云南省一个重要的少数民族，其酒文化与传统银器文化、龙文化有交叉之处，形成了特殊的酒器风貌，本书亦予以介绍。

1.彝族五嘴银酒壶

五嘴银酒壶，彝语称"史古"，为凉山彝族地区特有的银器酒具。壶

---

❶ 张师源：《四川省凉山彝族漆工艺现状研究》，《艺术科技》2017年第4期，第132页。

身呈圆筒形，高 13.1 厘米，腹围 27 厘米。壶身有五条镶金银流，腹部阴刻有蓄天菩萨的人像和锦鸡图案，体现了彝族劳动人民不仅有精妙的生产制物工艺，亦有独特的审美造型意识。酒壶上部的五个孔内各有一朵金花，金花下为银质金叶浮标。当酒壶中灌入酒时，酒壶中的浮标上升，金花露出。吸饮后金花下落，便知酒量减少（图3-1-4-8①）。五嘴银酒壶虽有五孔，但只有一孔可饮酒，其他皆为装饰。饮酒者准确地选择吸某一孔饮酒时，表示其聪敏。如果吸错，则被人耻笑为愚。❶漆饰酒壶是用于彝族人民日常生活的器物，而五嘴银酒壶则为当时社会等级较高的贵族奴隶主阶层享乐之用，并非普通百姓可用。

2. 白族银酒壶

大理鹤庆县的银饰锻制工艺十分高超，为国家级非物质文化遗产，是白族优秀传统文化的典型代表之一。运用这种锻银工艺制作的白族银壶具有强烈的文化性，兼备精巧器形和多样装饰，不仅畅销国内，还远销东南亚国家。白族锻银工艺由一张打工艺、錾刻工艺、焊接工艺、打磨抛光工艺组成，又细分诸多流程步骤。这种工艺的形成可追溯到商代滇西的青铜器制造技艺，后历经南诏、大理国金属技艺的发展，受到汉族、藏族等多种文化的影响，在兴起、衰落变迁之下，最终于20世纪90年代末发展成熟。

白族银壶为白族锻银工艺的代表性器形，其中又以九龙壶为典型。白族银壶的造型具有共性，无论形式变化，都有小口、大腹、平底、细流，皆有盖❷（图3-1-4-8②）。九龙壶壶高22厘米，其造型精美，纹饰丰富，一壶酒刚好可以满八个酒杯。由于银的作用，使得壶中之酒更加清洌香醇。我国许多少数民族都视龙为吉祥的象征，云南白族把龙看作"龙祖"，每年农历二月初二被看作龙祖生辰，家家户户举行焚香祭拜等活动。九龙壶的设计即以龙作为图案，具有风调雨顺、五谷丰登的吉祥寓意❸。

综上，包括彝族咂嘴酒壶在内的三种酒壶各自体现了不同民族的生活习惯、社会结构、文化信仰和审美价值表（表3-1-4-2）。彝族咂嘴酒壶和五嘴银酒壶显示了彝族在酒文化方面的创新和社交习俗，而白族银酒壶则反映了白族高超的银器制造技艺和丰富的传统文化。每种酒壶都

---

❶ 张梅：《凉山彝族银器造型艺术解析——以酒具为例》，《明日风尚》2019年第24期，183、184页。
❷ 丁远亮：《白族银壶研究》，昆明理工大学硕士学位论文，2019年3月，第27页。
❸ 蒋贞：《鹤庆白族九龙壶银酒具》，《今日民族》2017年第5期，第73页。

图 3-1-4-8
①彝族五嘴银酒壶 ②鹤庆白族九龙壶银酒具
（资料来源：②《鹤庆白族九龙壶银酒具》）

有其独特之处，从使用功能到装饰艺术都凝聚了民族文化的精髓。彝族唖嘴酒壶充分反映了彝族的生活方式和社会文化。其设计独特，结合了漆器、木质工艺及艺术文化，呈现出圆形、扁圆鼓形、鸟形等多样化的形态。壶腹密封良好，能够长期保持酒味，器形亦便于携带和饮用。彝族五嘴银酒壶反映了彝族贵族阶层的审美和享乐生活方式。壶身圆筒形，装饰精美，融入了金属工艺和彝族的艺术特色，展现了一种特殊的酒文化及其与社交行为的结合。白族银酒壶则代表了白族高超的锻银工艺，展示了白族文化中对龙的特殊尊崇。

表 3-1-4-2　几种酒壶的比较分析

器物	使用阶层	材料	器形	装饰纹样	文化寓意
彝族唖嘴酒壶	普通民众阶层	木质	圆形、扁圆鼓形	自然纹、动物纹、植物纹、生活纹、几何纹	适应游牧、长途跋涉的生活方式
彝族五嘴银酒壶	贵族奴隶主阶层	银质	圆筒形	锦鸡图案，薴天菩萨人像	展现彝族的审美和社交习俗
白族银酒壶	社会各阶层	银质	小口，大腹	龙纹	吉祥寓意、祈求风调雨顺、五谷丰登

（八）设计评价与研究

彝族唖嘴酒壶的设计与制作，深深植根于彝族悠久的饮酒文化和社交习俗之中，体现了特定历史背景下彝族人民生活方式的发展，同时映照了当时的工艺水平和独特的审美观念。因其在酒文化中具有的特色性，唖嘴酒壶也成为彝族器物文化史上的重要代表。在材料的选取、功能的创新、纹饰艺术的应用及其蕴含的社会意义等方面，彝族唖嘴酒壶展现了非凡的审美价值和深厚的文化意蕴，是具有重要当代传承和研究价值的民族遗产。

1. 设计评价

彝族啞嘴酒壶是彝族文化精湛工艺和生活智慧的结晶。其造型设计受到生活中用竹管汲水、竿竿酒等饮用方式启发而产生，经过巧妙设计满足人们的生活需求。其图案纹样与色彩体现了彝族的宗教信仰与对美好生活的向往。它不仅在实用性上满足了游牧生活的需求，通过其密封的设计保持酒的原味，还在社交方面产生了集体饮酒的习俗。酒壶以天然木材为材料，外涂生漆，配以代表彝族特色的黑、红、黄三色，使之成为具有强烈文化象征意义的日用品。从每一个细节到整体造型，都反映出彝族工匠精湛的技艺和对美的追求，而且酒壶上的自然和生活图案也赋予了其深刻的文化内涵。这些特点使得彝族啞嘴酒壶不仅是一件实用的器皿，更是传承和表达彝族传统文化的艺术品。

2. 学术研究

啞嘴酒壶的设计不仅使用了现代科学原理，而且充满了神秘色彩，功能特别符合现代消费者对原生态、绿色产品的需求及其求新求奇的心理，受到学术界的更多关注。针对彝族漆器的学术研究，一方面是对漆器文化、艺术传承方面的理论研究。王一然《彝族漆器艺术研究》是最早全面系统研究彝族漆器的文章。之后其他研究多从彝族漆器的文化传承保护、图案纹样等承续与发展入手。另一方面是关于彝族漆器的非遗文创应用，如刘鑫的《基于非遗文创的品牌建构研究——以彝族漆器为例》从市场与产品的实际出发，提出了彝族漆器的品牌构建方略等。

3. 当代转换

凉山彝族漆器的起源，据称是为了加固各种实用器物，后来逐渐发展出髹漆技艺，并通过器物表面的髹漆、彩绘纹样使其具有艺术美学价值。这些漆器可以装点百姓生活，体现宗教礼仪，彰显族风和传扬彝族文化。特别是在婚丧嫁娶、岁时节日庆典等各种交往仪式中，各种盛食餐具、酒具及马具等漆器都会汇聚在一起。在彝族年和火把节这两个最重要的彝族节日里，村民们会合村聚宴、唱歌跳舞，在此期间装饰有精美纹样的啞嘴酒壶也会被广泛使用。

然而，在当今的彝族自治州，啞嘴酒壶多作为漆器工艺品售卖，如何实现其传承和创新尚需设计工作者进行进一步的挖掘和探讨。凉山彝族社会经历了较多的变化，漆器也由过去的等级象征变换为彝族文化复兴和传扬的载体之一。在彝族漆器制作过程中，每个细节都决定着漆器的品质和耐久性。将彝族传统工艺代代相传，不仅能让更多人欣赏到这种独特的民族工艺，更关乎民族文化精华的发展与传承。东道品牌创意集团为彝族lolo设计的文创产品是彝族传统文化转型的典型案例之一，该设计运用彝族独特的红、黑、黄配色，结合彝族文字、图案、纹样平面视觉特征，具有较高美观度和传播价值（图3-1-4-9）。

图3-1-4-9　彝族lolo文化概念及文创设计
（资料来源：《彝族漆器艺术元素在现代产品设计中的应用研究》❶）

五、泡菜坛

（一）文化背景

泡菜又称"菹"，是古代人民为了长时间存放蔬菜而创造的一种发酵蔬菜制品，因其清爽可口、酸甜纯正而流传至今，并已成为中国农耕文化和民俗文化的重要内容。在中国，绝大部分地区都有腌制和食用泡菜的习惯，而四川泡菜最具有代表性，堪称国粹，并被誉为"川菜之骨"，在国内乃至国际上享有盛誉。泡菜坛是制作泡菜的主要器具，因其具备储藏和加工双重功能，成为四川地区普通家庭和餐馆酒楼的通备器具。四川泡菜坛（图3-1-5-1）因其腌制出的泡菜香气袭人，而声名远扬。泡菜坛作为传统器具，从其诞生发展至今，其形态、结构、使用方式等并未产生明显变化，这从侧面体现了古代中国百姓的智慧，也反映出传统生活方式的科学性。

1.泡菜历史

泡菜古称"菹"，《说文解字》对其解释为："菹菜者，酸菜也。❷"《齐民要术》中记载过泡菜的制作方法："作盐水，令极咸，于盐水中洗菜，即内瓮中。❸"泡菜是古代人民储藏蔬菜的加工方式之一，其历史最早可溯源至商代。《商书·说明》中记载"若作和羹，尔惟盐梅"，我国古代劳动人民曾

---

❶ 陈雨萌：《彝族漆器艺术元素在现代产品设计中的应用研究》，北京化工大学硕士学位论文，2023年5月，第4、5页。
❷ 汤可敬：《说文解字》（第一册），北京：中华书局，2018年6月，第197页。
❸ 贾思勰：《齐民要术》，北京：中华书局，2015年9月，第67页。

图3-1-5-1　四川泡菜坛
（资料来源：① 公众号"品鉴彭州"）

用盐腌制梅来食用。《诗经·小雅·信南山》有"中田有庐，疆场有瓜，是剥是菹，献之皇祖"的记载，瓜即蔬果，菹即腌制加工。唐代出现了糟渍蔬菜的加工方式，如《唐代地理志》记载的"兴元府土贡夏蒜、冬笋糟瓜"。宋、元、明时期，泡菜的品种及加工方式得到进一步改善和发展，出现糖渍、醋渍、酱渍等多种腌制方式，并产生不同口感的泡菜。如宋代《东京梦华录》中记载"姜辣萝卜、生腌木瓜"等腌制方式，明代《便民图纂》记载萝卜干的腌制方式"切作骰子状，盐腌一宿晒干，用姜丝、橘丝、莳萝、茴香，拌匀煎滚"。至清代，泡菜品种已是非常丰富，腌制手法也十分成熟，清代的《随园食单》和《醒园录》等书中都曾详细记载过各类泡菜。直至今日，泡菜仍是我国诸多地区饭桌上不可或缺的餐食。

2.四川泡菜及泡菜坛

泡菜，在四川地区的饮食文化中占有极其重要的地位，无论何种食物，都可以和泡菜搭配进食，并且四川泡菜也已发展为中国泡菜的代表。四川泡菜种类繁多，且味道鲜美。《成都通览》中曾记载了四川常见的22种泡菜，并反映了泡菜"家家均有"的现象。《成都竹枝词》一文曾评价四川泡菜的鲜香："秦椒泡菜果然香，美味由来肉汆汤。"[①]此外，在四川地区，泡菜还具有一定的文化意义。清代，川北、川南地区曾把泡菜作为女子的嫁妆之一，并且这种文化习俗至今在四川部分地区仍然存

---

① 雷梦水，潘超，等编：《中华竹枝词（第五册）》，北京：北京古籍出版社，1997年12月，第3197页。

在，❶由此可见，泡菜在川蜀人民心中的重要地位。

四川泡菜必须使用泡菜坛进行加工，《中馈录》中曾记载了泡菜坛的使用方法："此坛有一外沿如暖帽式，四周内可盛水，坛口上覆一盖，浸于水中，使空气不得入内，则所泡之菜不得坏矣。"❷这段文字也表明了泡菜坛的基本结构形态：坛身、双唇、带盖，但这种形态并非生而如此，它是经过长时间的演变发展而来的。四川泡菜坛的演变大致经历了三个阶段（表3-1-5-1）。第一阶段主要是陶瓮、陶缸、陶罐形态。陶瓮、陶缸、陶罐早在新石器时代就已存在，且是人们日常生活的主要器具，除了用于储水存粮外，也可用于腌制蔬菜，是泡菜坛的前身。❸三星堆出土的诸多小平底罐的形态，与四川泡菜坛的器形极其相似，均是圆肩、鼓腹。第二阶段是双唇坛形态，四川地区出土的秦汉时期双唇坛已显示出了泡菜坛的典型特征，"双唇"形态也为后期泡菜坛的出沿结构提供了造型基础，弥补了器盖使用不便的缺陷。第三阶段是泡菜坛形态，明清时期，四川的泡菜坛已经基本定型，双唇、出沿、鼓腹、小平底，并设有窑厂，专门生产泡菜坛销往全国各地，部分窑厂至今仍在生产销售，并将四川泡菜坛发展为特色产品，如四川省荣昌县（现属重庆市）的荣昌陶瓷泡菜坛，四川省彭州市的桂花土陶泡菜坛等。

表3-1-5-1 四川泡菜坛发展演变分析表

阶段	形态	图例	造型	功能	特征
第一阶段	陶瓮、陶缸、陶罐	夏商小平底陶罐		储水存粮腌制蔬菜	圆肩、鼓腹、平底
第二阶段	双唇坛	汉灰陶双唇罐		储藏食物	双唇口、短直颈、扁鼓腹、平底
第三阶段	泡菜坛	明青花花卉纹泡菜坛		加工及储存蔬菜制品	双唇出沿口、短直颈、鼓腹、平底

---

❶ 陈功，夏有书，张其圣等：《从中国泡菜看四川泡菜及泡菜坛》，《中国酿造》2010年第8期，第5—8页。
❷ [清]曾懿撰，陈光新注释：《中馈录》，北京：中国商业出版社，1984年6月，第16页。
❸ 翟亚君，詹嘉，喻承昊：《明清时期巴蜀泡菜及其陶瓷泡菜坛探析》，《四川旅游学院学报》2022年第6期，第6—10页。

(二)案例简介

本案例选取四川省彭州市桂花土陶泡菜坛。桂花土陶历史悠久,据《彭县志》记载,明嘉靖二年,桂花土陶的生产已经颇具规模,随后在清光绪年间和宣统二年,其窑址不断扩大,产品种类逐渐丰富,并远销至雅安、西昌、泸州、重庆、甘肃、山西等地。❶桂花土陶的装饰手法以化妆土剃刻、耙花、堆雕为主,其器物类型多为常见民用器物,包括饮食器物、居所器具和陈设器具,尤以泡菜坛最为出名(图3-1-5-2)。

图3-1-5-2 桂花土陶泡菜坛
(资料来源:公众号"品鉴彭州")

(三)使用方式分析

四川泡菜相比其他地区泡菜而言,最大的特点就是"泡",而不仅仅是腌制,且无所不泡,凡是可以食用的东西均可制成泡菜,如鲫鱼、黄喉等。《中馈录》中曾记载四川泡菜的制作过程:"泡盐菜法,定要覆水坛……泡菜之水,用花椒和盐煮沸,加烧酒少许。凡各种蔬菜均宜,尤以豇豆、青红椒为美,且可经久。必须将菜晒干,方可泡入。如有霉花,加烧酒少许。每加菜必加盐少许,并加酒,方不变酸……❷"一般而言,四川泡菜的制作步骤可以分为五大步(图3-1-5-3)。一是清洗,挑

图3-1-5-3 泡菜制作流程

---

❶ 四川省彭县志编纂委员会:《彭县志》,成都:四川人民出版社,1989年,第408页。
❷ [清]曾懿撰,陈光新注释:《中馈录》,第16页。

选新鲜蔬菜后，用清水洗去蔬菜上的泥渍；二是晾晒，清洗干净后的蔬菜，需要将其置于干燥通风处，晾晒至无多余水分；三是入坛，将晾晒好的蔬菜置于泡菜坛内，根据蔬菜品种、泡制方式的不同，入坛方式可以分为干装坛、间隔装坛和盐水装坛三种；四是浸泡，向坛内倒入预先配制好的盐水，在坛沿处倒入清水，盖上坛盖，坛沿的水可隔绝空气，坛内的蔬菜在盐水中浸泡，经过乳酸作用后发酵；五是整形，泡菜上桌前，为方便食用需要整理其形态，叶菜类蔬菜需要摘去烂叶，瓜菜类、根茎类蔬菜需要切丝或切块。为了使食材尽可能充分地浸泡于盐水中，整形程序也可置于泡菜制作流程前列，即将蔬菜切块、切丝后再入坛泡制。

泡菜坛本身的质地对于泡菜的口感具有直接影响，在开始泡菜之前，需要对泡菜坛进行严格的检验，其检验手法有四种，分别是观形体、看内壁、视吸水和听声音。❶观形体是指观察泡菜坛的器身，多以釉质好、无裂纹、无砂眼、火候老的为佳；看内壁是指将泡菜坛浸入水中，观察内壁是否存在渗水现象，以无裂纹、无砂眼、无渗水现象为佳；视吸水是指沿坛沿倒入一半清水，同时将点燃的一卷纸置入坛内，并盖上坛盖，观察坛盖内壁是否能够吸收坛沿水分，以吸干水分为佳；听声音是指用手击坛，以钢音为佳，音破、砂响、空响为次。对泡菜坛检验完毕后，需要盛满清水并搁置几天，然后将其冲洗干净，并擦干内壁水分，以备泡菜入坛使用。

（四）结构原理分析

泡菜坛的结构形态主要取决于泡菜的制作需求。泡菜的制作原理是利用食材发酵过程中产生的乳酸菌散发的酸味使泡菜更美味，但如果空气中的杂菌进入到泡菜坛中，则会破坏泡菜，产生厌氧菌，影响泡菜口感。因此，泡菜坛需要为泡菜的加工制作提供一个无杂菌、厌氧、干净的密封环境。在古代，人们多是近水而居，在用水的过程中逐渐意识到水能隔绝空气，具有一定的密封作用，并将此发现运用至泡菜坛的设计中，形成了泡菜坛的结构形态特点，其坛沿设计及其使用方式能够有效防止杂菌、氧气进入坛内，为泡菜的制作提供一个适宜的环境，这种古代的发明至今仍在沿用（图3-1-5-4①）。

泡菜坛的结构主要包括坛沿、坛体、坛盖三部分（图3-1-5-4②）。

---

❶ 肖亚成：《家庭泡菜100例》，北京：金盾出版社，1990年12月，第2页。

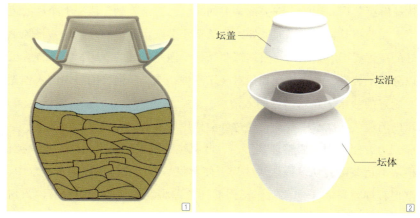

图3-1-5-4 泡菜坛结构

泡菜坛的坛沿为双唇结构，外唇多由坛肩颈处出沿，且多为敞口，方便在坛沿处倒入清水；内唇多由坛颈处出沿，且多为敛口或直口，内唇口要高于外唇口，可防止坛沿内的清水进入坛内，并减少空气进入。坛沿处盖上坛盖后，可添加清水或盐水，为泡菜发酵提供密闭环境，此外，也可防止因食材发酵后，所产生的真空引起的坛沿水倒灌现象。坛体的整体形态为上宽下窄，其肩腹部圆润外鼓，在增加了坛内空间的同时，也有利于澄清液体，使坛内盐水渣滓集中于坛底，减少食材与杂质的接触度。此外，坛体上宽下窄的设计，也有利于泡菜坛利用自身重力，维持安稳平放状态。坛盖为碗型，盖上部似碗底，其尺寸适合成年人握取；盖下部似碗口，与坛沿凹口十分契合。将坛盖拿起反向旋转后，即盖底部朝上，可作为碗型容器使用，用于临时搁放从坛内取出的蔬菜。泡菜坛的整体结构，是以水封原理为指导，以易用方便为目标，这种简单实用的设计体现了古人的智慧。

（五）形态装饰分析

泡菜坛的形态基本相似，均是在陶瓮陶缸的形态基础上发展演变而来。古代陶瓮多是小口深鼓腹，陶缸多是小口斜鼓腹，古人除了用陶瓮陶缸储水、存谷外，也常用此类器皿制作泡菜。泡菜坛则是在融合了陶瓮、陶缸、陶罐等贮藏器皿的形态特点后，结合水密封原理，逐渐发展演变为双唇鼓腹带盖器皿。该形态特征为泡菜的制作提供了一个适宜的发酵密封环境，除了可以增加泡菜的独特风味外，也有助于提高泡菜的成品率。

图3-1-5-5 桂花土陶泡菜坛装饰图

桂花土陶泡菜坛的独特之处在于使用刻花法形成红白相间的色彩图案（图3-1-5-5）。桂花土陶材质的粗糙性有利于坛内泡菜的发酵，但不够美观，当地工匠试图在泥坯表面施以化妆土，使器体表面光滑，并巧妙地利用刻花法，展示陶泥与化妆土本身的色彩。刻花法是在红泥和白泥半成品坯体上采用相反泥料的化妆土，用刀具在化妆土表面勾勒、剔刮，剔除画面无需的空白，留下设计所需图像，在此基础上形成的图案独具风格。桂花土陶泡菜坛的图案具有多样性特色，流畅、饱满的图案大多具有吉祥喜庆的象征寓意，形式多为二方连续式的传统图案。烧制后的泡菜坛会呈现出两种颜色，红泥呈砖红色，深沉而厚重，白泥则略显黄，两种色彩形成了强烈的对比关系，这种红与白的对比契合了中国传统的色彩观，具有浓郁的乡土风格和地方色彩，使人产生一种天然的亲近感，朴素而亲民，一直以来受到人们的喜爱。

（六）制作工艺分析

桂花土陶泡菜坛其原料略微粗糙，但适于泡制蔬菜，制作工艺精细，器物内壁不施釉亦不会渗漏，由此类坛所制作的泡菜香气袭人，温润柔和，广受四川人民喜爱，并且此类坛广销全国各地。其制作流程具体可归纳为四个步骤：揉泥、拉坯、髹饰和烧制。其中部分步骤又包括若干分步骤（图3-1-5-6）。

四川泡菜坛的制作工序主要分为以下几步。第一步：揉泥。选取并配制好泥料后，反复揉搓泥料，去除泥料中的微量裂缝和细小气孔，使泥料紧致细腻，湿度均匀。第二步：拉坯。泡菜坛的坯体一般需要分两次拉制成形。首先拉制坛体，小中型泡菜坛的坛体可通过轮制拉坯一次成形，大型泡菜坛的坛体较大，需要通过分别拉制上坛体和下坛体后拼接而成，或者使用泥条盘筑法制作坯体。其次拉制坛沿，将打匀好的泥料均匀地添加在坛体口的边缘，通过轮制拉坯，用手指分割出内外唇，并塑造坛沿形体，其中内唇一般略高于外唇，借助木板、布条等工具，调整内外唇形体，使得外唇为敞口，内唇为敛口，并且沿口高度均匀一致。第三步髹饰。在成型后的泡菜坛泥坯上涂抹化妆土，使器物表面光滑细致。若作雕花装饰，首先需要用刻刀刻画出纹样轮廓，然后借

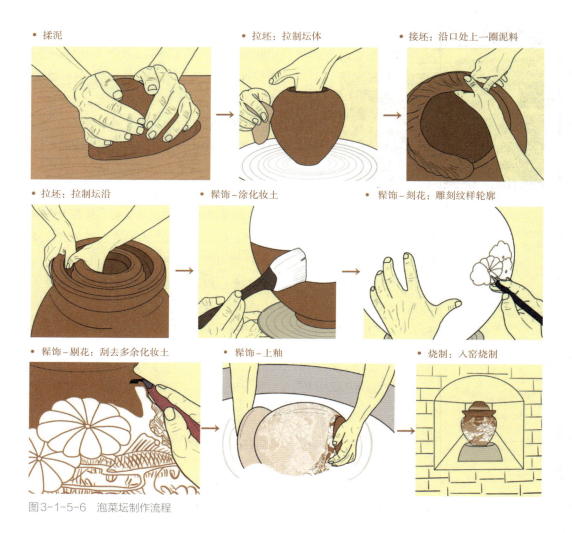

图3-1-5-6 泡菜坛制作流程

助剃刀剔除纹样外的多余化妆土,最后上釉髹饰,也可直接上釉,用不同的釉色装饰。第四步烧制。将制作好的泡菜坛置入窑中,经上千度高温烧制成型。经过上述步骤,泡菜坛便制作完成。由于制作过程主要依靠手工完成,加之黏土受热会变形的特征,几乎不存在完全一样的泡菜坛。

(七)设计比较分析

腌制是一种保存和食用蔬菜的方法,古已有之。泡菜坛也因此从古代延续发展至今,但生活环境、地域文化、自然资源等的不同,造就了各地区泡菜坛形式的差异性,以荣昌陶泡菜坛、华宁陶腌菜罐、青花四开光山水人物纹泡菜坛为例,与桂花土陶泡菜坛进行比较分析。

图3-1-5-7　不同类型泡菜坛
①荣昌陶泡菜坛　②华宁陶泡菜坛　③青花四开光山水人物纹泡菜坛
（资料来源：①《荣昌窑》❶，②摄于《云南华宁陶》❷，③公众号川菜博物馆）

1.荣昌陶泡菜坛

荣昌陶兴起于秦汉，兴盛于唐宋，中兴于元明，复兴于清代，繁盛于民国，并延续发展至今，❸与云南建水紫陶、宜兴紫砂陶、钦州坭兴陶合称为"中国四大名陶"，其产品种类繁多，地域特征明显，深受人们青睐，并已远销至东南亚地区。荣昌陶的器形以"柳、卵、直、胀"为特点，即器体轻盈飘逸，器身圆润温和，器形曲直得当，器内饱满丰富，是艺术与实用的完美融合。泡菜坛是荣昌陶器的代表性产品，早期荣昌陶泡菜坛与普通泡菜坛相似，以实用为主要目的，无过多装饰。如明代时期的孔雀绿釉窑变泡菜坛，其结构功能与普通泡菜坛类似，器身圆润饱满，器体仅有釉色作为装饰，无其他纹样，拉坯痕迹明显，颇有素朴拙雅之感。明清至近代以来，荣昌陶多用刻花法进行装饰，并发展为荣昌陶泡菜坛的独特地域文化特征（图3-1-5-7①）。但其刻花法与桂花土陶的制作工艺略有不同，其器物表面在完成刻花工艺后，会施以光滑透明釉，使器体更为精致细腻。荣昌陶泡菜坛的刻花装饰多以花卉动物纹样及二方连续图案为主，尤以卷草纹的使用最为广泛。荣昌陶泡菜坛是在长期发展中，科学智慧与工艺美术结合的产物，其造型结构不仅符合泡菜需求，而且形式美观，装饰丰富。

2.华宁陶腌菜罐

华宁陶又称为"宁州陶"，产于云南省著名的陶瓷窑产地——玉溪市华宁县，其制陶历史悠久，最早开始于唐宋时期，于明清时期达到顶峰，

---

❶ 薛小军编著，远宏主编，邹晓松副主编：《荣昌窑》，哈尔滨：黑龙江美术出版社，2018年3月，第28页。
❷ 云南华宁陶编辑委员会：《云南华宁陶》，昆明：云南美术出版社，2010年1月，第38页。
❸ 薛小军编著，远宏主编，邹晓松副主编：《荣昌窑》，第1页。

至近代，华宁陶仍在大量生产与销售。❶华宁陶是外来智慧与本地文化融合的产物，早期生活在华宁县的居民多遵循简单的饮食风俗，使用竹筒、芭蕉叶等作为盛食器，后随着大量移民涌入，其饮食文化受到了极大冲击，出现了大量陶瓷用具，明代洪武年间，随着景德镇窑工的迁入，制陶技术得到进一步改善，华宁陶也得到快速发展，并逐渐形成特有风格。

华宁陶制作工艺精巧，器型丰富，器质细腻，主要以杯、碗、坛等生活陶具为主。《新纂云南通志》记载："陶器以建水、宁州所产者为著名。"华宁陶在云南地区受到广泛的欢迎和使用，并在近千年的发展中，随着船只、马帮和铁路的运输而销往各地。华宁陶最独特的是其五彩斑斓的彩色釉装饰。其釉色以绿釉、白釉、酱釉、蓝釉等为主，颜色纯正艳丽，附着于器物表面，独具一格。云南人民素有腌菜的习惯，华宁陶所产的双口罐是当地居民的主要腌菜器具。云南的双口罐与四川泡菜坛在结构和使用方式上基本一致，均包含坛盖、坛沿、坛体三部分，在坛沿双唇之间注水密封。但云南双口罐的坛沿高度较高，大概占坛体的三分之二，并且多为直口，其目的可能是阻止虫子爬进罐中（图3-1-5-7②）。华宁陶腌菜罐表面大多无纹样装饰，多以釉色作为主要装饰，其造型大气素朴，颜色鲜艳亮丽，具有一定的实用价值与审美价值。

3.青花四开光山水人物纹泡菜坛

青花四开光山水人物纹泡菜坛是成都川菜博物馆的镇馆之宝，该坛出自清代康熙年间的官窑，器形秀巧雅致，胎质洁白纯净，装饰一丝不苟，属于泡菜坛中的精品（图3-1-5-7③）。整件器物通体施以天蓝釉作为底色，似有"雨过天蓝""秋水共长天一色"之意。在器物的显著部位，即坛体腹部，用青花色开光画青花山水人物。青花色具有典型的"清三代"特征，自然、沉稳。开光则指用花瓣、矩形、菱形、圆形、云头等形状作为栏框，在其框内绘制图案，似有园林风格，具有突出画面主题的作用。山水人物画则采用了董其昌的山水画布局，即"远山、中水、近人树"，画面整体自然飘逸，此画风曾在康、雍、乾三代王朝流行一时。整件器物存世量较少，且是民间产品的官窑化，虽然保存不完整，但经过一定修复具有极高的经济价值和艺术价值。

综上，在不同自然条件与地域文化的影响下，泡菜坛展现出了不同的特征（表3-1-5-2）。云南地区昆虫较多，为防止昆虫进入坛内，其坛

---

❶ 玉溪市抚仙湖第二次水下探秘组委会编：《揭秘抚仙湖》，昆明：云南美术出版社，2006年1月，第13页。

沿高度较高，且多以各种釉色进行装饰。四川荣昌陶泡菜坛和桂花土陶泡菜坛的形态、装饰等设计内容均相似，但荣昌陶泡菜坛对于刻花工艺的改进使器物更加美观。青花四开光山水人物纹泡菜坛作为官窑制品，其制作工艺、形态装饰更加精致，但是在结构、功能、形态上与其他泡菜坛基本保持一致，并且该形态结构从古代发展延续至近代，均未发生明显变化。因此，泡菜坛不仅是自古以来的生活器具，更是古代劳动人民智慧的结晶。

表3-1-5-2　不同类型泡菜坛比较分析

器物	材质	形制	色彩	装饰	制作工艺
桂花土陶泡菜坛	陶泥	鼓腹双唇敞口	砖红色、米黄色	植物纹、文字纹	刻花工艺
荣昌陶泡菜坛	陶泥	鼓腹双唇敞口	枣红色、米白色	植物纹、动物纹	刻花工艺
华宁陶腌菜罐	陶泥	鼓腹双唇直口	各种釉色	材质肌理	施釉工艺
青花四开光山水人物纹泡菜坛	陶泥	鼓腹双唇敞口	天蓝釉色、青花色	山水人物画	青花工艺

（八）设计评价与研究

泡菜坛作为民间用品，不仅曾进入古代宫廷中成为皇家用具，而且延续使用至今，并在全国范围内得到推广，体现了其所具有的历史价值、科学价值和艺术价值。四川泡菜坛和云南泡菜坛因其造型美观、功能完善、使用方便且独具地域特色，而随着南方丝绸之路得到广泛传播。而当代社会环境、生产技术、审美观念等都发生了明显的变化，因此需要重新思考传统泡菜坛的保护和发展路径。

1. 设计评价

泡菜坛作为中国传统器物，是古代人民依据生活经验和科学原理而创制的简单实用器具，它不仅反映了古代人民丰富的生活智慧，也体现了古代工匠精巧的制作技术。在功能形态上，泡菜坛以水封为原理，以双唇结构为基础，为了尽可能扩大储存空间并维持放置的稳定性，多以鼓腹、滑肩、小平底塑造坛体的基本形态。在色彩装饰上，泡菜坛具有明显的地域特征。四川泡菜坛多采用刻花法，以花、草等作为素材进行装饰，坛体多以酱褐色为主，纹样则以化妆土的米白色为主调。云南泡菜坛较少使用纹样修饰，多以色彩鲜艳的釉色直接呈现。在制作工艺上，古代工匠多使用轮制拉坯和接坯的方式，来实现泡菜坛坛沿的双唇结构。在使用方式上，坛盖的设计及尺寸符合人体工程学，成年人可用一只手拿取。四川泡菜坛因其科学性、实用性及艺术性,而延续发展至今,并因南方丝绸之路的发展,而在诸多地区产生影响。

2.学术研究

目前关于泡菜坛的学术研究还较少,但随着其丰富价值的突显,学者们也纷纷从不同角度开始研究,从目前学术研究内容及其成果来看,主要聚焦于两个方面,分别是对其发展历史的梳理和传承路径的探索。在历史梳理方面,陈功等人结合考古资料,较全面地阐述了泡菜及泡菜坛的发展历史,并提出四川泡菜坛最早可追溯至商周的观点;❶翟亚君等人借助巴蜀地区的考古及其实物资料,分析了四川泡菜坛的演变规律,并提出泡菜坛是在陶瓷、陶缸、陶罐等器皿形态基础上发展而来的观点。❷在路径探索方面,汤崇瑜借助数学理论,推导出更为合理的泡菜坛几何尺寸,以解决坛沿水内溢所导致的泡菜变质问题。❸王立端等人在当代生活美学语境下,对传统泡菜坛进行了创新设计研究,使其更符合当代社会生活方式,为传统泡菜坛的发展提出了新的方向。❹泡菜坛的发展及传播影响,不仅体现于器物本身,更是一种传统智慧、生活文化的传承。

3.当代转换

泡菜坛在中国已有千年历史,传承至今,仍在大量使用。在弘扬传播和保护传统文化的大背景下,国家层面、社会层面对泡菜坛的保护采取了相关措施。国家层面,大量泡菜坛陶艺制作技术已被纳入非物质文化遗产保护名录。如荣昌陶制作技艺已于2011年被列入国家级非物质文化遗产拓展项目名录,桂花土陶已于2007年被列入四川省省级文化遗产保护名录,华宁陶已于2014年被列入云南省省级非物质文化遗产保护名录。此外,在四川省眉山市建立了4A级景区——眉山中国泡菜城,试图通过文化体验的方式使人们了解中国泡菜及泡菜坛的历史、文化与智慧(图3-1-5-8①)。社会层面,传统泡菜坛在形态、功能、材质、装饰上得到了不断的改进与创新。在形态方面,为符合当代审美观念,越来越多简单、可爱、小巧的泡菜坛被推出,如中国泡菜博物馆推出的"土陶熊猫罐",将熊猫形象与泡菜坛相融合,用最简单的黑白配色突出其外

---

❶ 陈功,夏有书,张其圣,李恒,余文华:《从中国泡菜看四川泡菜及泡菜坛》,《中国酿造》2010年第8期,第7页。
❷ 翟亚君,詹嘉,喻承昊:《明清时期巴蜀泡菜及其陶瓷泡菜坛探析》,《四川旅游学院学报》2022年第6期,第9页。
❸ 汤崇瑜:《泡菜坛水封的几何尺寸》,《江苏陶瓷》1979年第1期,第28、29页。
❹ 王立端,杨曼羚:《继承和发扬传统生活智慧——以泡菜制作器具再设计为例》,《装饰》2017年第3期,第126、127页。

观特征，整体形态小巧活泼，十分有趣（图3-1-5-8②）。在功能方面，为了使泡菜坛满足当下生活语境需求，对其功能进行了优化和转化。功能优化主要指通过技术创新或再设计，改善其使用方式。如王立端、杨曼羚结合现代工业技术对泡菜坛进行的设计构想，试图利用控温技术对泡菜坛的温度和发酵程度进行实时把控（图3-1-5-8④）。功能转化主要是指抛弃泡菜坛原有功能，赋予其新功能。如将泡菜坛与耳饰结合，赋予其装饰功能（图3-1-5-8⑤）。在材质上，除了传统的土陶泡菜坛，透明玻璃泡菜坛也被大量生产制作。透明玻璃材质相比土陶材质，更加方便用户随时观察坛内泡菜发酵情况，因此在市面上也受到广泛欢迎（图3-1-5-8⑥）。在装饰上，诸多匠人试图用新的素材来加强泡菜坛的艺术价值，如刘勇老师创作的系列文人画泡菜坛，将地域文化、民间典故、历史名人等素材融入坛体，使传统泡菜坛更具有艺术文化气息（图3-1-5-8③）。泡菜坛虽然只是一个简单的生活实用器物，但是在数千年的发展进程中，其积累的历史价值、文化价值是不可估量的。

图3-1-5-8　传统泡菜坛当代转化图例
①眉山中国泡菜城　②土陶熊猫罐　③刘勇-土陶泡菜坛　④王立端、杨曼羚-泡菜坛设计构想　⑤泡菜坛耳饰　⑥透明玻璃泡菜坛
（资料来源：①眉山中国泡菜城官网；②公众号"眉山中国泡菜城AAAA景区"③公众号"一澄陶艺"，④《继承和发扬传统生活智慧——以泡菜制作器具再设计为例》；⑤公众号"荣昌安富-荣昌陶"）

六、白族烤茶罐

（一）文化背景

云南是中国境内民族种类最丰富的边疆省份，其独特的地形地貌和多元的气候条件孕育了极其丰富的民族文化。在25个世居的少数民族中，有15个是云南特有的民族。云南地区各民族的传统文化类型繁多，底蕴深厚，特别是关于农业生物资源保护与利用的传统文化更是丰富多彩。这些传统文化在当地民族的经济社会发展过程中扮演着重要的角色。其中，云南少数民族茶文化表现出明显的地域特色和独特的文化价值。云南是世界茶树原产地的核心区域之一，同时也是享誉中外的普洱茶的发祥地之一。此外，它还是滇藏茶马古道的发源地，连接着缅甸、越南、老挝等国，作为驿站发挥着关键性作用。云南拥有广阔的古茶园和野生的古茶树群落，在云南众多少数民族聚集的地区，茶与各民族的生存发展密切相关，茶融入了各族群的生活风俗中，形成了绚丽多彩、底蕴深厚的民族茶文化。❶火塘和烤茶罐是与云南茶文化密切相关的传统器物，它们不仅在日常生活中扮演着重要的角色，也是云南茶文化历史和传统的重要体现。火塘作为家庭聚会和社交的中心，是烹煮和品鉴普洱等云南茶的传统器物；而烤茶罐则用于烘焙茶叶，帮助发挥茶叶的最佳风味，其外观颇具特色（图3-1-6-1）。

1.云南烤茶文化

烤茶是一种在云南多个地区盛行的传统饮茶方式。生活在红土高原的居民世代以来养成的习惯是先将茶叶放入口径约拳头大小的敞口土陶罐中，经轻微烤焦后再进行冲泡饮用。在云南的各地区，不论是滇西北

图3-1-6-1　云南烤茶罐一览

①当今集市出售的各色烤茶罐　②类似烤茶罐的单耳陶罐（商周时期）　③历史上澜沧县妇女在出售烤茶罐　④黑陶烤茶罐　⑤剑川黑陶烤茶罐

（资料来源：③翻拍自《云南物质文化·生活技术卷》❷）

---

❶ 董鲜，戴陆园，徐福荣：《云南11个特有少数民族的茶传统文化保护与利用初析》，《中国农学通报》2015年第16期，第279页。

❷ 唐立：《云南物质文化 生活技术卷》，昆明：云南教育出版社，2000年5月，第26页。

的藏族、纳西族，滇西南的傣族、布朗族、德昂族，滇东南的壮族、瑶族、苗族，还是滇东北的回族、彝族等各民族，都在不同程度上保留了烤茶的饮用传统。烤茶不仅在云南省广泛流行，而且传至邻近的四川、贵州，以及与缅甸和越南接壤的一些地区。

除了烤茶这一常见名称外，在滇东的曲靖地区通常被称为炕茶，而寻甸等地的回族则惯称其为罐罐茶。在滇东南的一些地方，则以土罐茶命名。烤茶的传统源于《茶经》中炙茶的遗风，同时也可能与荆楚地区的古茶文化有一定的渊源。相较于中国其他地区，烤茶的习俗较为罕见，这使其成为云南的特色文化。❶

白族是中国少数民族之一，拥有悠久的历史，主要分布在云南的怒江、昆明、大理、丽江等地。白族以崇尚白色而著称，不论男女，其民族服装的上衣通常为纯白色。此外，白族拥有独特的语系和民族文字，并奉行佛教信仰。该民族有着独特的饮食习惯，特别喜欢饮用烤茶。在待客时，一般会以雷响茶和三道茶来招待客人。❷白族的烤茶过程第一步是茶罐的预热，待罐内水分蒸发后方可投放茶叶。然后，通过反复摇簸、不断翻动罐内茶叶，确保茶叶受热均匀，使其散发出浓郁香气。由于这种独特的制茶方式，人们将其称为"百抖茶"。待烤至茶叶微黄发泡，罐冒白烟，香气四溢时，将水缓缓倒入茶罐。此刻，茶水开始翻滚冒噗噗声，仿佛雷响般。因此，这种茶又被称为"雷响茶"。只有当茶叶完全被烤透，加入开水后茶才能持续在茶罐中翻滚，此时茶水呈微黄清澈，味道极为香醇。老百姓认为，烤茶工艺成熟的茶品表面应该漂浮着一层沫。此外，白族的三道茶也是以烤茶为基础，加入了椒、姜、桂等调味品而成。❸

关于白族三道茶的起源，有关历史资料显示这一传统始于唐代南诏时期，最初主要在宫廷内部和外交活动中应用。唐代樊绰的《蛮书》中有记载："茶出银生城界诸山，散收无采造法，蒙舍蛮以椒、姜、桂和烹而饮之。"

随着社会的演进和白族人民生活方式的变革，白族三道茶的应用逐渐扩展，成为白族人民在成家立业、婚丧嫁娶以及迎宾招待等方面独特的茶道文化形式和礼节。这一传统茶文化通过历史的传承，为白族社会

---

❶ 张海超，徐敏：《云南少数民族传统烤茶习俗刍议》，《云南社会科学》2016年第1期，第95–100页。
❷ 韩海华，周斌星：《茶马古道：民族文化之路》，《茶叶》2008年第3期，第192–195页。
❸ 李阳：《云南烤茶谈》，《茶业通报》2002年第2期，第24页。

注入了独特的文化底蕴。[1]

2. 烤茶器具与云南火塘

白族在与饮水及茶饮相关的器具方面具有丰富的传统。常见的器具包括水杯、茶杯、茶碗、水壶、茶壶、烤茶罐、煮茶罐、煎药罐、酥油罐、酥油勺等。现代的茶饮器具还增加了盖碗、公道杯、快客杯、茶洗等多种样式的产品。在传统的三道茶茶具中，白族使用铁制火盆，铜制烧水壶，木制的中、小型托盘（包括圆形、长方形、六角形等造型），陶制小砂罐、大瓷碗和小调羹用于搭配原料，以及瓷茶杯（呈覆钟形）和小盏。其中，陶土烤茶罐是云南白族茶文化中最独具特色的产品。

包括烤茶罐在内的烤茶器具的使用，与云南火塘密不可分，传统的烤茶多是在火塘上完成的。火塘是云南传统建筑的中心，在民居建筑中占据着重要的空间位置，是家庭中心与生活空间秩序的组织者（图3-1-6-2）。云南少数民族对火的崇拜，形成系统而完整的火塘文化，如今在云南山寨，火塘仍然是家庭的中心，无论一代还是数代同堂，大家都是围绕着火塘生活。尤其山区少数民族，家家住房有火塘，火塘终年不熄。三脚架用来配合火塘使用，铁制，有大、中、小三种规格。三脚起支撑点的作用，三脚上的铁圈，便于放置用来煮饭、炒菜、烧汤、烧水的多种炊具。有的三脚铁圈内还有三个排钉，其作用是将火力较均匀地散布在炊具的底部。火塘、三脚架所在的地方，通常是全家取暖、吃饭、饮酒、喝茶或接待宾客的地方。在基诺族、拉祜族等民族中，一个三脚架即代表一个小家庭，有的少数民族还把三脚架的大小和多少，与家庭财产和人丁情况相关联。

图3-1-6-2　云南火塘

（二）案例简介

烤茶罐是白族人民为满足"饮用烤茶"这一生活习惯而精心制作的器具。为迎合不同的饮用容量需求，人们生产了各种大小的烤茶罐以适应日常生活。随着时间的推移，为了更好地满足饮茶的需求，白族人还

---

[1] 孟童鹤、王乐耕：《白族三道茶文化艺术特征及其造物观念研究》，《福建茶叶》2022年第44期，第187–189页。

114

创造了煮茶罐。这些器具在生活中还能替代水壶，具备烧水的功能。

在云南的少数民族地区，烤茶罐是一种相当普遍的传统土陶产品，其功能形式满足了先烤后煮的需求。历史上烤茶罐的大小、容量和样式繁多，有侧把、大腹、带滤茶挡或"8"字茶挡等明显的样式特征（图3-1-6-3），严格来说，还融合了"公道杯"和滤茶漏等器物的使用功能。[1] 几乎云南省的各地都可供应当地制作的茶罐。茶罐的主要造型特征包括单耳、鼓腹、带流口。烤茶罐的大小从一个拳头大小到三四个拳头大小不等，一次烤茶能够满足十人左右的饮用需求（同时还有小型烤茶罐，腹的直径和罐高仅有5厘米）。

勐海烤茶罐　　凤仪烤茶罐　　会泽烤茶罐

图3-1-6-3　烤茶罐典型案例
（资料来源：《云南少数民族当代土陶产品样式研究》[2]）

（三）使用方式分析

烤茶的第一步是投茶，把一些粗茶投放到已经洗净且烘干的烤茶罐中，然后将茶罐直接放在火塘边进行加热（图3-1-6-4）。有些地方，如文山等地，甚至会将火炭从火塘中取出几块，另外点燃一堆篝火专门用于烤茶。茶罐会将热量逐渐传导到茶叶上，烤茶人会不时拿起茶罐轻轻颠摇几下，使茶叶完成翻动。在交谈的同时，主人会观察火候，并断断续续地重复抖动茶罐，因此在许多地方，烤茶被称为"百抖茶"，即需要在火上抖动约百次。在初始阶段，由于烤茶罐器壁较厚，热量传导到茶叶上的速度较慢，每次翻动会有一分钟以上的间隔。随着茶罐内温度逐渐上升，翻动的频率增加，茶叶也逐渐带上淡淡的烟火气息。为了防止

烤茶罐　　投茶　　烤茶　　注入热水

图3-1-6-4　云南传统"火塘烤茶"及制作流程

---

[1] 赖军：《云南少数民族当代土陶产品样式研究》，《陶瓷研究》2019年第3期，第65页。
[2] 赖军：《云南少数民族当代土陶产品样式研究》，第65页。

烤焦，茶罐要完全远离火源，烤茶人将其握在手中，手腕的摇动几乎一刻不停。

经过烤制的茶叶更蓬松，味道也更容易释放。一些茶艺表演中常宣称烤好的茶叶会呈现"叶黄""梗泡"等特点。当茶叶烤好后，将开水注入烤茶罐中，此时罐体温度较高，通常会发出轻微的"嘭嘭"声。稍微冷却后，主人还会根据情况决定是否再加入一些开水，有时还会将其放在火上继续煨煮两三分钟。接着，就开始为客人分茶。品味烤茶需要花费一定的时间。一般来说，烤茶的冲泡次数以三次为限，如有需要可重新进行烤制，当然也存在冲泡一次后便丢弃的情况。❶

关于由烤茶演变而来的白族三道茶，早在南诏时期，唐代樊绰的《蛮书》中就有记载："茶出银生城界诸山，散收无采造法，蒙舍蛮以椒、姜、桂和烹而饮之。"明代的《徐霞客游记》中提到"一清、二盐、三蜜茶"。而在文学巨著《红楼梦》中，元春省亲场景中也有"茶已三献"的描写。这表明，白族的"三道茶"是在长期实践中逐步形成的一种传统习俗。白族三道茶在白族语中称为"绍道兆"，并于2022年11月29日被列入联合国教科文组织非物质文化遗产名录。

白族三道茶的第一道茶，即烤茶，在云南各地都备受喜爱。这种茶是将生茶放入砂罐中慢慢翻滚烤制，等茶叶温度上升，散发出香味后，再冲入开水即可饮用。这种茶的特点是味道浓厚，带有一定的苦味，能够解渴提神，寓意人生需要勇于接受苦难。第二道茶是在第一道茶的基础上，加入了大理特色的乳扇片、核桃仁、芝麻、红糖等配料，使得口味更加丰富，寓意生活先苦后甜。最后一道茶则是回味茶，将肉桂末、花椒、生姜、蜂蜜、红糖等添加到茶水中，味道甘甜，带有肉桂和花椒的香气，寓意着通过回顾过去能够有所启发，达到温故知新的境界。

（四）结构原理分析

烤茶罐的结构主要包括手柄（或耳）、口沿、颈部、腹部以及底部几个部分（图3-1-6-5）。茶罐呈鼓腹状，其最大直径与高度大致相等，高起四分之三处收缩成颈，这样设计能有效

图3-1-6-5　白族烤茶罐的结构

---

❶ 张海超，徐敏：《云南少数民族传统烤茶习俗刍议》，第96、97页。

防止烤透的茶叶在注入开水后溢出。有的烤茶罐在颈部后立即垂直收缩成颈，口沿则带有流口，有的则具有向外翻的流口。茶罐的单耳通常呈圆形或扁宽状，方便在烤茶时手持茶罐进行抖动和倒茶。很多烤茶罐在口部设计有8字形状的茶挡，用于避免在倒茶时茶叶等煮茶原料倾入茶杯。

鹤庆等地的白族采用紫铜材质制作的茶罐，其造型和尺寸与夹砂陶和土陶茶罐相近。不同之处在于有些茶罐将连接颈部和腹部的弧形单耳改为只在颈部设置一个手柄，这样设计更有效地隔绝了热量。烤茶罐的主要原料是陶土，陶器的烧制温度较低，制作成本相对较低。由此制成的烤茶罐具有耐磨、耐腐蚀、热稳定性良好的特点，同时兼具环保友好性，不会造成污染。

在云南，各个民族都大量制作陶土烤茶罐，但由于制坯技艺的不同，所形成的茶罐结构也略有差异。傣族在慢轮上用木拍将泥团拍打成圆饼状作为罐底，再沿底部螺旋式地用泥条盘筑，先堆出大形，然后用卵石托器壁，在木拍的反复拍打中制坯，使陶坯排出水分，从而使器身结构更加紧密坚固。有的木拍上刻有横线和斜线纹样，在器身表面留下印痕。接着，采用平地起烧的方式将其制成夹砂陶茶罐，这类茶罐一般为圆底。而汉族以及滇中、滇西的白族、彝族等民族则倾向于在陶轮上拉坯制作，这类茶罐多为平底。❶

（五）形态装饰分析

白族烤茶罐有两种常见形态（图3-1-6-6）。第一种形态，用于持罐的单耳与口沿的流口在同一水平线上；第二种形态，用于持罐的手柄与口沿的流口呈90°。两种形态符合不同的持罐和摇罐习惯，各具合理性。

白族烤茶罐形态简单圆润，除了其比例优美的罐体本身和制坯留下的自然痕迹，常用单色纯色，少有其他表面装饰。相比罐身，沿口的茶挡形式较多，当从上面向下看罐口时，会产生不同的视觉感受。目前市场上有几种常见的茶挡形态（图3-1-6-7），第一种是蜂窝片状茶挡，在视觉上对罐口进行了较大比例的分割，同时也能取得良好的滤茶效果。第二种是条状茶挡与蜂窝片状上下结合组装，视觉上其占比较小，对于圆形的罐口进行了视觉补全，兼顾了造型的整体性和滤茶效果。第三种是条状茶挡的上下组合，视觉形式上最大限度保留了茶罐本身的整体性，同时丰富了局部的细节。

---

❶ 杨兆麟：《说茶罐》，《农业考古》2002年第4期，第129页。

图3-1-6-6　白族烤茶罐的两种主要形态

图3-1-6-7　白族烤茶罐茶挡的几种常见形式

白族烤茶罐具有朴素自然的色彩呈现、简单的纹饰表达、粗拙的器皿外形等外在形式。刚烧制成的烤茶罐颜色较纯较浅，随着使用次数的增加其色泽加深，表面留下不均匀的烧痕，质感古朴粗犷，体现出云南少数民族造物文化的特有魅力（图3-1-6-8）。

图3-1-6-8　烤茶罐使用前后的颜色变化

（六）制作工艺分析

云南少数民族当代土陶产品属于日用陶瓷的范畴，它的特点是"以铝硅酸盐矿物或某些氧化物等为主要原料，经特定的化学工艺在高温环境下，以一定的温度和气氛（如氧化、碳化等）制成符合人类需求的工艺岩石，大多数基本上不吸水"。制陶者多为土陶的使用者，因此，少数民族土陶产品的设计初衷主要是满足当地人民的生活和生产需求，以满足生活需求为主。

云南少数民族地区涌现了粗陶、细陶、色釉陶等多样化的土陶产品，以低温产品为主，中温产品相对较少。随着技术的不断进步，当代少数民族土陶产品的烧成方式涵盖了低温、中温和高温。低温烧成温度通常在700～900℃之间，多见于村寨中的堆烧，其机动性强，主要以红陶为主；中温烧成温度在950～1150℃之间，常见于一定规模的家庭作坊，产品涵盖红陶和白陶；高温烧成温度在1200℃以上，主要来自有一定规模的窑场与公司，产品包括红陶和白陶。黑陶产品的烧成温度介于低温和中温之间，烧制温度在800～1100℃，进行渗碳工艺时需适度降温，一般保持在780～800℃。

高温土陶产品一般呈现细致、润滑、颗粒感不明显的特点，烧结程度良好，带有一定的瓷化感，敲击声清脆，主要以茶具为主。相较之下，中温产品在粗糙度上略显明显，烧结程度良好，敲击声相对低沉，各种样式的都有生产；而低温产品则表现为颗粒感强烈、表面有磨砂质感，烧结程度一般，一些地区的产品吸水率较高，敲击声低沉，各民族都有生产，主要用于制作常见的食器和与火相关的器皿。❶

（七）设计比较分析

云南省作为茶马古道的重要地理节点，具有多民族的特征。相关研究表明，生活在云南省的大部分少数民族或一些跨境而居的少数民族的迁徙流向和南方丝绸之路是一致的。民族迁徙是南方丝绸之路形成的原因之一。在民族迁徙和商贸往来的过程中，发展出缤纷多彩又具有相似性的云南少数民族茶文化，本书以哈尼族和佤族为例进行茶文化及其器物的比较。

1.哈尼族打茶竹筒

哈尼族是中国西南边疆的少数民族之一。其聚居区分布和栽培有数十种竹类，哈尼族人在长期利用竹资源的历史过程中，创造出极具民族特色的竹文化。哈尼族人用竹制作了许多生活器具，其中就包括与饮茶相关的打茶竹筒。❷打茶竹筒是一种少数民族器物，也是一种特殊的制茶、储茶方式。

其具体制作过程为：选用生长期为一年左右的嫩香竹筒中段（竹筒必须新鲜），按照所需竹筒茶规格要求将毛茶称重，将称重好的毛茶蒸软，把蒸软的毛茶放入竹筒，用木棒将竹筒内的茶压紧。将装有茶叶的竹筒放在火塘三脚架上烘烤，让竹筒内的茶吸收竹筒的香气。边填、边烤、边压，直至竹筒内的茶叶填满压紧。此后，刮掉竹筒外皮，在竹筒底部钻眼，为了使竹筒内的茶通风，侧面开孔（图3-1-6-9）。将竹筒茶放入烘房，烘房内到达一定温度时要自然冷却，温度降下来后进行

---

❶ 赖军：《云南少数民族当代土陶产品样式研究》，第63页。
❷ 关传友：《论云南哈尼族的竹文化》，《世界竹藤通讯》2008年第5期，第44页。

图 3-1-6-9　哈尼族竹筒茶
① 竹筒茶的烤茶过程　② 制成的竹筒茶

持续半个月的烘干。待竹筒茶烘干后，收口包装放入仓库，之后即可饮用。

2.佤族铁板烤茶

佤族一般不采用泡茶的方式，而是享用煮苦茶。制作苦茶时，他们会选取适量的自制大叶粗茶，将其放入加热工具中，烤至茶香四溢、茶叶呈现金黄色。然后，将茶叶倒入小型土罐中，加入适量清水，用炭火缓慢熬煮（图3-1-6-10）。在此过程中，他们时常使用小木片轻压浮在沸水面上的茶叶，以防茶叶随茶汁溢出罐外。一直煮至茶叶充分渗透，茶水变得浓稠后，才会倒出来饮用。尽管苦茶的味道极具苦涩感，但饮用后不仅能提神解乏、解渴，还具有防止中暑的功效，特别适用于气候炎热的地区。

苦茶在苦涩之后回味清爽和甘甜，是佤族人生活中不可或缺的饮料。虽然烧茶陶罐、烤茶铁板、烧茶盅等都是用于加热的工具，但它们在制作步骤、材料和造型上都有所区分。例如，宽敞的铁片作为烤茶盘能够使茶叶迅速均匀地展开，迅速受热。相比之下，陶土制成的烤茶罐导热性较差，可以缓慢地进行加热，使茶味更加醇厚，同时保持茶水的适宜温度，维持品茶口感。

图3-1-6-10　佤族烤茶
（资料来源：《云南佤族传统餐饮器具设计研究》❶）

---

❶ 刘丽文：《云南佤族传统餐饮器具设计研究》，江南大学硕士学位论文，2015年，第24页。

综上，云南白族烤茶罐、哈尼族打茶竹筒和佤族铁板烤茶体现了各自民族独特的茶文化和生活习惯。白族烤茶罐适应了白族人饮用烤茶的习惯，具有侧把和大腹设计，既能烤茶也能煮茶，多功能性强。哈尼族打茶竹筒利用本地丰富的竹资源制作而成，既是制茶工具也是储茶容器，茶在竹筒中烘烤，使茶叶吸收竹香。佤族铁板烤茶则反映了他们独特的烤茶方式，用铁板快速烤制大叶粗茶，强调茶的苦味和提神效果。这些茶具不仅在设计特点和功能性上各具特色，而且在使用的工具和材质上也有所区别，最终影响了茶的口感和文化体验。表3-1-6-1对三种云南少数民族烤茶文化元素进行比较分析。

表3-1-6-1 几种云南烤茶要素的比较分析

茶文化	工具	材质	形式	茶具功能性	饮茶口感
白族烤茶	烤茶罐、火塘	陶质	侧把、大腹、带滤茶挡，先烤后煮	烤茶、煮茶、烧水	三道茶各具特点
哈尼族打茶竹筒	竹筒、火塘	竹质	竹筒装填压紧茶叶，外部烘烤	制茶、储茶	茶香兼具竹香
佤族铁板烤茶	铁板、火塘	铁质	铁板烤制大叶粗茶，然后煮制	烤茶	苦后回甘

（八）设计评价与研究

白族烤茶罐的发展与云南白族的茶文化传统紧密相连，沿用至今，它不仅体现了各个历史时期茶文化的演变，也反映了不同时代的生产技术和审美取向。作为云南茶文化的重要组成部分，白族烤茶罐承载了白族社会的生活哲学和文化精神。在材质选择、功能设计、装饰艺术以及文化象征等方面，白族烤茶罐展示了深邃的审美价值和丰富的文化内涵，成为具有当代传承和研究价值的民族文化遗产。

1.设计评价

白族烤茶文化展现了对艺术和文化的强大接纳与包容性，反映了云南这一古代重要的对外交通枢纽和南方丝绸之路重要发源地的文化多样性。白族烤茶和三道茶的发展是多元文化碰撞和影响的结果，体现了顺应自然、敬畏自然的生态观念和天人合一、和谐共生的造物观念。白族烤茶罐的设计和装饰不仅体现了其实用性，也展现了深厚的文化底蕴和审美价值。这些器物形态和装饰在本质上呼应了柳宗悦所提及的涩之美与平常性的美学概念，传递出朴实的韵味，为日常生活增添独特的审美情趣。

2.学术研究

目前，学术界对白族烤茶的研究相对有限，大多集中在探讨云南白族烤茶文化的存在形式。如孟鹤童等学者探讨了白族三道茶文化的艺术特征与造物观念；杨兆麟针对云南茶罐进行了研究，简要探讨了其功能和形式，并从考古学视角研究了其器物起源；赖军从器物研究的角度对云南少数民族当代土陶产品样式进行了总览。这些研究虽然为我们理解白族烤茶文化提供了一定的视角，但仍需更宽广的研究视域来深入探讨白族烤茶文化的多面性和深层次意义。例如，白族烤茶文化中的仪式和礼节、与其他民族茶文化的互动和影响、烤茶过程中的社会交往模式，以及烤茶文化在当代社会的传承和变迁等，都是值得深入研究的课题。此外，结合人类学、社会学、文化研究等多学科方法，对白族烤茶文化进行更全面、深入的研究，将有助于更好地理解其在云南乃至整个中国茶文化中的独特地位和意义。因此，急需更多的学术力量投入白族烤茶文化的研究中，以揭示其更丰富的历史价值和当代意义。

3.当代转换

发展到今天，白族烤茶保留自身艺术与文化特性的同时，在制茶技艺、表演形式、茶具器皿上不断与当地服饰、语言、文字、传统节气、装饰等紧密结合。随着"围炉煮茶"文化的重新兴起，其原型云南火塘烤茶开始重新受到关注。然而，也有学者指出，白族三道茶目前主要作为一种较为成功的文化旅游表演形式存在着。文波等在《白族三道茶的文化内涵与前景思考》中提出，目前云南的"三道茶"表演存在白族文化特征不突出、制作质量不高、卫生状况不佳等问题。❶第一届云南"火塘"杯普洱茶烤茶大赛于2023年2月在昆明举办，这是云南乃至全国第一届烤茶比赛，旨在宣传云南少数民族悠久自然的生活方式，推广云南烤茶文化，发展钻研烤茶技术。目前云南除了以旅游业为主，未形成与"烤茶"相关的当代化产业，但云南烤茶的专业化传承正在受到越来越多的关注。

此外，烤茶罐作为白族特有的饮茶器具，也对当代饮茶器具的发展有着较大的影响，部分当代饮茶器具在形式和功能上继承了白族烤茶罐的特点（图3-1-6-11）。在当代饮茶器具的设计中，我们可以看到与白族烤茶罐类似的形式。例如，现代烤茶器具在保持传统烤茶罐的基本

---

❶ 文波，乐夫：《白族三道茶的文化内涵与前景思考》，《民族艺术研究》2000年第3期，第62、63页。

图3-1-6-11　当代饮茶器具设计
①侧把壶与电陶炉组合　②侧把壶与温茶器组合

形态——如鼓腹、带有手柄和流口设计——的同时，也融入了现代技术，比如使用玻璃或不锈钢材料来提高热效率和耐用性。这些现代饮茶器具既保留了烤茶文化的传统韵味，又满足了现代人对便捷和效率的需求。

七、四川烘笼

（一）文化背景

火的应用标志着人类技术史上的重大进步，代表了人类对自然力量的掌控，推动了文明的发展。火成为改善环境和生活的得力工具，为照明、取暖、烧火烹饪、陶器制作等提供了可能。在人类文明中，火是不可或缺的重要元素。随着对火的认知不断深入，火的应用范围从最初的物质生产和日常生活领域扩展到了精神文化领域。在中国的不同地区和文化背景下，形成了独具特色的用火文化，深刻影响着人们的生活习惯、宗教信仰等。早在原始社会，人类就已开始产生钻木取火的意识，周口店遗址中原始人留下的取暖用的灰炉即可以证明这一说法。后来，人们为了能够更加方便地挪动火种，便开始将火种从火堆或火塘中转移到烧制成的陶器中，这种陶器就被称为"炉"，或称"灶"。炉的使用则是人们用火文化中的重要组成部分。炉具涵盖范畴广泛，随着时代的发展，在不同地域和时期形成了各具特色的炉具，四川地区的烘笼就是其中之一（图3-1-7-1）。

1.传统取暖炉

"炉"在《汉字字源》中的解释为："里面有火，形状像大缸的设施。

图 3-1-7-1　四川地区的烘笼

可理解为各家生火取暖的设施。❶"古人一般将火作加热之用，如烹饪取暖、金属冶炼等。炉的现代释义仍为"取暖、做饭或冶炼用的设备"。史料记载，"炉"字最早载于《周礼·天官冢宰》："凡寝中之事，扫除、执烛、共炉炭。❷"其后，《论衡·逢遇篇》称："作无益之能，纳无补之说，以夏进炉，以冬奏扇。❸"其意为：作弄一些无益的技能，接受一些无益的主张，就等于夏天向君主进献火炉，冬天向君主进献扇子。据此文献可知，真正意义上的火炉在周代已经出现，并已经作为一类常见器具，在生活中大量使用。

炉属于杂器中的生活用具，拥有漫长的发展历史，自古至今涵盖诸多品类（图3-1-7-2①）。燎炉是古人燎炭取暖的用具，即今天的火盆。出土于河南新郑的王子婴次炉（图3-1-7-2②，自铭为"燎炉"），是已知最早的室内取暖用炉，现藏于中国国家博物馆。经过不断的发展，燎炉逐渐演变为各类暖炉（包括地炉、竹火炉、手炉、脚炉、袖炉、卧褥炉等）。

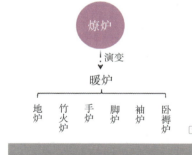

图3-1-7-2　传统取暖炉
①燎炉的发展和暖炉的分类　②王子婴次炉
（资料来源：中国国家博物馆官网）

---

❶ 窦文宇，窦勇：《汉字字源：当代新说文解字》，长春：吉林文史出版社，2005年11月，第405页。
❷ 陈戍国点校：《周礼·仪礼·礼记》，长沙：岳麓书社，1989年7月，第15页。
❸ [东汉]王充著，陈蒲清点校：《论衡》，长沙：岳麓书社，1991年8月，第3页。

2. 烘笼

烘笼，古时称为熏笼，也称作篝（gōu）炉、竹篝、熏篝和香篝等，竹笼内置陶炉作为其基本的特征。民国《崇宁县志》载："烘笼，古名熏笼，以竹为之。"最早的烘笼未有明确史料记载，但根据其形态和功用，烘笼或熏笼，源自"篝"（图3-1-7-3）。

图3-1-7-3 "篝"篆体字形

烘笼的作用主要有两种：一是用于熏烤衣物，二是作为取暖保温工具。长沙马王堆汉墓中出土了一种竹制熏罩，覆盖着精致的绢帛，被认为是目前已知留存最早的熏笼之一。古代文学作品中也留下了许多关于熏笼的记载。例如，唐代诗人白居易曾写道："红颜未老恩先断，斜倚熏笼坐到明。"南宋诗人陆游也有一句诗云："过尽梅花把酒稀，熏笼香冷换春衣"。明代小说《拍案惊奇》中描写："小娘子茶泼湿了衣袖，到房里熏笼上烘烘。"

（二）案例简介

烘笼是四川秋冬季节特有的一种取暖工具（图3-1-7-4），外形像一个缩小了的圆柱形花篮。烘笼用光滑的竹篾编成，顶端有拱桥状的柄用以提携。内置一个用陶土烧制的瓦钵（称作火钵），用时撮上一点燃烧的木炭，放在瓦钵内，上面再用一点已燃烧过的木炭灰盖上，就可以使用了。烘笼作为一种古老的便携式取暖用具，至今仍在一些地方尤其是乡村地区使用。老人、妇女、孩童等或提烘笼于手中，或抱烘笼于怀里，或搁烘笼于腿前，或置烘笼于裙下，用以取暖、预热被窝、烤湿衣物、烤红薯等。

四川地区的取暖用烘笼，又称火笼或竹火笼，因内含火红的炭而得名。在泸州地区，被称为火灯、火包儿，而在崇州地区则被称为火提子等。此外，在四川的其他地方，烘笼还被称为火桶、烘提子、火兜儿、烘儿、火提儿、火蒸儿、烘篮、烤火笼笼等。总体而言，将其称为烘笼的地方较多。烘笼这一称谓至少可以追溯到宋元时期。南宋诗人曾几在《郑侍郎招赏瑞香》诗中写道："前

图3-1-7-4 四川烘笼

庭锦烘笼，君向何许得。"《水浒传》第五十六回中也描述道："另用一个小黄帕儿，包着一条双獭尾荔枝金带，也放在包袱内，把来安在烘笼上。❶"

（三）使用方式分析

1.装火过程

烘笼中燃烧的木炭十分有讲究。一般家庭的灶膛里有杂木苞谷芯烧剩的桴碳，用火铲装在烘笼里压紧，盖上点热灰即可取暖大半天。如果装炭的话，也是有讲究的。一般是先将细小的炭块用火柴、火石等引燃用来垫底，然后再装大块的炭，利用下方小块的木炭进行引燃。这个过程中，老百姓常用嘴吹等方式为木炭的燃烧提供充足的氧气。有的人喜欢烘笼里的木炭烧得旺旺的，觉得这个热度更过瘾，更能驱寒取暖；而有的人喜欢温度适中的，便待火钵中木炭的量足够后，上面再盖一层热灰来保持适宜的温度，同时延长燃烧的时间。需要注意的是，炭块不能装得太满，否则容易烧坏竹篾条（图3-1-7-5）。

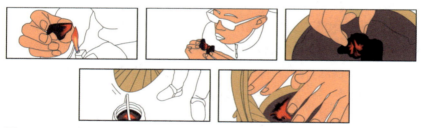

图3-1-7-5　点炭、装炭的方式之一

2.持火方法

由于烘笼可提于手中摇来甩去，有些地方形象地将烘笼称为"摇火笼""抢烘笼"等。提着烘笼耳子，将胳膊抡圆，烘笼呼呼旋转，木炭很快就会烧旺，产生明火。当然也可以采取用嘴吹等方式维持炭火燃烧。抢烘笼时，烘笼会被越抢越快，直至只能看到一个发红光的圈子。只要抢得够快，烘笼转到头顶上方时木炭和火灰并不会掉下来。但偶尔也会出事故，若两个抢烘笼者靠得太近，烘笼在空中发生碰撞，木炭和火灰便会撒一地。

3.使用方式

烘笼具有多种使用方式。主要用来冬季取暖、熏干衣服、烘烤食物。

---

❶［明］施耐庵，罗贯中：《水浒传》，北京：华文出版社，2019年1月，第674、675页。

图3-1-7-6　脚踩烘笼的取暖方式

其中，取暖的方式也有多种。可以采取坐姿，将烘笼夹于双腿之间，也可将烘笼踩在双脚之下（图3-1-7-6）；还可以将烘笼放在桌面、地面等位置，将双手盖于烘笼开口上，或者将烘笼挎在手腕上，在移动、行走的过程中进行取暖。熏干衣服和尿布时，将需要烘干的衣服搭盖在提手上即可。烘烤食物时，则将需要烤制的红苕、洋芋、豌豆、胡豆、花生、栗子等食物埋在炭灰中即可。一些乡人赶场赶会时，便会一路携带烘笼。学生上学携带烘笼取暖，有时也当作玩具，摇甩不停。总之，烘笼的用途广泛，由于其极强的实用性和便携性，早已融入人们生活的各种场景，在长期的使用中，更是成为四川人民的一种传统文化记忆。

（四）结构原理分析

烘笼有大有小，具体的形态略有差别，但烘笼的共性结构并不复杂，主要由竹笼、火钵、提手三部分组成（图3-1-7-7）。竹笼又可分为上下两部分，上部竹篾镂空，一方面方便空气的流通以维持炭火的燃烧；另一方面方便观察炭火的状况，并且有利于热量的散发。下部竹篾编织紧密，将火钵的钵体隐藏起来，避免手部与火热的陶钵接触而被烫伤。同时，还可以使得整个烘笼结实耐用，便于安放，能够捧抱。烘笼底部是空底，使得热量从底部散发的同时，降低了烘笼整体的重量，且更容易保持底部清洁。

竹笼一般被做成收口的样式，于是在顶部形成一定面积的圆环形平台。烘笼的提手距离竹笼的开口有足够的距离，这样便形成了足够的面积和空间，方便手脚、物品等的放置和搭靠，也可以将烘笼挎在胳膊上

图3-1-7-7　烘笼的结构

使用。在提着烘笼行走时，也不会被灼伤。更巧妙之处在于，烘笼的提手不仅可以提、挎、握。在用作足部取暖时，还可以将双脚放在烘笼提手的两侧，双腿将提手夹住，从而起到了固定的作用，也避免了烘笼倾倒将木炭撒出造成不便或危险。

（五）形态装饰分析

1.造型比例

烘笼的整体造型为倒梯形，部分有弧形的收腰。笼口最宽处与竹笼部分整体高度的比例约为1：1。提手到笼口的距离、镂空到火钵口的距离、火钵口到底沿的距离根据设计的不同，或大致相等，或呈一定比例（图3-1-7-8）。在视觉上提手将烘笼整体在垂直方向上一分为二，且其提手顶端常被处理成水平状，这使得烘笼造型以直线式为主，简洁整齐，呈现出一种秩序和韵律并生的美感。

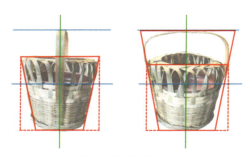

图3-1-7-8 烘笼的造型比例

2.竹编纹样

竹制烘笼多呈现天然竹篾的青黄色彩，质地天然古朴。具体的竹篾编织方法也有多种形式，如竹笼上端的镂空部分常采用交叉编织法，用两根、三根或更多竹篾互相跨越相叠（图3-1-7-9），形成的图案节奏均匀，空间松动又整齐简洁。竹笼下部则常采用简单交叉的基础形式，如

交叉编法　　　　"十"字编法　　　　"人"字编法

图3-1-7-9 竹烘笼的竹编形式举例

"十"字编法等。底部则常采用"人"字编法。多种编织方法并用，使得烘笼在视觉上松紧有度，同时实现了各部位功能性和审美性的良好结合。

（六）制作工艺分析

四川境内有丰富的竹资源，烘笼作为传统炉具的同时，也是传统竹编制品的一种。根据制作者的喜好，烘笼的制作工艺与样式会发生变化。有些地方的烘笼使用槐树条，有些地方使用竹条，甚至是由全铜制作。早些年烘笼都是老百姓自家编制的。编烘笼不仅麻烦，还要细心。编烘笼要两头翘，中间顺势低下去，形成一道腰部的曲线。烘笼还要镂空，这样才会四处散热。也要留洞留门，好放入火盆。烘笼除了结实以外，还必须美观。因此，在进行烘笼编织之前，对竹子的选材要求极为严格，竹材的柔韧性、耐久性、抗压性和可塑性都至关重要。根据烘笼的造型，有计划地将竹子加工成竹篾，使得竹篾的厚度、宽度和长度都符合相应的要求。最后，利用准备好的竹篾进行烘笼的编织。根据手艺人的编织技巧，所需容器的形状和图案需求，选择不同的编织方法将烘笼制作成型。❶资料显示，烘笼编织始于选择火钵。从火钵固定开始（图3-1-7-10），进行整体烘笼的编织，即烘笼整体的大小直接与火钵的大小相关。在烘笼主体编织接近完成时，进行把手的安装和底沿的编织，完成后即可投入使用。

图3-1-7-10　竹烘笼的制作
（资料来源：《远去的烘笼》❷）

（七）设计比较分析

除烘笼以外，南丝路沿线地区乃至全国也存在其他类似的取暖炉具。以不同的材质和形式满足多样化的取暖需求，同时随着岁月变迁也体现出不同的文化内涵。与烘笼有典型相关性的，不外乎火盆和手炉。

---

❶ 匡诚，王铭：《四川民间竹编容器图案归纳与研究》，《四川戏剧》2020年第12期，第81页。
❷ 徐礼宜：《远去的烘笼》，《照相机》2023年第5期，第13页。

图3-1-7-11
①火盆 ②取暖铜炉（现代）
（资料来源：①《火盆的地域特色及现状研究——以四川昌平县为例》）

1. 火盆

在四川地区，火盆是一种常见的民间传统取暖炉具（图3-1-7-11①）。制作火盆的方法是找木匠制作一个平面为正方形的框架，高度约20厘米，然后在木架的上方放置一个生铁铸造的直径大约40厘米的凹陷锅，用于放置木材或煤炭以生火取暖。这种火盆并非家家都有，通常只有经济较好的家庭才使用，主要摆放在家中的堂屋。另外，还有一些家庭在厨房附近修建了一个专门取暖的地方，即"火坑"。在地平面上，向下挖一个深度约25厘米的坑，使"火坑"最上面与地平面平行，从上方看呈正方形。一般会燃烧一些大的木棒或树头以取暖。尽管火盆的移动性和便携性不如烘笼，但在取暖效果方面更为出色。❶

2. 手炉

手炉，又被称为"袖炉""捧炉"或"火笼"，是一种旧时宫廷以及民间广泛使用的掌中取暖工具。其形状通常为圆形、椭圆形或长方形，配有炉盖，内部点燃炭火，工艺精致，造型小巧玲珑，既具实用功能，又是供人欣赏的艺术品。

手炉起源于火盆和熏炉，并可追溯至两千年前。唐代时，手炉的器形"筐筥之属为之"，即有方圆两种样式，内可放置火炭或保留余热的灶灰。小型手炉可携带于袖中，用以"熏衣炙火"。明清时期，手炉得到广泛应用，进入辉煌时期。清朝至民国年间，手炉在民间广泛使用。许多老人回忆起儿时，常提及家中的手炉，无论大小、简约还是繁复，对孩童

---

❶ 何治国：《火盆的地域特色及现状研究——以四川平昌县为例》，《美术文献》2014年第1期，第240、241页。

们而言，既是取暖工具，又是观赏之物，可谓是"掌中之宝"❶。在大理白族自治州博物馆等地存有民国或现代时期的铜质手炉（图3-1-7-11②），其基本形式即由提手、带孔上盖、炉身三部分组成。

如今，手炉已逐渐淡出人们的日常生活，但这种集实用性与艺术性于一身的精美器物却越来越受到收藏爱好者的喜爱。手炉虽便于携带，但其制作所用材料昂贵，显然不是普通民众都能够享用的。因此，更多的人可能会选择烘笼作为取暖御寒之用具。

综上，四川烘笼、火盆和传统手炉作为传统取暖工具在多个方面各具特色（表3-1-7-1）。四川烘笼采用光滑的竹篾编织，内置陶土烧制的瓦钵作为火盆，形状类似缩小的圆柱形花篮，适合移动式取暖，尤其适合老人、妇女、孩童等使用。火盆则是在平面呈正方形的木框架上方放置生铁铸造的凹陷锅，里面放置木材或煤炭生火，取暖效果更为出色但不如烘笼便携。传统手炉具有圆形、椭圆形或长方形的形状，配有炉盖，内部点燃炭火，是旧时宫廷和民间广泛使用的掌中取暖工具，具有实用功能和艺术品观赏价值。这些工具反映了四川、云南等地区的传统文化和民俗习俗，体现了人们在取暖方面的创造力和智慧。可以根据具体需求和文化背景选择合适的工具进行取暖，每种工具都有其独特的历史、功能和用途。

表3-1-7-1　烘笼、火盆以及手炉的比较分析

器物	外观	材料	便携性	取暖效果	使用场景
烘笼	缩小的圆柱形花篮	竹篾、陶瓷	移动式取暖	小范围取暖	乡村地区
火盆	正方形木框架上凹陷的生铁火盆	木、铁	固定空间内	较大范围取暖	家庭堂屋
手炉	圆形、椭圆形或长方形	金属、陶瓷	移动式取暖	小范围取暖	宫廷及民间

（八）设计评价与研究

烘笼作为南丝路四川段的代表性器物，是火文化、竹文化、手工艺文化、村落文化等融合的结果，也是四川竹编文化的典型案例，烘笼多样的外形和纹样，不仅展现了四川人民代代相承的竹编艺术，更彰显了四川地域特有的文化风貌。挖掘烘笼背后的文化内涵及传承价值，对于弘扬相关地域文化和历史具有重要的意义和作用，对于当代的用火器物设计同样具有启示作用。

---

❶ 章用秀著：《玩炉藏炉》，天津：百花文艺出版社，2005年1月，第125页。

1. 设计评价

四川地区的烘笼具有浓郁的地方特色，其不仅具有深远的历史渊源，同时蕴藏着丰富的当代价值。烘笼具有多种多样的使用方式，适用于各类生活场景和人群，兼具天然的选材、巧妙的形式、和谐的外观、精致的编织制作工艺。烘笼这一造物形式的产生和使用，是四川人民生活智慧的结晶，体现了一定时期内人民的用火方式，并可从中窥见该地区在某一时期的社会面貌、日常生活方式以及整体基于村落形态的社交活动风貌。

2. 学术研究

目前，关于烘笼的相关资料多为源自民间的网络图片、视频等。尽管烘笼是一种传统的地域化取暖炉具，但其蕴含的取材、造型、纹样等造物智慧对当代炉具的设计都有启发作用。目前，除了巴蜀文化学者徐平教授发表在网络上的《风物博考丨烘笼》一文外，几乎无较详尽的现当代文献对烘笼进行考证和记载。

3. 当代转换

随着社会的发展，烘笼这个曾经熟悉的取暖工具已经逐渐被空调、电炉、天然气炉、电子暖手器等现代用电取暖设备所取代。尽管还有部分人群在制作、销售、使用这种传统物件，烘笼已逐渐不被大众所知，同时，传统烧炭取火的方式对于现代生活而言具备一定危险性。网络上销售的传统烘笼多用于传统婚庆等仪式场合。但与烘笼相似的竹笼可笼罩在现代加热器之外，还可用于烘干衣服（图3-1-7-12），类似烘笼在当代背景下的一种留存形式。

图3-1-7-12　笼罩在现代加热器之外的竹笼

八、建水陶汽锅

(一)文化背景

建水,曾称"步头",位于云南省南部,红河中游北岸、滇东高原南缘,[1]现隶属于红河哈尼族彝族自治州。经由建水可通往越南、南亚、东南亚等地区,是古代南方丝绸之路沿线上的交通要道。建水治县历史长,文物古迹较多,是汉文化与少数民族文化交融的典型地区。建水紫陶(也称红泥陶)是云南陶器的典型代表,曾与四川荣昌陶、江苏宜兴紫砂陶、广西钦州陶并驾齐驱,被命名为中国"四大名陶"。陶汽锅(图3-1-8-1)是建水紫陶的代表器物之一,其独特的无釉磨光、雕刻填泥等工艺技巧,成就了其古朴素雅的艺术风格,也使其成为集实用与审美于一体的器物代表,以及民间器物道器合一的典型。

图3-1-8-1 建水陶汽锅

1.建水紫陶

(1)历史溯源

建水有千余年成规模烧造陶器的历史,其陶土资源丰富,有黏性且耐高温,主要由当地五色土(当地对以红色为主,间有黄、白、灰等混色土的俗称)、黄土、白土、红土、灰(青)土等五种土组成。[2]在建水地区的燕子洞遗址曾发掘出新石器时代的陶制品(陶弹丸、陶器碎片等),这说明早在新石器时代,建水地区就存在制陶业。

从各类资料来看,建水制陶业的成熟发展阶段、特征形成阶段始于

---

[1] 建水县地方志编纂委员会:《建水县志》,北京:中华书局,1994年5月,第1页。
[2] 杨永善:《中国传统工艺全集·陶瓷(续)》,郑州:大象出版社,2015年5月,第469、470页。

宋代。那时，随着中原汉族人民的移入，加之受江浙一带的影响，中原地区先进的制陶工艺传至建水，并被广泛应用于青瓷的制作。元代，蒙古族在建水地区建立政权，此时期的建水地区也挖掘出钴矿料，[1]由此，建水制陶业开发出青花瓷制品，并逐渐发展成元代青花瓷第二大产地。当时的建水青花瓷制品远销省内外与东南亚地区，甚至影响了越南地区青花瓷的发展。明代，受战乱和社会动荡等因素影响，粗陶成为建水陶制品的主流。清代，建水陶在粗陶（缸、瓮、碗、盘、盆之类）的基础上逐渐演变为紫陶，之后得到快速发展并走向成熟。清道光年间，鸦片盛行，导致陶制烟斗需求量大增。建水窑大量烧制陶烟斗，起初陶烟斗多为粗陶烟斗，后逐渐过渡为细白陶烟斗。清光绪年间（1875—1908年），建水制陶工匠潘金怀将陶土泡水、搅浆并过滤成绛红色陶泥，再制坯打磨、装饰但不上釉，最后烧制成紫色或红色烟斗，从而创造了建水特有的紫陶生产新工艺。[2]后人在此工艺基础上进一步完善了无釉石料磨光工艺，创制出雕刻填泥技艺，并用大量的书法诗词、花鸟山水等中国传统文化元素作为装饰，使得器物呈现出古雅质朴、温润柔和的文化韵味，形成了建水紫陶独特的艺术风格。

1980年，中央工艺美术学院（现为清华大学美术学院）的杨大申等考察建水古窑址后有这样的说法："宋有青瓷，元有青花，明有粗陶，清有紫陶。[3]"这也进一步说明云南制陶业历史的久远。

（2）文人文化与建水紫陶

建水紫陶相较于其他陶瓷，最明显的特征便是其浓厚的文化气息，这主要得益于建水县文人文化的历史背景。建水人民自古以来便重教兴文，尤其是明代汉文化融入后，其文化氛围更为浓厚。明朝统治者在治理云南时选择文治教化，兴学建校，洪武初太祖朱元璋曾说："云南、四川边夷土官皆设儒学，选其子弟侄之俊秀者以教之，使之知君臣父子之义，而无悖礼争斗之事，亦安边之道也。[4]"此外，明初时期，云南也是朝廷安置谪迁官吏的主要地区，大量工诗善文、博学多才的文人学士谪迁至云南，或教书育人，或任官判事，成为传播汉文化的重要使者。[5]因

---

[1] 李皓然，张柽滢：《基于文化再生产理论的传统手工艺创新路径研究——以建水紫陶为例》，《山东陶瓷》2023年第46期，第6、7页。
[2] 建水县地方志编纂委员会：《建水县志》，第394页。
[3] 建水县地方志编纂委员会：《建水县志》，第393页。
[4] 聂磊明：《建水紫陶装饰艺术研究》，北京：中国商务出版社，2016年5月，第3页。
[5] 吴白雨：《建水陶的艺术特色与文化内涵》，《中国陶瓷》2012年第48期，第56页。

此，建水县长期在汉文化熏陶下，孕育了汉族文人的文化内涵。《道光云南通志稿·地理志·风俗》说，元人称临安为"诗书郡"。明代方志称其地"士秀而文，崇尚气节，民专稼穑，衣冠礼度与中州埒，号诗书郡"❶。建水县自元代兴建学府，培养人才以来，明清时期共出文武进士111名，文武举人1273名，因此素有"滇南邹鲁""临半邦""文献名邦""礼乐邦""诗书郡"等誉称。❷

创制于清代的建水紫陶，因其素雅古朴的质感，吸引了诸多文人雅士对其制作工艺、装饰手法的探索。历史上，许多文人不仅收藏建水紫陶产品，甚至直接参与到建水紫陶的设计制作中，他们主要集中于器形设计、装饰设计等工作，并创新性地提出了新的装饰手法，如著名书画家王定一所提出的"残贴"装饰工艺（在陶坯上用风格不同、字体各异、字号大小不等的字画进行交叉重叠装饰），成为建水紫陶的标志性装饰技法（图3-1-8-2①）。文人的参与为建水紫陶注入了文化内涵，也提升了文化品位。

由于建水紫陶器物的艺术风格深受文人雅士的喜爱，其产品类型也逐渐由生活用陶拓展至艺术陶，发展为集实用与艺术于一体陶瓷产品。其产品类型大致可以分为陈设器物类、文房器物类、茶具器物类和饮食器物类四类（图3-1-8-2）。陈设器物类包括瓶、挂盘、尊等；文房器物类包括笔筒、墨盒、镇纸、笔架等；茶具器物类包括茶壶、茶罐、茶杯等；饮食器物类包括汽锅、碗、盘等。时至今日，汽锅和茶具取代了烟斗，成为建水紫陶的主要生产器物，也是其代表性器物。

图3-1-8-2　建水陶器物种类
①陈设器物－博古瓶　②文房器物－墨盒　③茶具器物－茶罐　④饮食器物－汽锅
（资料来源：②翻拍于《云南民间陶艺》❸）

---

❶ [清]刘慰山撰：《滇南志略》，方国喻主编：《云南史料丛刊》第13卷，昆明：云南大学出版社，2001年9月，第107页
❷ 建水县地方志编纂委员会：《建水县志》，第3页。
❸ 戴江：《云南民间陶艺》，昆明：云南美术出版社，2014年5月，第98页。

2."汽锅鸡"与建水陶汽锅

汽锅鸡是借助汽锅利用水蒸气蒸煮鲜鸡，凝聚鸡汤的美食，其烹饪的鸡汤滋补养生，鸡肉鲜美可口，是滇南传统美食的代表，也是云南名菜之一。汽锅鸡最早始于明代。❶传说临安知府为了接待喜欢微服私访的乾隆皇帝，发出通告，赏银五十两征求美食。临安福德居的厨师杨林，因母亲病重，家境贫寒，急需筹集银两为母亲治病，于是他借鉴了火锅与馒头的烹饪手法，用紫陶汽锅创制出汽锅鸡前去应征，并获得了临安知府的认可。但在皇帝到达临安府的当晚，杨林的紫陶汽锅突然丢失，汽锅鸡自然也无法制作，杨林也因此被判欺君之罪。好在皇帝得知真相后，免去其罪责，并将临安福德居赐名为"杨林汽锅鸡"，建水县也因此开始大量生产"杨林锅"，即汽锅。❷而后，云南汽锅鸡名声大振，得到无数好评，因此成为滇中名菜。

始于民间的建水陶汽锅是烹饪汽锅鸡的专用器物。1914年起，制陶艺人向逢春在原有粗陶汽锅基础上作精心改进，制作出了造型新颖、装饰典雅、能烹调美食的紫陶汽锅。❸1933年的美国芝加哥百年进步博览会，建水紫陶汽锅就被选送去参加了展览。❹建水紫陶汽锅也因文化气息浓厚而逐渐发展成集实用价值与审美价值于一体的器物代表。继建水陶烟斗消失之后，汽锅成为建水紫陶产量最大、最具特色的器物，并远销至国内外的多个地区，曾一度作为礼品用于国际合作交流，如1963年周恩来总理在访问阿尔巴尼亚时，就曾将造型独特的汽锅作为礼品赠予国际友人。❺建水陶汽锅结构独特，造型考究，工艺精良，虽为厨房用具，但其古朴雅致的艺术风格不逊于其他紫陶艺术品，充分体现了民间器物独特的形式美、艺术美和功能美。

（二）案例简介

建水陶汽锅作为云南建水紫陶工艺的代表性器物，其器形扁圆、短直口、圈足、狮头耳。陶汽锅是在汤锅器形基础上，从底部由内向上制作出一根开口的喇叭状空管（也称汽柱）至锅膛，用于向锅内喷注水蒸

---

❶ 杨永善：《中国传统工艺全集·陶瓷（续）》，第470页。
❷ 马行云：《云南建水紫陶》，昆明：云南科技出版社，2011年5月，第39页。
❸ 中国彝族通史编纂委员会：《中国彝族通史》（第二卷），昆明：云南人民出版社，2012年5月，第327页。
❹ 建水县地方志编纂委员会：《建水县志》，第394页。
❺ 建水县地方志编纂委员会：《建水县志》，第395页。

气。[1]汽锅整体都是用当地陶泥为原料进行塑形，并用当地特有的五色土等通过雕刻填泥技艺作表面装饰，再用油石进行无釉磨光打磨后烧制而成的（图3-1-8-3①）。根据使用环境的不同，汽锅的尺寸略有差异，其最小直径大致在12~16厘米之间，最大直径在25~29厘米之间，高度在16~19厘米之间（图3-1-8-3②）。汽锅温润儒雅，虽为民间日用器物，但充满文化气息，具有较高的艺术价值。

图3-1-8-3　建水陶汽锅
①案例　②基本尺寸

（三）使用方式分析

建水陶汽锅主要用于烹煮云南美食汽锅鸡，汽锅鸡以气生汤，味美鲜浓，是云南传统美食的代表。汪曾祺曾对此菜评价道："汽锅鸡的好处在哪里？曰：最存鸡之本味。汽锅鸡须少放几片宣威火腿，一小块三七，则鸡味越'发'。走进'培养正气'，不似走进别家饭馆，五味混杂，只是清清纯纯，一片鸡香。"[2]汽锅鸡因以蒸汽烹制，"蒸汽"与"正气"同音，由此，烹食汽锅鸡又被称为"培养正气"，但此"正气"一方面指医学领域中的身体元气，另一方面指道德层面的浩然正气，是饮食文化与社会文化的结合。[3]因此，较多陶汽锅表面都装饰有"培养正气"的字样，意将日常饮食行为升华至道德教化。

建水当地百姓常在患病后或生小孩后，烹食汽锅鸡，用以补充营养，恢复身体元气。其具体的做法（图3-1-8-4）为：首先备好食材，将鲜鸡剁块清洗，根据喜好选择其他食材，一般选择火腿、香菇、笋等食材

---

[1] 杨永善：《中国传统工艺全集·陶瓷（续）》，第470页。
[2] 汪曾祺：《昆明的吃食》，《汪曾祺散文》，北京：当代中国出版社，2006年，第216页。
[3] 吴白雨：《美食美器：云南建水陶汽锅的设计研究》，《民艺》2020年第4期，第83页。

图3-1-8-4　建水陶汽锅使用方法

进行搭配,将其洗净切片。然后将鸡块放入汽锅锅底,在鸡块上面铺放其他食材,也可添加山药、茯苓、枸杞等食用药材,撒上盐、料酒、葱段、姜片等佐料后,盖紧汽锅盖子,汽锅内不加一滴水。最后在煮锅(一般为陶质锅,当代也有用铁质、铝质等锅)中加入清水,将汽锅放在煮锅上,并用棉布封住两锅接口处,避免蒸汽外溢。用温火加热煮锅,加热3~4个小时后,汽锅鸡便基本制作完成。加热过程中,如果发现煮锅中的水不足时,需要及时补充。鸡以当地放养的土鸡最为正宗,鸡肉、药材等食材在经过蒸汽蒸煮后,充分融合,散发香气,由蒸汽与食物的香味凝聚的浓汤,味美鲜香,营养价值极高。

（四）结构原理分析

建水陶汽锅主要由锅盖、汽柱和锅体三部分构成（图3-1-8-5①）。锅体腹大圆润,似球状,有利于存放食材,储存鸡汤。锅体两侧通常制作一对狮头耳,部分汽锅在锅耳处悬挂铜环,方便移动、倾斜锅体。汽柱是汽锅所独有的重要结构,是实现蒸汽烹饪的核心部分,其形似喇叭状,竖直中空,与锅体器壁相连,由锅体底部逐渐收拢贯穿至口部,与锅体口沿齐平。锅盖形似头盔,圆滑的弧形有利于锅体内部水蒸气的收集与汇聚,锅盖顶部设有圆形提钮,便于开合器盖（图3-1-8-5②）。

建水陶汽锅的工作原理主要是通过特殊的结构设计,使器体内部形成蒸汽流,利用水蒸气液化所释放的热量蒸熟食材,再利用其液化成的液体与食材融合凝聚为汤汁（图3-1-8-5③）。汽柱是陶汽锅实现蒸汽流的核心部件,汽柱底部的喇叭口能够汇聚汽锅下方的煮锅加热产生的水

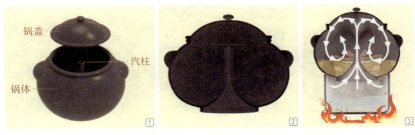

图3-1-8-5　建水陶汽锅结构及剖面
①结构　②剖面　③工作原理

蒸气，"八"字形的弧状为水蒸气的上升提供了力量，直而小的口部成为蒸汽喷出的发力点。水蒸气由汽柱进入锅体后，受弧形锅盖的引导，沿锅壁向下流动，一部分经过食材后，凝聚为汤汁，另一部分沿着汽柱外壁继续上升，在球状的锅体空间内循环流动，直至水蒸气全部液化为液体。与此同时，汽柱仍在不断输入水蒸气，因此在锅体内部形成了循环流动的蒸汽流。建水陶汽锅不仅结构设计巧妙，而且胎体厚实，具备良好的透气性，利于长时间保温，并且在加热过程中，可释放部分气体，防止因锅体内部压强过大而引起的炸裂。

（五）形态装饰分析

建水陶汽锅整体圆融稳重，光洁流畅，既具有民间造物的朴实感，又具有文人文化的书意气，是民间造物与传统文人精神的融合体。在形态方面，建水陶汽锅整体以椭圆形为主，锅体鼓腹敛口，锅盖形如头盔，锅体与锅盖紧密贴合，形成椭圆形态。矮短的器足，圆润的锅耳，更是增加了器物圆滑饱满之感。前文提到汽锅鸡具有"培养正气"之意，该寓意也体现于汽锅的形态装饰上。汽锅整体形态匀称、圆阔、厚重，与"正气"的豁达、浩然之意似有异曲同工之妙。此外，部分汽锅表面直接饰有"培养正气"的字样，这种通过视觉设计体现精神内涵的方式，再现了古人"道器合一"的造物思想。

在装饰方面，建水陶汽锅的独特之处在于采用雕刻填泥技艺，利用当地特有的"五色土"等陶泥，绘制、刻填器体表面以形成装饰内容。"五色土"是建水所独有的陶土，因富含多种矿物质，且有红、黄、紫等多种颜色，并在烧制打磨后，会呈现出赤红、青蓝、古铜等颜色。陶泥色彩的丰富性为建水陶汽锅的内容装饰提供了基础材料，其装饰表现内容主要有书法、中国画、残贴等中国传统的文化元素（图3-1-8-6）。书

图3-1-8-6　建水陶汽锅装饰内容
①书法装饰　②中国画装饰　③"残贴"装饰
（资料来源：③翻拍于《建水紫陶装饰艺术研究》）

法内容多为历史上著名的诗词歌赋，涉及草、行、楷、篆、隶等多种书体。中国画以人物、花鸟、山水等内容为主，部分器体表面饰有与饮食相关的主题画，如蔬果图、清供图等。很多陶汽锅表面的书法、绘画装饰内容是由文人直接参与绘制形成，既保留了文人的风韵潇洒，又赋予了器物文化气息。"残贴"的装饰内容是由建水人王定一于清末民初创制而成，具体表现为将不同颜色的字画、书体通过重新布局，相互覆盖，形成丰富和谐的视觉效果，传达出一种独特而又抽象的残缺美感。❶建水陶汽锅丰富的文化装饰内容，与其表面低调沉稳的亚光质感，赋予了器物文人艺术的审美意蕴，展现了民间器物多样的艺术品位。

（六）制作工艺分析

建水紫陶相较于其他陶瓷的独特之处，在于其所独有的雕刻填泥和无釉磨光制作工艺。作为代表性器物的建水陶汽锅，其制作主要分为制泥、拉坯、装饰、烧制、打磨等五个步骤（图3-1-8-7）。

第一步：制泥。建水紫陶汽锅的原料由当地的"五色土"（50%）、黄色土（10%）、白色土（15%）、灰色土（10%）、紫色土（15%）按比例配制而成，但以上这个比例仅是参考值。可以根据呈色需求不同而改变某一类土的比例，如需增强成品硬度，可增加硅、铝含量高的白土；需提高成品呈色色度时，可增加含铁高的紫土或黄土等。❷制泥的具体流程为：首先将黏土原料碾碎筛砂，然后倒入不同含量的陶土粉末进行配比，加水搅拌淘洗泥料；待砂浆泥沉至底部时，取上面浆泥进行再次淘洗，如此反复五六次后，让浆泥在密封状态下沉聚为膏状；再经过晾晒、脱水后，便可使用。❸由此制作的陶泥，细如膏脂。制好并放置后的陶泥，

---

❶ 聂磊明：《建水紫陶装饰艺术研究》，第23、24页。
❷ 杨永善：《中国传统工艺全集·陶瓷（续）》，第475页。
❸ 马行云：《云南建水紫陶》，第23页。

图3-1-8-7　建水陶汽锅制作步骤

使用前需要先揉泥，以排除陶泥中的空气。

第二步：拉坯。建水陶汽锅主要采用分层拉坯的方式，即用一块泥料，分两次拉制一个器体的两个结构，与四川泡菜坛的双唇结构拉制方式相似。首先将泥料分为内外两部分，将内层的泥料拉制成竖直的空心汽柱，根据汽柱的高度和大小，再将外层的泥料拉制成汽锅的锅体。该制作方法既省去了粘接步骤，又减少了因粘接不牢而出现裂缝的风险。

第三步：装饰。建水陶汽锅主要采用雕刻填泥的装饰工艺，为保证雕刻的准确性，填充泥料与坯体的融合性，该工艺需要在陶坯湿润的状态下完成。首先书画家需要以陶为纸，用笔墨在陶坯表面绘制装饰内容。然后工匠根据墨迹形态进行雕刻，用凹槽代替墨迹内容。再者将事先备好的不同颜色的泥浆填充至凹槽里。由于填充的色泥与坯体的湿度和收缩度不同，为保证色泥与坯体的充分融合，还需要对色泥进行两至三次的填压，经过修坯、风干后，填泥与坯体便可充分融合。

第四步：烧制。将阴干后的汽锅陶坯放入高温炉窑中烧制，窑内温度要求在1120～1200℃之间。陶坯中的铁元素在高温炉窑中会还原为紫黑色，不同含量的陶土会产生从红至黑的呈色反应，从而有着特别的颜色和花样。

第五步：打磨。建水陶汽锅主要采用无釉磨光打磨工艺，具体为：去火皮、擦丝、抛光等三道工序。[1]"火皮"是指陶器在经过高温烧制后，

---

[1] 杨永善：《中国传统工艺全集·陶瓷（续）》，第527页。

表面生成的粗糙厚皮，通常使用粗石除净火皮。去火皮会使陶坯表面留下划痕，因此需要借助细腻的油石蘸水来除去划痕，该过程被称为"擦丝"。为获得更为光亮的表面，需要用鹅卵石蘸水来反复、均匀地打磨器物表面，即"抛光"。打磨也是建水陶汽锅的最后一道工序，经过打磨后的陶器表面细腻光洁，温润如玉。

（七）设计比较分析

美食与美器是相互成就发展的，中国人自古以来就追求食物烹饪的鲜香美味，并因此创制了各种形态、材质、功能独特的烹饪器物。居住于南丝路沿线的人们，对美食的追求较为强烈，并设计了独特的炊煮类器具。例如，他们创制了集实用与美观于一体的建水陶汽锅，有趣而又养生的荥经砂器，简单但又充满热情的高县土火锅，并持续使用传统而又充满情怀的甑子。这不仅展现了南丝路沿线地区丰富多彩的饮食文化，更体现了"物以致用""器以载道"的造物智慧。

1. 荥经砂器

荥经砂器是介于陶和瓷之间的一种陶瓷器物，被列为国家地理标志保护产品，主要产于四川省雅安市荥经县六合乡古城村，该地区是南方丝绸之路上的重要驿站，曾作为古蜀国的主要商贸集散地之一。荥经砂器主要包括传统砂器和现代砂器两类，其中以传统砂器中的砂锅最为出名（图3-1-8-8①）。

砂锅体大壁厚，与汽锅相似，多为上下结构，上部为紧扣锅沿的锅盖，下部为饱满宽厚的锅体。锅盖顶部和锅体两侧多设有提钮，方便移动、开合。在装饰方面，荥经砂器与汽锅不同，多采用堆塑工艺进行装饰，装饰内容涉及动物、花草和祥纹，其中动物类装饰通常以仿生设计手法作为器物功能部件呈现。如将龙头作为锅体和锅盖的提钮，锅盖上的龙头鼻部暗留为砂锅气孔，使得在炊煮过程中产生的蒸汽由此散发，制造出腾云驾雾、似见云海的生动场景。荥经砂器从古代流传至今，仍被得到广泛使用，主要得益于其独特的原材料及制作工艺。

荥经砂器用当地所特有的白善泥掺入煤炭渣制作而成，白善泥土质细腻，黏性很强，含铁量丰富，掺入煤炭渣后，能够提高其耐热急变性能，使砂器在急速升温和降温的过程中不易开裂。在坯体烧制完成后，工匠们会采用"呛釉"方式还原原料中的铁元素，降低器物的吸水率，使器体表面呈现乌黑发亮的铁灰色，似施釉一般。"呛釉"工艺属于高温焖燃取釉工艺，是在封闭且高温的环境下将易燃的有机物，如木屑、木渣等，与高温坯体放置一起，使其燃烧，以还原出坯体中的铁元素，并析出胎质中的矿物质及金属，附着于器体表面。[1]由此制作的炊食器具，能够与食物直接接触，并释放人体所必需的微量元素，起到养生功效。

2.高县土火锅

高县，古称高州，是茶马古道与南方丝绸之路的重要节点。高县土火锅始于明末清初，其使用方式巧妙，制作工艺精良，被纳入宜宾非物质文化遗产保护名录。高县土火锅主要由炉膛、锅腔、锅盖和底座等四个部分构成（图3-1-8-8②），炉膛似烟囱状，一半埋于锅腔中，一半置于锅腔上方，内放煤炭，用于加热；锅腔围绕于炉膛外围，用于码放、烹煮食物；锅盖与锅腔形态相似，穿过炉膛放于锅腔上方；底座位于炉膛下端，呈中空状，用于收集炭火灰烬。高县土火锅是由当地符黑水畔所特有的砂锅泥土烧制而成。与其他陶器烧制方法不同，高县土火锅是单个烧制而成。在烧制完毕后，需将陶器放入盛满香樟叶的地窖中，盖紧焖釉，此做法与荥经砂器的"呛釉"工艺类似。使用时，土火锅的炉膛内放置炭火，食材层层叠放于锅腔内，一般以上荤下素为主，加上调料和清水，经炖煮后便可上桌食用。用高县土火锅烧制的食物，口感清脆，汤汁鲜浓，不仅满足了人们对于食材多样性的需求，其烹饪方式及温暖氛围，更促进了人与人之间的情感交流。

3.甑子

甑子，古称"甑"，是用于蒸煮食物的传统炊器，新石器时代就已存在，历史上曾出现过陶甑、铁甑、铜甑、木甑等不同材质的甑子，但发展至今，仅有木甑在部分地区仍在使用。甑子的使用原理与汽锅相似，利用蒸汽蒸煮食物，但因其材质不同，其蒸汽不易凝聚为汤汁。甑子主要分为饭甑和酒甑两种，酒甑逐渐与当代科技融合，发展为酿酒的专用器具，饭甑目前在我国西南地区还较为常见（图3-1-8-8③）。饭甑主要由竹木制作而成，其蒸煮的食物具有竹木的清香气息。饭甑整体主要由甑盖、甑体和甑底三部分构成，甑盖或由木板制成圆饼形，或由竹条编制为碗形，似一个草帽扣于甑体上；甑体，也称为甑身，形似上宽下窄的圆桶状，由多块木板拼接而成，并用竹条进行加固；甑底，也称为甑

---

[1] 徐平，支宇，章勇：《雅安荥经砂器之炊煮用具的工艺特征探析》，《装饰》2016年第5期，第115页。

图3-1-8-8　不同类型蒸煮器物

①荥经砂器　②高县土火锅　③甑子

（资料来源：①摄于曾庆红荥经砂器展示区；②公众号高县文旅；③翻拍于《西南地区传统蒸煮炊具的设计研究与创新应用》❶）

箅，与甑盖相似，分为木制和竹编制两种，底部设有若干孔眼，用于蒸汽的循环流动。甑子作为典型的中国传统炊具，虽然逐渐被更为低廉、便捷的家用电器所取代，但它本身所带有的传统情意，以及烹饪食物的独特气息，使其在部分地区仍然活跃，尤其在逢年过节时期，人们依然喜爱使用甑子制作米糕等食物，以供奉祖先。

综上，受自然条件、地域文化的影响，南丝路沿线地区的炊煮类器物具有明显的差异性，主要表现为材质、制作工艺及装饰内容方面，形制的不同主要受使用方式的影响（表3-1-8-1）。在材质方面，建水陶汽锅以"五色土"陶泥作为主要材质，荥经砂器与高县土火锅分别以白善泥和煤炭渣、砂锅泥土为主要材质，甑子以竹木为主要材质，不同材质决定了器物的炊煮功能及制作工艺与装饰内容。建水陶汽锅材质细腻、色彩丰富，因此多借助其陶泥通过雕刻填土工艺绘制丰富的平面纹样，并通过无釉磨光工艺展示材质本身肌理。荥经砂器将陶泥与煤炭相结合，赋予了器物"养身"的功效，并通过堆塑进行立体装饰。高县土火锅借助其独特的焖釉工艺，优化材质的肌理感，并使器物更适于炖煮。甑子通过简单的竹编工艺与木制工艺制作器物，保留了材质本身的清香气息与传统意味，使蒸煮的食物具有独特的意味。

表3-1-8-1　不同类型蒸煮器物的比较分析

器物	材质	形制	色彩	装饰	制作工艺
建水陶汽锅	"五色土"陶泥	鼓腹敛口椭圆形	材质色	书法、中国画、残贴	雕刻填土 无釉磨光
荥经砂器	白善泥和煤炭渣	鼓腹直口缸形	材质色	动物、花草、祥纹	堆塑工艺 呛釉工艺

❶ 苏晓慧：《西南地区传统蒸煮炊具的设计研究与创新应用》，西华大学硕士学位论文，2022年，第25页。

续表

器物	材质	形制	色彩	装饰	制作工艺
高县土火锅	砂锅泥土	外鼓内直双唇形	材质色	材质肌理	焖釉工艺
甑子	竹木	上宽下窄圆桶状	材质色	材质肌理	木制工艺 编制工艺

（八）设计评价与研究

建水陶汽锅是云南陶器的代表，它不仅展现了高超的制作工艺，更体现了云南民间器物的审美情趣，是集实用性与审美性于一体的日用品、艺术品。深入挖掘建水紫陶的文化内涵、价值特征等内容，探寻其传承创新发展之路，对于传播云南民间文化，保护传统手工艺具有十分重要的意义。

1.设计评价

建水陶汽锅是美食与美器相结合的典范，汽锅特殊的结构设计，成就了汽锅鸡鲜、香、美的味觉体验，使其成为云南名菜，享誉全国。汽锅鸡的发扬与传播，又带动建水陶汽锅走向大众视野。作为烹饪汽锅鸡的专用器物，建水陶汽锅也是我国民间造物在饮食文化领域中集实用与审美于一体的器物代表。在功能形态上，建水陶汽锅用巧妙的汽柱结构，与圆润饱满的形态设计，实现蒸汽的循环流动，构建汽锅鸡的烹饪原理；在装饰工艺上，建水陶汽锅因地制宜，利用当地所特有的五色土，创制雕刻填土与无釉磨光工艺，结合建水县的地域文化和文人情怀，赋予了民间器物——汽锅高雅的艺术品位与文化寓意，使其由实用品转化为艺术品。建水陶汽锅所展现的设计文化，从另一层面体现了民间造物的艺术性，是一种基于地域环境与文化基础，融合功能、审美、精神的艺术思想。

2.学术研究

建水陶汽锅作为建水紫陶的代表性作品，关于其专门的研究较少，多是将其置于建水紫陶的背景下进行研究。建水紫陶自2008年被纳入国家非物质文化遗产名录后，在学术界引起了广泛的研究，目前研究内容主要包括设计文化的研究、传承创新的研究和材料属性的研究。设计文化的研究主要是指对建水紫陶装饰工艺、艺术特征、文化内涵等方面的研究，如吴白雨通过对文化背景、器物设计等内容的系统分析，总结出建水紫陶"中和圆融的器形美、朴素雅致的色彩美、形式多样的装饰美、精致独特的工艺美、细腻古雅的质感美、和谐含蓄的意蕴美等六个方面的艺术特征"。❶ 传承创新研究主要是指对建水紫陶的工艺传承、历史保护和发展应用等研究，如李皓然等人试图借助文化再生产理论，从文化、国家、社会等不同角度来探析建水紫陶工艺的保护发展路径；❷ 聂磊明等人基于建水紫陶的工艺特征和发展现状，提出其传承路径。❸ 材料属性研究主要是从科学的角度，对建水紫陶的制作工艺、泥料元素等内容的研究，如王坤等人通过实验设备对建水紫陶泥料的粒度、物相、烧成结构进行分析，探索其保湿性能；❹ 吴俊等人采用现代矿物岩石检测分析方法来探析建水紫陶矿物原料的组成和特征，为未来陶土矿物资源的开发利用提供科学依据。❺

3.当代转换

建水陶汽锅因其巧妙的功能结构设计以及高雅的艺术风格，使其在当代仍然保留了传统身影，并无明显的变化，仅是在装饰内容上顺应了当代需求，如将当代吉祥话语复刻于锅体表面（图3-1-8-9①）；或是放大其艺术价值，使其转化为陈设艺术品。云南民族博物馆收藏的"九五至尊汽锅"（图3-1-8-9②）。为传承和弘扬建水紫陶文化，当地政府和人民做出了多方努力，具体表现为扩展宣传渠道和创新器物设计两个方面，如建立建水陶韵博物馆让人们在体验中了解其文化内涵（图3-1-8-9④）；发行期刊书籍以普及建水陶艺知识等。陶器的创新设计是建水紫陶当代转换的重要路径之一，诸多当地陶艺企业与高校、艺术家、设计师合作，试图在装饰、形式、功能等方面创新，如结合当代年轻人的养生需求推出建水紫陶保温杯（图3-1-8-9⑥），按照当代审美趣味将泡菜坛微型化设计为牙签罐（图3-1-8-9⑤），对传统元素进行再设计装饰于器物表面（图3-1-8-9③）。总之，建水紫陶及陶汽锅的文化价值、工艺价值、审美价值和艺术价值都是极其丰富的，探寻其适宜的当代转换路径十分必要，不应使其囿于传统，而应在其现有价值基础上进一步开发创造。

---

❶ 吴白雨：《建水紫陶制作技艺》，昆明：云南大学出版社，2019年5月，第98–100页。
❷ 李皓然，张柽滢：《基于文化再生产理论的传统手工艺创新路径研究——以建水紫陶为例》，《山东陶瓷》2023年第46期，第5–13页。
❸ 聂磊明，吴雨亭，缪妙：《建水紫陶工艺的传承与发展》，《文化学刊》2019年第6期，第116–118页。
❹ 王坤，何金林，刘静等：《云南建水紫陶的泥料与保湿性能分析》，《陶瓷学报》2023年第44期，第95–103页。
❺ 吴俊，管志荣，汪灵等：《云南建水紫陶矿物原料的组成与结构特征》，《矿物岩石》2018年第38期，第12–18页。

图3-1-8-9 建水陶汽锅的当代转换
①当代陶汽锅 ②九五至尊汽锅 ③陶罐 ④云南建水陶韵博物馆 ⑤"泡菜坛"牙签罐 ⑥保温杯
（资料来源：①公众号"滇西小哥"，④公众号"滇南陶韵"）

九、漆奁

（一）文化背景

"奁"是古代的一种匣子，专门用来存放梳妆用品或食物（图3-1-9-1）。由于古代的奁表面大多髹漆装饰得很精美，内部还存放着金玉等贵重饰品，因此被誉为"宝奁"。漆奁因其质地坚韧、轻巧，经常被古代女性用作专门存放梳妆用品的器物，因而也被称为"镜奁"或"香奁"。成都是中国历史上重要的漆器产地，有3000多年的漆器制作历史，以漆奁为代表的成都漆器以工艺漆器为主，集艺术性与实用性于一体。作为古代设计艺术的典型代表，南方丝绸之路上的漆奁在发展和演变过程中明显受到特定时代文化、审美以及地域文化等因素的影响，其设计也充分体现出"备物致用""象以载道"以及艺术化呈现的发展理念。经过逾千年的发展，古代漆奁不仅反映了手工艺时代一般器物发展的演进机制，展现了从实用性到观念性、艺术性的发展轨迹，而且其在胎骨技术、功能结构、装饰手法等方面的成就，也突显了我国髹漆类器物的辉煌。❶

---

❶ 高志强：《论古代漆奁设计的历史演进》，《南京艺术学院学报（美术与设计版）》，2007年第4期，第53、55页。

图3-1-9-1 南丝路代表性漆奁
（资料来源：①④⑤翻拍自《四川漆器》，②翻拍自《中国彝族文物集萃》）

1.成都漆器简介

成都漆器源于中国历史悠久的漆器制作传统。在战国至秦汉时期，成都漆器经历了从成熟到繁荣的发展阶段，西汉初期成为中国漆器的生产中心之一。成都漆器的底胎有木胎、麻布脱胎、竹篾编织胎等多种材质的。古代成都漆器涵盖了盒、盘、盂、耳杯、具杯盒、壶、卮、奁等多种品类，现代成都漆器则包括花瓶、捧盒、盘、酒具等（图3-1-9-2）。成都漆器的装饰技法以雕填见长，刀法流畅，刚柔兼备，涵盖彩绘、锥画（当代称为针刻）、镶嵌、金银铜扣、金银彩绘等多种技法。装饰纹样丰富多样，包括几何纹、动物纹、植物纹、自然景象纹、人物故事纹等。

成都漆器不仅具有千年历史，蕴含了蜀文化的独特气息，而且在形式美和多样艺术语言的交织中，成为四川漆艺的杰出代表。当代成都漆器在传承传统艺术风格和技法的同时，不断创新发展。从单一的描绘、雕刻、嵌入等技法逐渐转向综合运用描绘、绘画、涂饰、贴饰、扫绘、晕染、撒绘、嵌饰、堆嵌、刻画等多种技法。其中，雕银（锡）丝光（平脱工艺）、雕花填彩、雕漆隐花、拉刀针刻等"三雕一刻"技艺最具代表性。❶成都漆器的产生、发展受益于成都得天独厚的地理位置、人文环境。此外，成都在历史中逐步发展的经济同样为成都漆器提供了良好的物质条件，也是其繁荣发展的关键基础。

---

❶ 张玉萍、刘潇微：《体验设计：成都漆器的传承与嬗变》，第2页。

图3-1-9-2　成都漆器
① 仿古代三脚鼎（彭自人、杨莉、王红）直径18厘米　② 鸟云纹漆双耳卮（西汉早中期）（湖北江陵凤凰山墓）　③ 鸱鸮壶（青川郝家坪战国墓葬群）　④ 梅花撞盒（尹利萍）　⑤ 嵌银彩绘缠枝莲纹梅瓶（宋西平）
（资料来源：①③ 翻拍自《四川漆器》，② 翻拍自《战国秦汉漆器群研究》（彩图版），⑤ 四川省工艺美术协会提供）

2. 漆奁简介

最早记载奁的文献为东汉许慎的《说文》："镜敛。《离监》切音廉，本作奁。"[1] 妆奁最早是古代女性盛放日常梳妆用品的器物，类似今天的梳妆盒，也是陪嫁用品之一。仅就古时女子所使用妆奁而言，按其材质可分为木竹藤、陶瓷、金属等三大类。木竹藤妆奁包括髹漆或不髹漆的木胎奁、竹胎奁、藤胎奁；陶瓷妆奁则包括陶胎奁和瓷胎奁；金属妆奁涵盖铜胎奁、银胎奁等。

中国漆器艺术历史久远，早在新石器时代就有漆器的出现。春秋战国时期，随着漆工艺的不断发展，漆器制品以其质量轻巧、物美价廉、制作方便等特点逐渐替代了沉重、成本高昂的青铜器。在这个漆器蓬勃发展的时期，漆奁也开始逐渐风靡起来。[2] 春秋战国、秦汉三国时期的成都漆奁，在全国多处墓葬中均有出土，其器底分别烙印有"成市""成市草（造）""成市饱（麹）""蜀郡造作牢""蜀郡作牢"等文字，经过专家考证其为成都市府制造的。[3][4] 其中，最具代表性的如四川荥经曾家沟战

---

[1] [汉]许慎：《说文解字》，北京：中华书局，1963年12月，第97页。
[2] 邹文烨：《战国至秦汉漆奁的历史演进》，《美术教育研究》2020年第4期，第33页。
[3] 俞伟超、李家浩：《马王堆一号汉墓出土漆器制地诸问题——从成都市府作坊到蜀郡工官作坊的历史变化》，《考古》1975年第6期，第346页。
[4] 安徽省文物考古研究所，马鞍山市文化局：《安徽马鞍山东吴朱然墓发掘简报》，《文物》1986年第3期，第14页。

国墓群[1]、四川青川郝家坪战国墓葬群、湖南长沙马王堆西汉墓、湖北江陵凤凰山一六八号墓、安徽马鞍山东吴朱然墓等墓穴，都出土有较多髹漆装饰的妆奁、食奁。

得益于南北方文化的交融，西汉时期的漆器制作迎来了显著发展。因长期战乱以及人口减少，那时的人们将对生命的渴望寄托于造物理念中，通过在一个大的奁器内制作许多小子奁，以寓意人丁兴旺、子嗣昌盛。[2]漆奁由此呈现出成套性、系列化设计趋势，双层多子奁的制作形式也由此开始流行。后世的妆奁也多基于汉代漆奁的造型而发展。

在宋代，漆奁逐渐演变出多层套奁和镜箱。到了明清时期，这种演变进一步发展，分化成了两类不同形式的梳妆用具：便携式的梳妆匣和大型的梳妆台。随着时代变迁，奁不再仅具有盛放梳妆用品的功能，其用途扩展到与匣合并的程度。除成都以外，南丝路云南段也有古代漆奁，体现出云南漆艺的成就。

（二）案例简介

湖南长沙马王堆一号汉墓出土的西汉初期彩绘双层九子漆奁（图3-1-9-3）高20.8厘米，直径35.2厘米。出土时用"信期绣"绢夹袱包裹，器内或器外烙印有"成市""成市饱"等文字，[3]说明是成都市府制造的。漆奁分为上下两层，连同器盖共三部分，盖和器身为夹纻胎，而双层底为斫木胎。漆奁表面髹涂黑褐色漆，并在漆上贴金箔，金箔上施以油彩进行绘画。漆奁的盖顶、周边、上下层的外壁、口沿内以及盖内和上层中间隔板的两面都采用金、白、红三色油彩绘制云气纹，其余部分则髹涂红漆。上层内放有三双手套、丝绵絮巾、组带和绢地"长寿绣"镜衣各一件；下层的槽内有9个小奁，包括椭圆形2件、圆形4件、马蹄形1件、长方形2件，这些小奁内装有化妆品、假发、胭脂、丝绵粉扑、梳、篦、针衣等物品。[4]考古学家认为，这件漆奁可能是丞相夫人辛追生前用来存放梳妆用具和其他物品的。漆奁在空间布局上巧妙排列，既节

---

[1] 四川省文管会，雅安地区文化馆，荥经县文化馆：《四川荥经曾家沟战国墓群第一、二次发掘》，《考古》1984年第12期，第1077页。

[2] 叶杰：《古代漆奁的美学特征》，《艺术探索》2013年第27卷第4期，第124页。

[3] 俞伟超、李家浩：《马王堆一号汉墓出土漆器制地诸问题——从成都市府作坊到蜀郡工官作坊的历史变化》，《考古》1975年第6期，第344页。

[4] 湖南省博物馆：《长沙马王堆汉墓陈列》，北京：中华书局，2017年9月（2019年3月重印），第186、187页。

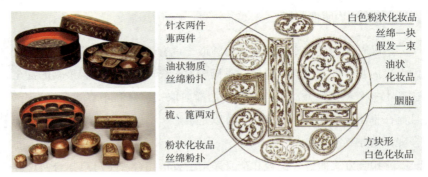

图3-1-9-3　西汉彩绘双层九子漆奁
（资料来源：翻拍自《长沙马王堆汉墓陈列》）

省了空间，又使整个器身美观实用，是漆器中的精品。❶

（三）使用方式分析

古代中国的妇女和男子在梳妆时都使用各种妆具。男子通常使用的主要妆具是梳篦，而妇女除了梳篦之外，还使用各种面部化妆用品。漆奁的出现，便于集中存放、取用这些梳妆用器（图3-1-9-4）。在古代妇女日常生活中，奁是一种与梳妆紧密相连的用器，最初用于盛放脂粉，后来逐渐演变为容纳各种化妆用品和工具的器物。

在古代，女性社会地位相对较低，经济上存在对男性的强烈依赖，女性更多地被视为性对象，因此容貌的美丽显得尤为重要。随着经济的高度发展和审美意趣的提高，战国秦汉时期的贵族和平民阶层的妇女都更加注重美容。汉代的化妆品和梳妆用具逐渐增多，这也推动了多子奁的流行。子奁的设计因存放物品的不同而多种多样，圆形和椭圆形的多用于盛放脂粉，长方形的用于盛放簪钗，马蹄形的则用于盛放梳篦，上面还放置着铜镜。这种设计不仅有利于存放各种形状的物品，而且有助于节省空间。❷

打开漆奁

取出子奁

取出化妆品

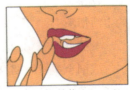
施妆

图3-1-9-4　漆奁使用方式

---

❶ 陈春生：《西汉漆奁概述》，《南方文物》2001年第1期，第95页。
❷ 刘芳芳：《战国秦汉漆奁内盛物品探析》，《文物世界》2013年第2期，第28、29页。

（四）结构原理分析

秦汉时期的奁主要为圆形或椭圆形，也有长方形的。其中，子母奁即大奁内装有各式小奁，包括五子奁、七子奁、九子奁等，最多的甚至达到十一个子奁。此时期，奁多采用横向取式，有利于容纳众多小奁，且奁在平面上的布局灵活多样，可以是圆形、马蹄形或方形，设计极为合理，充分节省空间。❶

就扣合方式而言，奁盖和奁身采用了直口扣合和子母口扣合两种方式，汉代九子漆奁采用直口扣合的方式（图3-1-9-5）。在战国漆奁的形制中，长沙地区出土的漆奁逐渐由圆筒、直口、直腹、平底向直腹靠底部内收的方向发展演变。汉代漆奁在战国漆奁的基础上进行了进一步的改进，实现了传承与创新并存。汉代妆奁的形制、胎体和髹饰都经历了巨大的发展，呈现出多功能、组合化以及系列化的造型设计。其实用性特征更加显著，并向更加精致灵巧的方向迈进。❷

随着奁内物品的增多，妇女梳妆盒中的化妆品被统称为奁资，并衍生为嫁妆的器具和财物。这一概念的演进主要以实用功能的拓展为主线。

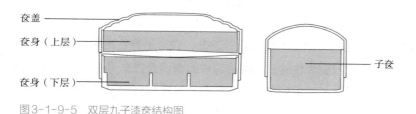

图3-1-9-5　双层九子漆奁结构图

（五）形态装饰分析

虽然漆奁最初的目的是实用，但随着社会的进步和文化水平的提高，人们逐渐意识到其在形态、装饰等方面所蕴含的美学价值。漆奁的发展不仅仅丰富了人们的日常生活，其形式美、工艺美也为人们带来了更多的生活情趣。

1.漆奁形态

战国至秦汉时期，漆奁的器形主要以圆形为主，其造型采用柔和的曲线线条，呈现出单纯、朴素、醇厚和丰满等特点。对称的圆形设计使

---

❶ 董天坛：《中国古代奁妆演变初探》，《西北第二民族学院学报（哲学社会科学版）》2005年第1期，第78页。
❷ 刘芳芳：《古代妆奁探微》，《文物春秋》2011年第5期，第5页。

奁呈现出饱满的视觉美。这种器形的造型特征从侧面反映了当时的哲学思想。此外，还有椭圆形、长方形以及正方形的器形。漆奁的盖顶和奁身的连接方式主要有直口扣合和子母口扣合两种。典型的战国漆奁常为矮扁的圆筒形，直口、直腹、平底，直腹在底部微微内收，奁的盖顶通常略微隆起，近平。到了两汉时期，奁的盖顶隆起的高度更为显著，甚至近乎半球状，盖顶上有数道凸棱，呈多级阶梯状逐层高起，这一设计极大地增强了奁盖的耐压强度。

随着时间推移，从三国、两晋到隋唐时期，相当一部分漆器逐渐被新兴的瓷器所替代，墓葬形制的变化也对漆器的保存产生了不利影响。考察墓葬资料显示，出土的漆妆奁数量相对较少。❶

2.漆奁装饰

漆奁可分为髹漆装饰和纹样装饰。

通过在胎骨上进行髹漆，使器物表面形成一层漆膜，方可成为漆器。战国至秦汉时期，漆器通常采用内髹红漆、外髹黑漆的传统配色。漆奁上常见的纹饰主要包括几何纹、山水云气纹、神瑞纹、动植物纹等（表3-1-9-1）。这些纹样多呈二方连续且带状分布在漆奁盖面和侧壁上，通常存在多条带状纹饰。

漆奁的装饰手法主要包括漆绘、油彩、锥画（针刻）、堆漆、戗金、金银贴饰、金属扣和镶嵌等多种技法。漆绘是最常采用的方法，即在漆液中添加颜料，绘制在已经髹漆的器物上。一般而言，在黑漆地上绘红、赭、灰绿色漆，也有少量在红漆地上绘黑色漆。这种手法色泽光亮，且不易脱落。而油彩则是利用朱砂或石绿等颜料调制油彩，绘画于已经髹漆的器物上。❷

表3-1-9-1 成都漆奁盖面或内底纹样提取

图例	纹样名称	采集图像	纹样提取
	龙纹（四川青川郝家坪41号墓）		
	凤纹（四川青川郝家坪41号墓）		

---

❶ 刘芳芳：《古代妆奁研究》，《中原文物》2014年第6期，第65、67页。
❷ 刘芳芳：《古代妆奁探微》，第5页。

续表

图例	纹样名称	采集图像	纹样提取
	鼠纹（四川青川战国墓23号墓）		
	云纹（四川青川郝家坪50号墓）		
	鸟云纹（湖南长沙马王堆3号汉墓）		
	卷云纹（湖南长沙马王堆1号汉墓）		

（资料来源：结合《中国古代漆器造型纹饰》[1]整理）

双层九子漆奁的装饰工艺集漆绘、油彩绘、贴金箔、锥画（针刻）花纹及动物纹等多种技艺于一身，特别是锥画（针刻）的纹样线条，细如游丝，流畅细腻，动感十足，具有极高的艺术审美价值。

（1）颜色

双层九子奁以红、黑为主要色调。红、黑两色通过错综搭配和形式的变化，呈现出色彩的层次和视觉效果，充分利用了红色鲜亮饱和、色彩强烈，和黑色博大宽厚而稳健的特点，增强了红、黑两色的艺术表现力。秦汉时期漆奁等器物的红、黑主色调成为后来漆器色彩的审美传统。

（2）纹饰

漆奁装饰的纹样主要有云气纹、云龙纹、几何纹等三种（图3-1-9-6）。

云气纹：双层九子漆奁的主要纹饰为云气纹。奁盖上的云气纹相互协调、牵制，时而紧张、时而舒缓。云纹九子漆奁的内底纹饰追求画面活跃的动感，使用大面积的亮黄色描绘，用红色点缀，黑色作底，形成跳跃而抢眼的效果。

云龙纹：小奁上以金、白、红三色油彩绘云龙纹。这一时期的动物纹样多与云气纹相辅相成，在回旋往复的云气纹衬托下，尽管云龙纹非

---

[1] 陈振裕：《中国古代漆器造型纹饰》，武汉：湖北美术出版社，1999年7月，第16、50、61、75、263、290页

图3-1-9-6 双层九子漆奁纹样分析
（资料来源：根据《中国古代漆器造型纹饰》整理）

常抽象，但云龙潜在的力量和速度仍可被感知。

几何纹：点、线等多种几何纹同各类云纹一样，或作为主体装饰，或作为陪衬装饰，或与其他纹样组合而成，使漆器装饰呈现出千变万化的特点。在装饰技法上，各种纹样相互渗透，点、线、面组合，变形和抽象，幻象与真象交织，抽象与具象并用，呈现出繁复多变、运用自如的特点。❶

（六）制作工艺分析

漆奁的制作也反映出成都漆器的8个主要制作工序，从制胎到成品包括设计、制胎、制漆、上底灰、髹漆、打磨、装饰以及清光（抛光，需进行多次反复）。整个制作过程共涉及近100个操作环节，形成了繁复耗时的整体流程。具体工艺步骤（图3-1-9-7）如下。

第一步：设计。漆奁等漆器的制作中设计这一环节至关重要。在具体制作前，工艺传承者会进行漆器形状、色彩和质地的设计思考，同时草绘一些形态、纹样装饰等方面的思路图。

第二步：制胎。①木胎制作，在进行木胎制作之前，通常会对木材进行脱水和脱脂处理，以确保成形后木料不会发生变形或减少变形的可能。春秋战国时期，工匠们已经积累了丰富的木胎制作经验。他们掌握了斫制、镟制、卷制、拼合以及雕刻等多种制胎工艺。而在当代，木胎制作大多数已经实现了机械化生产。②脱胎制作，脱胎是实现漆器胎骨质的重要工序。脱胎过程使用麻、布帛等材料与漆灰共同构建胎体。通常，制作者会首先利用泥、木、石膏等材料制作成模具，即"胎模"。接

---

❶ 陈春生：《西汉漆奁概述》，《南方文物》2001年第1期，第95、96页。

着，在"胎模"表面涂抹脱模剂，然后逐层裱糊上麻、棉或帛。经过层层的刮灰和打磨，待干固后，即可脱去模具，最终形成漆器的胎型。

第三步：制漆。漆奁等成都漆器制作使用的生漆，需经曝晒或煎熬，使水分适度蒸发。在使用之前，生漆必须通过多次过滤，通常使用纱布或夏布（不同细度的布会影响漆的质量）。制作漆奁等成都漆器所需的漆会因器物质量和装饰的不同而有所差异，因此，制漆的过程也需要采取不同的加工方式，以制成半透明漆、各式彩漆等。

第四步：上底灰。胎体成形后，通常首先在其表面绷薄而细的纱布、绸布或棉布（也可选用皮纸、高丽纸等材料）。漆料应与瓦灰、膏灰、泥土混合成漆灰，之后需反复在胎体上涂刷漆灰，并利用砂纸进行多次精细打磨。漆灰的厚度会因装饰技法的差异而有所变化。为确保达到理想效果，需要反复进行涂刷和打磨的工序。

第五步：髹漆。对不同材质的漆器胎骨进行修饰的过程称为髹漆。髹漆可分为两类：髹底漆（不加彩绘）和髹面漆（加彩绘要做此工序）。在完成底灰打磨的器物胎体上，使用毛刷涂抹大漆，通常按照工艺规定进行2~3次的连续涂覆，随后将其置于窨房中自然晾干。这一过程不仅使器物外表更加光滑，同时赋予其耐酸、防潮和防腐的特性。

第六步：打磨。漆器制作中，打磨工序贯穿整个制作过程，涵盖底胎制作、底灰涂覆、漆的施加、装饰阶段，直至最终清理。在这些阶段，打磨的程度和要求各异。对于打磨，使用的材料和工具也存在差异，但通常以砂纸为主要选择。

第七步：装饰。自古以来，漆奁等成都漆器的装饰制作一直以其细腻的工艺和繁多的工艺细节而著称，因此，每种装饰技法所需的制作时间存在一定的差异，但总体而言都较为耗时。从不同墓葬出土的战国秦汉时期的漆奁器物来看，其装饰技法涵盖了漆绘、油彩、锥画（针刻）、填漆、堆漆、戗金、描金等多种工艺形式。

第八步：清光。在漆器髹漆装饰的最后阶段，必须经历一系列工序，包括打磨、揩漆、推光和清光。这些工序中，打磨环节尤为重要。漆器干燥后，需要使用水砂纸等材料进行反复打磨，然后再用人头发与瓦灰进行擦推，确保漆面不留下任何微小的针痕。揩漆阶段则需将棉花蘸取生漆后均匀薄涂在漆面上，随后将其置于室内干燥。之后，可使用菜油、细瓦灰等轻推漆面，也可以手沾瓦灰进行推光。通过多次反复的推光与清光，使漆器表面平整如镜。

图3-1-9-7 漆奁制作工序

双层九子漆奁的制作工艺极为精致，巧妙地结合了夹纻胎和斫木胎的技法。

夹纻胎：后世又称"脱胎"。这种制作方法首先以木或泥塑造内胎，随后在其表面裱糊数层涂有漆灰的麻布，待其完全干燥后，将内胎去除，最终在麻布壳上进行漆的涂覆。这种轻盈而坚固的胎体最初出现于战国时期，虽然在秦代并不常见，但在两汉中期后逐渐流行，成为最为普及的制胎方法。夹纻胎漆器具有轻盈结实的特点，成功地避免了木胎在制作过程中出现的收缩、开裂和变形等缺陷，因此被认为是漆器胎体制作工艺的一项重大进步。❶双层九子妆奁的盖和器壁均采用夹纻胎制成，而在器壁的裂缝处清晰可见麻布纹路和细致的丝帛纹路，推测是在麻布胎的基础上再裱上一层丝帛。

斫木胎：双层九子奁的双层底为斫木胎。木竹胎有三种制作方式：旋木胎，通常用于厚重的器物，如鼎、盒、钟、盂、盘等；卷木胎，主要适用于直壁器形，常见于卮、奁等器皿；斫木胎，则是通过利用木块或木板进行斫削，包括刨、削、剜、凿等工艺，制作出椭圆形、杯盒、耳环、钫几匕、案等器形，器身通常较为厚重。

（七）设计比较分析

除了成都制作有漆奁器物外，南丝路上的其他地区也有类似漆奁的器物，如云南、四川等地的彝族漆盒，也是用于存放化妆品或其他日常用品的器具。几种漆器在制作工艺、色彩纹样、使用方式等方面具有类似性，体现出南丝路漆器文化的互相影响和我国传统文化的内在一致性。

---

❶ 陈春生：《西汉漆奁概述》，第94页。

1.楚雄彝族漆盒

作为南方丝绸之路的另一文化聚集区域，云南拥有悠久的漆器文化历史。从战国到清代，经历了两千多年的演变，云南古代漆艺逐渐形成了"云南特色"。南诏时期，闻名的髹漆甲胄已是当时的朝廷贡品，同时期还出现了贝壳镶嵌工艺，这为云南唐宋时期的漆艺注入了更为丰富的内涵。在制作工艺、器物造型、髹饰技法和纹样装饰等方面，云南古代漆艺与古蜀漆艺互相交融影响，云南地区也留存有类似成都漆盒的漆盒等器物（图3-1-9-8①）。

云南彝族漆器的胎骨种类包括木胎、皮胎、角胎、竹胎、竹木、皮木混合胎，其中以木胎和皮胎为主要类型。木胎常用于制作生活器具，如碗、壶、杯、盒、盘等，通常选用取材于杜鹃树、白杨树、黄树、核桃树等树种的木材。这些木材质地细腻，木纹清晰流畅，涂上生漆后更显光滑细腻，因此被视为名贵的漆器胎骨材质。相反，取材于松树、桉树等树种制作的胎骨质地较松脆，容易发生开裂，涂上漆料后的疤痕也更为明显，因此主要用于制作百姓日用漆器和廉价工艺品。此外，在云南漆器中，竹胎也是一种较常见的胎骨。竹胎漆器最早出现于西汉时期。到了明代，竹胎漆器成为云南地区百姓日常生活中不可或缺的物品，同时也是宗教活动中重要的工具。竹胎漆器的制作强调对材料的选择，通常选用嫩而坚韧的竹子，经过破竹、削篾、拉丝等工序，使竹条在浸泡、蒸煮、火烤和烟熏的过程中变得柔软而坚韧。随后，根据需要将竹条编织成漆盒等器物，之后再进行髹红、黑或金漆等处理。云南地区特别是西双版纳、思茅、德宏州、临沧以及红河州等地，拥有丰富的竹资源，这样的条件孕育出了傣族、傈僳族、哈尼族、布朗族、佤族等多个世居民族的竹文化。傣族竹胎漆器即是竹文化中的特色代表。❶

相较于成都漆盒，云南地区的漆盒等器物，其底胎材质更多选用竹质材料；形制装饰方面，主要依据老百姓生活所需，因而主要为圆（柱）形，不见有系列化、成组性特征，色彩更倾向红、黑等，纹样装

图3-1-9-8　漆盒
①雕花漆木盒（清代）直径18cm　②彝族带盖圆漆盒
（资料来源：①翻拍自《中国彝族文物集萃》）

❶ 何颖：《云南漆艺史研究》，第124、125、57、40、61页。

饰相对不够丰富。

2.凉山彝族漆盒

中国的少数民族漆器中，彝族的漆器最为普及且独具特色。彝族主要分布在四川和云南地区，而漆器的主要产地则位于四川省凉山彝族自治州。凉山地处四川省西南部，那里几乎家家户户都拥有漆器。彝族漆器包含的种类繁多。在漫长的历史发展中，彝族人通过对自然形态和纹样进行模仿，创造出一系列生活用漆器，包括酒具、餐具、茶具、马具、刀具、号具以及毕摩（法具）等。这些器具以黑、红、黄三色为特征，用料天然、工艺精湛、造型古朴且简单实用。在彝族漆器中也有与漆奁类似的储物盒存在，称为"漆盒"（图3-1-9-8②）。这类漆盒有多种尺寸，通高10（15.5）厘米、口径7.8（11.5）厘米、底径6.8（10.8）厘米。漆盒的用途不局限于盛装化妆用品，作为一种传统的生活用具，漆盒主要用于储存和盛放各种物品，如食物、药品、珠宝等。漆盒通常具有密封性和防潮性，可以保护内部物品不受湿气、虫害等影响。此外，漆盒还常被用作装饰摆件，具有一定的艺术价值。

相较于成都漆奁，彝族漆盒底胎的材质主要选用木质材料；形制方面，有圆（柱）形、木桶形，主要为单体，系列化、成组性特征不明显；装饰方面，彝族漆盒盒身较多彩绘太阳光束纹、织布经纬纹、蒜瓣纹、窗格纹等。彝族漆盒一般放在卧室里，是彝族妇女用来盛放针线和珠宝配饰的器物。除此，漆盒还会用于宗教仪式，但这时的漆盒内部不能髹漆，需要保持木头的原生味道。

综上，对三种漆器艺术进行比较可知，成都漆器源于悠久的漆器制作传统，涵盖了多种品类如盒、盘、盂、耳杯、具杯盒、壶、卮、奁等，装饰技法丰富多样。其底胎材质多样，包括木胎、麻布脱胎、竹篾编织胎等，装饰纹样也多样化。云南彝族漆器的胎骨种类较为丰富，包括木胎、皮胎、角胎、竹胎等，装饰纹样相对简单，色彩更倾向红、黑等。而凉山彝族漆器则主要采用木质材料，形制较为简单实用，装饰风格也更为朴素。在制作工艺方面，成都漆器以雕填技法见长，刚柔兼备，装饰纹样丰富多样；云南彝族漆器则注重对材料的选择和处理，多用竹质材料制作器物，具有密封性和防潮性；凉山彝族漆器则侧重简单实用的形制和装饰风格，常被用来盛放各种物品。总体而言，成都漆器和云南彝族漆器在艺术性和技术性上更为突出，而凉山彝族漆器则注重实用性和传统特色，三种漆器都体现了对自然形态和纹样的模仿。每种漆器都有其独特的文化内涵和艺术风格，展现了不同地区的漆器制作传统和审美趣味，这些特色在各类奁具中也有体现（表3-1-9-2）。

表3-1-9-2　不同类型漆奁的比较分析

器物	漆器艺术类型	形制	功能	胎骨材质	装饰纹样	色彩选择
双层九子漆奁	成都漆器	多子奁	盛放化妆品	夹纻胎、斫木胎	云气纹、云龙纹、几何纹	黑、红、白、金
雕花漆木盒	云南彝族漆器	单奁	盛放多种物品	木胎	花朵纹、回形纹	黑、红、黄
带盖圆漆盒	凉山彝族漆器	单奁	盛放多种物品	木胎	几何纹、蒜瓣纹	黑、红、黄

（八）设计评价与研究

传统漆奁的发展历史与中国古代女性的化妆历史密切相关，体现了特定历史时期装饰文化的发展，同时也反映了当时的生产水平和独特审美追求。漆奁因此也成为中国女性用器物文化史上的重要代表。传统漆奁在材质、功能、装饰和意境等方面展现出极高的审美价值和文化内涵，具有较高的当代传承价值。

1.设计评价

在古代，漆奁不仅仅是平民和贵族梳妆的必备工具，更是社会礼仪的重要组成部分，其出现和发展是社会规范和人们日常生活需求的自然反映。随着时间的推移，漆奁在工艺技术上的日益成熟，不仅使其造型更加多样化，而且在成套性、系列化的组合形式上也有了显著改进，从而更好地满足人们日益增长的实用需求。这一发展趋势不仅在当时，也为后世的造物提供了丰富的灵感和启示。漆器纹样的华丽奢侈风格使其不仅是贵族和富裕阶层的生活用品，同时也被广泛应用于殉葬礼仪。由此可见，漆奁不仅是实用工具，更是社会地位和身份的一种象征性器物。漆奁的设计制作凝聚了古代工匠高超的技艺和智慧，其独特的造型和精致的纹饰不仅传达出用物观念和精神信仰，还承载了丰富的审美文化信息，展现了中国自古以来对美的不懈追求和独特审美情趣。因此，漆奁在我国传统器物历史中占据着重要的地位，成为古代文明和审美传统的重要组成部分，留下了丰富而深刻的文化遗产。

2.学术研究

目前学术界存有一定量关于漆奁的文献记载，主要聚焦于三个方面：一是对传统妆奁的溯源研究。南京大学的刘芳芳博士对漆奁作了深入研究，《战国秦汉妆奁研究》《战国秦汉髹漆妆奁研究》《古代妆奁探微》《战国秦汉漆奁内盛物品探析》等多篇文献，对于漆奁的种类和形制、使用方式、发展和衰落历史等进行了详细的分析。二是对漆奁的装饰和纹样等美学方面的研究。如陈振裕《中国古代漆器造型纹饰》一书中记载了大量漆奁盖面的纹样图片，为漆奁的表面装饰研究提供了相关资料。其他相关研究如潘天波《汉代漆艺美学思想研究》、赵敏婷《传统漆器设计元素的研究与应用》等。三是对传统漆奁与现代包装设计的相关研究。多篇文献提到了传统漆奁对现代化妆品包装设计的影响与启示作用，如樊清熹对古代妆奁与化妆品包装设计的共生关系进行了研究等。总体而言，现有文献对漆奁的研究已较为充分，为漆奁的现代继承和发展提供了良好的理论基础。

3. 当代转换

（1）传统漆奁的当代发展

当代社会，随着现代技术的崛起和观念的变革，传统的手工业生产模式逐渐式微。曾经在人们日常生活中扮演重要角色的传统手工艺品逐渐被工业产品取代，从而退出了生活的主流。在这一背景下，包括漆奁在内的成都等地区的漆器虽然有数千年的历史积淀，但在大工业生产和现代设计理念不断推陈出新的影响下，仍然难以适应环境的转变而走向式微。尽管目前尚有许多传统文化传承者致力于传统漆器的制作（图3-1-9-9），但在发展过程中，传统漆奁等器物的审美性逐渐脱离了物的功能性和实用性，导致其与日常生活的距离更加遥远，并朝向纯粹的装饰性、工艺性，甚至纯艺术性的方向发展。❶

（2）漆奁与当代美妆包装设计

随着社会生活场景的多元化，包括工作、出游和约会等，女性对化妆的需求呈现出不断变化的趋势。当代美妆包装设计在承袭漆奁基本形式的同时，迎来了新的延伸和发展，其演变主要体现在材质、结构和装饰等多个方面。

图3-1-9-9　现代成都漆器制品
①凤纹盒子（彭自人、张跃贤、宋西平）直径39厘米　②仿古代纹盒子（李大树）直径16.5厘米　③狮子纹梅形盒子（陈思碧）长径21厘米
（资料来源：翻拍自《四川漆器》）

---

❶ 刘小路：《成都漆器艺术研究》，西南交通大学博士学位论文，2013年6月，第159页。

首先，包装设计材质的选择变得更为关键，以满足不同使用场景的需求。从漆奁的传统木质、竹质材料到现代更环保的用材，包括可持续发展理念在内，材质的变革成为美妆包装设计的重要方向。其次，结构设计的创新成为当代包装设计的焦点。多子漆奁完美展现了结构与功能形式的融合，当代包装通过继承漆奁的结构并进行技术创新，实现了更为灵活、便捷的使用体验。最后，装饰方面，传统漆奁的独特文化元素在当代包装设计中被重新诠释，通过对现代简约风格的提炼，融入更深层次的中国传统美学。

总体而言，时代变迁影响下的美妆包装设计，不仅继承了妆奁的基本形式，更在不断创新中适应了现代女性多样的生活需求，形成了独具特色的设计趋势。尤其是部分致力于对传统美学进行挖掘的国货美妆品牌（图3-1-9-10），更是关注到了传统妆奁形式的当代价值。如花西子的妆奁彩妆礼盒设计，直接对传统妆奁形式进行借鉴。贞格格雪花膏礼盒的设计也继承了传统妆奁组合化、系列化的功能形式。

图3-1-9-10　当代美妆包装设计
①花西子妆奁彩妆套装　②贞格格雪花膏套装

第二节　生产之术：生产实用类器物

一、鸡公车

（一）文化背景

南丝路途经四川、云南等地，交通运输类器物是地域之间经济、文化交流的重要载体，南丝路上的鸡公车是这片区域的交通器物代表之一。

鸡公车的历史可追溯至汉代，属于独轮车的一种，是以运输为主要功能的器物，既可载物又可载人，在古代中国曾承担了农村各类农作物的短途运输工作。1949年至2000年前后的一些乡村，依然还有地方将其用于农作物等小物的短距离运输。鸡公车自诞生以来，因其适用范围广、操作简单等特征而在全国范围内广泛运用。当一件器物融入新的文化时，往往会衍生出新的特征来适应不同文化和生活的需求。除了西南地区外，还有一些地方也使用鸡公车，如湖南、湖北、福建、广东等地（图3-2-1-1）。在所有鸡公车中，四川鸡公车特点突出，一方面是因为它是该器物的发源地，❶另一方面是因为四川特有的地形。鸡公车的功能与结构十分适用于崎岖山路，因此，四川有着独特的鸡公车文化体系。

图3-2-1-1　鸡公车一览
（资料来源：❸《艺·品|湖南民间交通运输用具》，❹藏于汉口商业博物馆（公众号"卓尔控股"），❺《福建农业文化遗产－工具篇》，❻公众号"翼天客都人家"）

1.独轮车简介

独轮车，俗称"手推车"，常见于中国各地农村，用于短途运输，形制为单轮双柄（图3-2-1-2），人在双柄之间推，配合车轮前进。关于独轮车的起源，一般认为西方最早由希腊人发明，东方最早由中国人发明。在古希腊雅典西部的伊莱夫希纳（Eleusis）地区，考古学家曾经发现公元前408年至公元前406年的两张建筑物清单，清单上写有"hyperteria monokyklou"，经考证，"一个独轮车"是最佳翻译，所以人们认为西方的希腊可能最早发明了独轮车，但实际上并没有古希腊使用独轮车的有力支撑证据。❷中国古代的独轮车起源可追溯到西汉，墓地壁画及砖墓浮雕上就发现了对独轮车的描述，作于西汉期间的四川成都

---

❶ 杨虎：《川西鸡公车》，《传承》2009年第13期，第60页。
❷ 阿能：《独轮车》，崇明报数字报刊，2017年8月，第8页。

墓中壁画和四川渠县燕家村沈府君阙的石浮雕中均发现有推着独轮车的人像。❶

古代独轮车又称"鹿车","鹿"指鹿卢,即辘轳。❷早期独轮车的车轮制作可能是直接从原木截取,并没有经过深度的加工,因此车轮有一定的厚度,给人一种浑厚沉重的感觉,类似辘轳,因此得名"辘(鹿)车"❸。《敦煌变文集》记载:"小失其母,独养老父,家贫困苦,至于农月,与辘车推父于田头树荫下,与人客作,供养不阙。❹"《后汉书·赵憙传》记载:"憙责怒不听,因以泥涂伯仲妇面,载以鹿车,身自推之。❺"可见独轮车在古代已经得到了充分的发展与普及。宋应星在《天工开物·舟车》中描绘了南北方独轮车的形态并详细记录了使用方法:"又北方独辕车,人推其后,驴曳其前……其南方独轮推车,则一人之力是视。容载二石,遇坎即止,最远者止达百里而已。❻"(图3-2-1-3)

图3-2-1-2 独轮车一览
①云南丽江手推车 ②新疆维吾尔自治区阿克苏地区手推车 ③江苏独轮车(鸡公车高车) ④安徽独轮车
⑤河北邯郸独轮车
(资料来源:②~⑤《中国民间美术全集(8)·器用编·工具卷》❼)

---

❶ 刘仙洲:《我国独轮车的创始时期应上推到西汉晚年》,《文物》1964年第6期,第2页。
❷ 史树青:《有关汉代独轮车的几个问题》,《文物》1964年第6期,第6页。
❸ 王子今:《诸葛亮"流马""方囊"考议》,《四川文物》2015年第1期,第50页。
❹ 王重民等:《敦煌变文集》卷8《搜神记1卷》,北京:人民文学出版社,1957年,第883页。
❺ [宋]范晔:《后汉书》卷26《赵憙传》,武汉:崇文书局,2019年6月,第779页。
❻ [明]宋应星:《天工开物》卷9《舟车》,北京:中国画报出版社,2013年1月,第147页。
❼ 徐艺乙:《中国民间美术全集(8)·器用编·工具卷》,济南:山东教育出版社,山东友谊出版社,1994年9月,第275-281页。

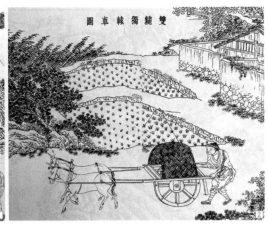

图3-2-1-3 南北独轮车
①南方独轮车 ②北方独轮车
(资料来源:《天工开物》❶)

2.鸡公车简介

鸡公车,别名"二把手""土车子""羊角车"等,统称为"独轮车",其名字源于车子载重物行进时,发出像鸡叫声——"唧咕唧咕"的声音。鸡公车是民间一款依靠人力推动的小型运输工具,分为高车和矮车两种,高车常用于运货,矮车常用于载人。鸡公车普遍能载二三百斤货物,因轻便、灵活、易操作等特征,常作为山区、农村等地的短距离运输工具。在中国各地,鸡公车有广泛的应用,其中四川、湖南、湖北等地的鸡公车比较有名,尤其是位于南方丝绸之路上的四川鸡公车较有特色。

在四川的民间传说中,鸡公车起源于诸葛亮的"木牛流马",《三国志·诸葛亮传》载:"(建兴)九年,亮复出祁山,以木牛运,粮尽退军,与魏将张郃交战,射杀郃。十二年春,亮悉大众由斜谷出,以流马运……亮性长于巧思,损益连弩,木牛流马,皆出其意。❷"诸葛亮为了在崇山峻岭间运输军粮,发明了木牛流马。430年,裴松之在为《三国志》所作的注解中还详细描述了木牛流马的设计结构。《昭化县志》记载:"木马山俗名大高山,在昭化七十五里……孔明造木牛流马处。❸"这说明广元市是诸葛亮造木牛流马之地。诸葛亮体恤蜀汉百姓,将木牛流马的制

---

❶ [明]宋应星:《天工开物》,北京:人民出版社,2015年6月,第175、176页。
❷ [晋]陈寿:《三国志》卷35《蜀书·诸葛亮传》,北京:中华书局,1959年1月,第992页。
❸ 四川省地方志编纂委员会:《四川历代方志集成》(第一辑)23,北京:国家图书馆出版社,2015年6月,第78页。

作技术传授到工匠手中,自此在民间流传开来,并经过一代代的改进成为今天的鸡公车。宋代的高承在《事物纪原》中记载:"蜀相诸葛亮之出征,始造木牛流马以运饷,盖巴蜀道阻,便于登陟故耳。木牛,即今小车之有前辕者,流马,即今独推者是。"❶经过学者的推断,"木牛"和"流马"很可能是鸡公车的高车和矮车的原型。

四川渠县燕家村和浦家湾的汉代石阙和武梁祠画像中,以及四川新都出土的画像砖上都出现了类似鸡公车的雕像,❷成都扬子山二号墓出土的"骈车画像砖"右下角也有一人推着鸡公车的记录(图3-2-1-4)。这些画像砖都生动形象地描绘出汉代人的生产生活场景。之后鸡公车的使用逐渐在三国时期扩展开来。

在20世纪60年代,中国一些地区的农民对传统的鸡公车进行了创新改进,加固了鸡公车的结构,增设了钳式制动装置,还安装了其他附件工具,如车篷、货厢等,使得鸡公车更符合民间实际使用需求。鸡公车作为民间运输工具,不仅具有实用价值,还蕴含着丰富的民俗文化研究价值。

图3-2-1-4 古代鸡公车图像
①武梁祠董永故事画像雕 ②四川蒲家湾无名石阙背面浮雕拓片《董永孝亲图》 ③四川新都《酿酒》画像砖 ④骈车画像砖拓片
(资料来源:①《武梁祠:中国古代画像艺术的思想性》❸,②《我国独轮车的创始时期应上推到西汉晚年》❹,③《四川汉代画像砖》❺,④《重庆市博物馆藏四川汉像砖选集》❻)

(二)案例简介

四川鸡公车(图3-2-1-5),常见于成都,以及都江堰、德阳、广汉、绵阳等地。清代末年,成都的鸡公车数量十分多,为此还在街上专门设置石槽供鸡公车行走。民国初期,广汉市几乎家家都有鸡公车,甚

---

❶ [宋]高承:《事物纪原》卷8《舟车帷幄部》,北京:中华书局,1989年4月,第404、405页。
❷ 周亚辉:《"独轮车"与"木牛流马"》,《装饰》2010年第9期,第123页。
❸ (美)巫鸿著;柳扬,岑河译:《武梁祠:中国古代画像艺术的思想性》,北京:生活·读书·新知三联书店,2006年8月,第301页。
❹ 刘仙洲:《我国独轮车的创始时期应上推到西汉晚年》,《文物》1964年第6期,图版二。
❺ 高文:《四川汉代画像砖》,上海:上海人民美术出版社,1987年2月,第16页。
❻ 重庆市博物馆:《重庆市博物馆藏四川汉像砖选集》,北京:文物出版社,1957年12月,第46页。

至有的家庭拥有两三辆。由于南丝路与成都平原相连，使得鸡公车传入凉山地区并流传至今，但传入时间还未见考证。

本例属于鸡公车矮车，主要用于短途载人，也可载物，可载重约两百公斤。该车车杠粗壮，通长约2米，通高约60厘米，前窄后稍宽，安装车轮处约60厘米，手推部分约70厘米，手推部分静放高约30厘米，车杠之间用榫卯结构穿插安装木块，胶轮安装在车身中间稍前一点部位，车轮高出车子整体平面，高出部分的上方两侧用带有弧度的木板组成车轮盖。车轮盖较宽，覆盖了整个车杠间距，既可以作为车载货物的靠点，又可以作为乘客的跷脚处，还可以避免摩擦到车轮及所运货物。还有一种主要用于载货的鸡公车高车（图3-2-1-1②），可载重约四五百公斤，其整体结构与矮车相似，但由于矮车的车轮盖所占空间大且高，不利于放置大型货物，而高车的车轮盖平且窄，两条车杠之间再平行安装两条硬木，方便更平衡地放置货物。

图3-2-1-5　四川鸡公车
①四川鸡公车　②鸡公车三视图

（三）使用方式分析

鸡公车作为一种民间的运输工具，其使用方式并不复杂，学术界关于其详细使用方式的资料虽然不多，但也有所记载。鸡公车主要分为单人和双人两种使用方式（图3-2-1-6）。单人式的使用方法非常简单，推车人通常站立于车后部分的正中间，将两边的车把置于身边两侧，车辆运行时，双手提车把至胯高，整体形态似"张扬的鸡尾"，很符合"鸡公车"的名字，然后弓着背向前发力推动车辆即可。但推车人初期接触鸡公车时需要一定的练习，掌控在推动过程中整体的平衡感，以此来保证稳定性和安全性。另外就是双人式的使用方法，需要双人合作，一人在后推，另一人在前用麻绳拉。推车者的姿势和单人式推车类似，弓腰在后手握车把推，拉车者反手攥着绳子，身子前倾，像纤夫拉纤一样缓步前移。[1]双人式常见于运输重物或崎岖道路场景中，可以更好地掌握平衡以及提供更大的动力，虽然此方式更省力，但两人也需保持沟通以维持默契，避免两人发力和转向的不同步。总体而言，单人式是最常见的鸡公车使用方式，适用于大部分场景，虽然简单但也需练习，而双人式的使用方式则更加考验两人的配合度和默契度。

在使用鸡公车时，有一些实用的使用技巧需要注意。首先，用力需适度。推车人需要掌握合适的力度，避免用力过度或力量不足，用力过度可能导致车辆损坏或轮胎破裂，而用力不足则可能导致车辆无法运行。其次，需控制速度。推车人需要根据不同的路况和天气条件来灵活控制行车速度，过快或过慢都可能对车辆造成损害，甚至影响安全性，同时避免在湿滑或坑洼不平处行驶。再次，需利用惯性。推车人可利用惯性来推动车辆，即当车在前进时，如速度过大可以迅速向后拉动车把，以此降低速度，然后微微放手让车轮向前滚动，但仍要小跑跟随车辆且双手需一直握于把手上，以确保随时可以掌控车的状态，这样可以有效降低推车的难度和疲劳程度。最后，需正确刹车。推车人应正确使用刹车，刹车时，需双手紧握车把，轻施压力并逐渐释放，使车辆缓慢停止，这样的操作方式能确保车辆平稳减速，有些鸡公车经过民间改造甚至安装了制动装置来提高安全性。无论有无制动装置，切忌急刹，不然会很危险且会损伤车辆。

图3-2-1-6　鸡公车使用图
①单人式　②双人式

（四）结构原理分析

鸡公车属于民间器物，学术界对鸡公车并未有明确的体系研究，其各部分结构的名称也未得到统一，所以此文仅结合已有资料对鸡公车的结构进行简要分析，将其分为车把、载物处、车轮盖（笔者暂命名）、车袢、车脚、车轮等六个主要部分（图3-2-1-7①）。

---

[1] 彭忠富：《鸡公车碾过的乡愁》，《群言》2022年第11期，第53页。

1.基本结构

车把,也称车杠,即两个把手,车身两边最外侧部位,是所有部位中最长的,构成了车身的全部长度,是鸡公车的基础框架,其他部分几乎都用榫卯方式连接在它上面。

载物处,连接在两边车把之间,由大寸款、锁脚款、长款、短款、齐心款构成。这个部位也并非完全如此,如有的是整块实心板,有的用多块木板间隔排放组成。如果用于载人的话,此部位可以放置座椅或者靠背,改造可能性较大。

车轮盖,车把上面两个带有弧度的部位,覆盖在车轮上面,由大小瓜、大小板、大小鱼脊背、小寸款以及箍头构成。既可当作所载物品的支撑点,防止掉落,又可隔绝车轮与所载物,避免因两者的摩擦而损坏货物或车辆。

车襻,俗称肩带,常用布料或尼龙绳做成。其两端系于两侧扶手末端襻勾处,推车人可以将车襻围在肩上,有利于掌握平衡和分摊负担。

车脚,嵌在车把中部的下方。车子静止停放时,车脚着地,与车轮一起构成"三角形"的稳定结构,以保证车子的静态平衡。

车轮一般由辋、胶轮带、木轮、轴和夹耳组成。辋是车轮周围的框子,常用铁圈制作,起到保护和支撑的作用;胶轮带是辋最外层的部分,与地面直接接触,起到缓震和保护作用,且这种胶轮带须以装载工程车的旧轮胎为材料;木轮是连接车轴和轮辋的部分,它不仅传递了车身的重量和冲击力,还帮助车轮保持稳定;轴是木轮上的柱形零件,它被插入独轮车夹耳中,使得车轮可以顺畅地转动;而夹耳则起固定车轮作用,一端有凸出的榫头,用于插入两侧车杠的孔中,另一端则有开口,可以调节松紧度。❶除此,还有结构简朴但灵活的车轮,如四川灌县(今都江堰)的鸡公车为小轮,有弯曲的弧形木框架轮罩(图3-2-1-7②)。

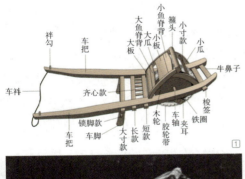

图3-2-1-7 鸡公车结构
(资料来源:②源于《中华科学文明史(4)》❷)

---

❶ 阿能:《独轮车》,崇明报数字报刊,2017年8月,第8版。
❷ 李约瑟:《中华科学文明史(4)》,上海:上海人民出版社,2014年3月,第185页。

2.工作原理

鸡公车的工作原理主要涉及杠杆原理，鸡公车整体构成一个省力杠杆系统，即在载物重量不变的情况下，动力臂越长，车子运行所需的动力也就越小。将长度较长的车把当作动力臂，推车人抬起车把，使车脚离地，车与地面的唯一接触点变成车轮，车轮就成为支点，所以此时车子的阻力点（即车载重物）靠近支点（即车轮），着力点（即车把处）远离支点（即车轮），从而推车人可以用更少的力气推动载有重物的车子前进。推车人双手扶把的同时还可以将车袢搭在肩上借力，减少负担，进而提升运输效率。此外，鸡公车车轮的铁圈包裹设计，也使鸡公车可以适应崎岖山路、农村小路等极端环境，适用于各种地形。总的来说，杠杆原理与车轮设计一起构成了鸡公车的工作原理，使得鸡公车在省力的基础上适用各种地形，进而得到迅速普及。

（五）形态装饰分析

鸡公车的形态正如其名，其前端形态呈昂起的鸡头状，通车身长约2米，采用木制独轮的设计，车轮的边缘在不同的使用场景下包裹上铁皮或硬质橡胶圈；车轮的上面装有凸形弧度的木制车轮盖，既可坐人又可载物（图3-2-1-8①）。当它停放时，就像一只站立的公鸡；当它行进时，燕尾形的扶手被推车人稳握于手中，犹如一只灵动飘逸的燕子，即使身载重物，仍可以自如地行驶于崎岖山路和村中小路上。传统鸡公车又分高车和矮车两种。高车轮子大，车身宽，两旁有宽架，常需要有人在前面用绳子拉，可载重四五百公斤；矮车轮子较小，车身窄，两旁有窄架，主要有"牛头""羊角"和"狗脑壳"等形状，可载重约两百公斤，即此文的主要案例。❶

鸡公车作为民间劳作运输工具，使用者并不十分在意其装饰，但制作工匠以及使用者也可能会因为个人喜好进行一些装饰，以增加其美观度和使用价值。一些使用者喜欢在车身表面大面积涂上各种颜色的油漆或涂料，常见黄色、绿色以及红色，以此来增强鸡公车的视觉效果。附件也是鸡公车的常见装饰，分为工具和挂饰两种，工具包括铁锹、铁锤等实用物品，便于突发情况时对其进行维护和修理；挂饰则是铃铛、风铃、花束、玩偶等，以此增强鸡公车的趣味性。此外，用于载客的"出租车"式鸡公车的主人也会身着喜庆服饰用以招揽乘客，为了让乘坐者

---

❶ 彭忠富：《鸡公车碾过的乡愁》，《群言》2022年第11期，第53页。

有更舒适的体验，除了会安装靠背、座椅外，还会在车身披上一层毛毯，以减少身体与硬木的直接摩擦（图3-2-1-8②）。这些装饰的主要目的是增强鸡公车的观赏性，并不会对其结构和功能产生直接影响，属于老百姓自发的为满足精神需求而进行的探索。

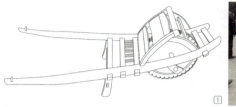

图3-2-1-8　鸡公车形态和装饰图
①鸡公车形态　②鸡公车装饰

（六）制作工艺分析

鸡公车因其实用性强、适用面广等特点，曾在全国范围内广泛使用，虽然各地鸡公车的制作工艺都有所不同，制作材料也因奉行"因地制宜"思想而略有不同，但大体的制作材料及步骤类似。制作材料主要有楸木、橡木、椴木、槠木、樟木、檀香木、杨槐木或枇杷木等硬木，这类木材既坚硬又质韧，不易产生茬口，持久耐用，同时可以承受较大的压力和摩擦力。

鸡公车的制作主要有以下步骤（图3-2-1-9）。第一步：选材放样。准备制作的相应工具以及原材料，如木材、刻刀、斧子、刨子、笔、墨线、胶水等。按照设计尺寸进行放样，在木材上刻画出制作区域。第二步：刨制开体。将整块木料按照放样线切割成各个组件，再进行加工，用刨子打磨平整光滑，形成组件的基础形状。第三步：打眼开榫。对已经做好的基础组件进行分类，明确需要锯棒凿卯的地方，用墨线标明分割线，再用凿子和锯子进行打眼工作，制作出榫卯的凹凸结构。第四步：组装车轮。将铁圈套于木轮边缘，再将胶轮圈装于最外层，木轮中心穿轴而过。第五步：整体装配。以两边车把为基础结构，将车身各部件以榫卯方式进行组装，再用夹耳固定车轮，将凸出一端的榫头插入车把孔中。第六步：安装车袢。在车把末端装上袢勾，再将制作好的车袢分别套在两侧袢勾处并打结固定。第七步：髹漆揩清。整体装配完之后，进行整体的髹漆工作，一般为黄漆，也可以根据自身喜好选用其他颜色，将漆涂抹均匀后静置待干即可。❶除以上主要部位的制作外，还有一些可

---

❶ 陈日红：《荆风楚韵——湖北民间手工艺研究》，北京：文化艺术出版社，2015年12月，第292页。

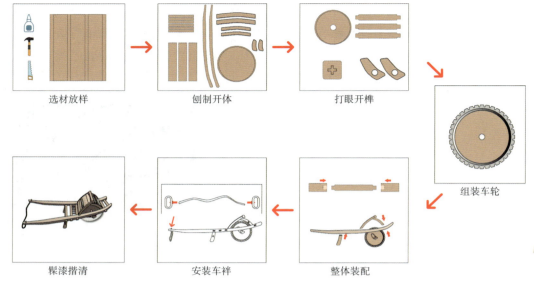

图 3-2-1-9　鸡公车制作流程分析图

供选择的辅助工具，如靠背、竹椅。这类辅助工具主要用于载人，使用的材料多为竹子，既透气又舒适，安装在载货处，方便乘客乘坐。自清代至二十世纪中期，成都的街头就常见这种带有座椅的鸡公车，当时的鸡公车类似"出租车"的作用。

（七）设计比较分析

鸡公车本质是一种运输工具，因此本书以运输工具为关键要素进行器物比较分析，主要选取几种较传统且具有不同使用方式的运输工具，分别为背架子（背）、架子车（推）以及滑竿（抬）（图3-2-1-10），其

图3-2-1-10　器物设计比较
① 背架子　② 架子车　③ 滑竿
（资料来源：① 源于《中国彝族文物集萃》[1]，② 源于《记忆里的架子车》[2]，③ 源于《滑竿抬幺妹》[3]）

---

[1] 中国民族博物馆，楚雄彝族自治州博物馆，凉山彝族奴隶社会博物馆：《中国彝族文物集萃》，第194页。
[2] 马涛：《记忆里的架子车》，兰州日报社数字报刊，2022年3月，第16页。
[3] 邱海鹰：《滑竿抬幺妹》，《当代县域经济》2021年第1期，第63页。

中背架子、滑竿和鸡公车一样，属于南丝路的典型民间运输器物，架子车结构类似鸡公车，但属于双轮车。以下主要以背架子、架子车、滑竿为对象进行器物的功能形制、形成背景、适用场景等内容的分析比较。

1.背架子

背架子，一种由人背在身后的运输工具，通高约1米，整体形状为梯形，主要部分由两根经过弯折的方形立柱和三根自上而下逐渐变宽的横向木梁通过榫接构成（图3-2-1-10①）。在中部和下部的横梁之间，设置有呈十字形的竹编背垫，以及一根结实的长系带，该系带从中部与下部的横梁间环绕穿过，形成了两个背带。❶常用于背柴、草、石头等物品，其整体的弯曲幅度符合人体工程学，与人背的弧度相吻合。背架子的起源并未见有明确资料记载，但可以确定20世纪在南丝路上的四川、云南等地盛行，尤其是四川西南地区。因为四川西南地区山地较多且崎岖不平，人们的生活生产主要依靠开山造田，"日出上山而作，日落下山而息"成为大多数四川西南地区百姓的日常。

鸡公车虽然载物能力出众，适用性强，但面对四川西南地区极度崎岖蜿蜒的山路也显得力不从心，背架子虽然载物能力不及鸡公车，但它和人的"一体化"模式，很好地解决了山路上运输工具难操控的问题。在制作时，匠人常用坚韧结实、弯度适中如月形的干木材，按照放样记号切割整块木块成两块支柱，中间用木料连接，最后配上拴柴的木栓和绳子。一些有情趣的工匠也喜欢用砂纸将其打磨光滑，再髹上桐油漆，显得光辉灿烂。❷背架子承担了生产力不足时期山区运输发展的重任，虽然现在基本已被淘汰，但在当代四川西南地区以及云南的山区农村偶尔还能看见背架子的身影。

2.架子车

架子车，一种由人力推动或畜力拉动的运输工具，整车由硬木制成，左右各一个木轮，中间安置木板拼接而成的货箱（图3-2-1-10②），是农村的主要运输工具，既可运货又可载人，还可以用于耕地、播种等农业活动，用钢圈和气轮改良后可载千斤以上，常见于陕西等关中地区，广西、四川、云南等地也可以见到它的身影。架子车在中国的起源可以追溯至19世纪末，当时多为有钱的老板所有，用于出租赚钱，也会有少数百姓拥有，用于劳作生活。

❶ 武月琴：《川西南背运工具背架子设计研究》，《装饰》2022年第2期，第136页。
❷ 王运钊：《巴蜀农具文化》，成都：四川师范大学电子出版社，2014年9月，第76页。

架子车的整体结构与鸡公车类似，但相比于鸡公车中的矮车，架子车的载重几乎翻倍还不止，相比高车其载重量更大。架子车属于双轮车，所以使用场景有限，大多用于平坦道路。1949年后，几乎在全国农村地区都可见到这种双轮架子车，多用于农业生产，甚至还用于娶媳妇迎新娘，而现有的架子车多搭配牛马等牲畜使用，偶尔还可以在城市或小镇的集市上看见架子车载着农作物进行售卖活动。

3. 滑竿

滑竿，是一种用于载人的传统交通工具。关于滑竿的起源，学术界还未得到统一，一种认为滑竿源于中国唐代，古称"肩舆"，已流传上千年；❶还有一种认为滑竿源于民国初期的川南战争（蔡锷征讨袁世凯），砍竹子做成临时的担架，后经民间改良，在四川南部地区盛行，流行至整个四川乃至南丝路上的较多地区。滑竿的名字来源有两种说法，一说滑竿是用滑溜溜的竹竿绑制而成，另外一说是因其轻便快速的特点而得名。滑竿由两根长约两米，粗约六七厘米的斑竹做成，两端各有两尺长的短杆用于肩抬，中间绑一个坐椅或躺椅，前面安装一个脚踏，可以依据天气不同选用不同材质的垫子或篷子（图3-2-1-10③）。❷

鸡公车使用推车的方式前进，因此很难适应坡度很陡的山路，也不能在楼梯上行驶，而滑竿虽然只能用于载人，但采用双人抬轿的方式，十分适合陡峭山路以及景区楼梯，因此现在滑竿常见于偏远山区以及旅游景区，特别是盛行于四川的峨眉山。滑竿已不仅仅是一种载人运输工具，更是南丝路沿途山区民俗的一种体现，成为了一种地域文化符号。

综上，鸡公车与背架子、架子车以及滑竿存在一定关联，但其形态、结构等方面还是存在有较大不同（表3-2-1-1）。四者均为运输工具，功能类似，均用于载重物，其中鸡公车和架子车既可载人又可载物，背架子和滑竿一般分别用于载物和载人。就形制而言，鸡公车和架子车类似，均为手推车类型，只是鸡公车为单轮，而架子车为双轮；背架子为背式结构，呈月牙形；滑竿属于轿式，类似古代的轿子。就使用方式而言，鸡公车和架子车都为手推或人畜牵引；背架子只可以背在背上；而滑竿只能双人抬行。就载重而言，鸡公车的高车和架子车可以载四五百公斤，鸡公车的矮车和背架子最高可载接近二百公斤，滑竿只能载一个一百公

---

❶ 赵子宽：《"非遗"保护视野下民俗体育华蓥山滑竿抬幺妹的传承与发展》，南充：西华师范大学硕士学位论文，2022年，第10页。
❷ 王运钊：《巴蜀农具文化》，成都：四川师范大学电子出版社，2014年9月，第148页。

斤左右的人。使用场景方面，鸡公车除了坡度较大的陡峭山路，其他地区几乎都可以适用，架子车多适用平坦地区，而背架子和滑竿则分别多见于山区和景区。

表3-2-1-1　鸡公车与背架子、架子车以及滑竿的比较分析

器物	形制	功能	使用方式	载重/公斤	使用场景
鸡公车	单轮车式	载人/载物	推行/牵引	高车 400～500 矮车 150～200	山区/农村/城镇
背架子	背式（月牙形）	载物	背行	100～180	山区/农村
架子车	双轮车式	载人/载物	推行/牵引	500以上	农村/城镇
滑竿	轿式	载人	抬行	100左右	山区/景区

（八）设计评价与研究

鸡公车历史悠久，不仅是一种简单的劳作运输工具，还是中国历史变迁的物质体现，尤其是南丝路上较多地区近代农作物运输工具变迁的见证，是中国朴素的劳动群众设计智慧的结晶，其价值深蕴在技术、科学、文化等方面，也在南丝路的民间器物中占有着重要的地位。时至今日，随着科学技术与生产力的发展，鸡公车已逐渐被时代遗弃，并面临着器物文化传承、传播等困难。目前，社会各界人士也逐渐意识到其文化内涵的重要性，并在其各自领域做出了物质保护与文化传播的贡献。

1.设计评价

南丝路沿线的器物文化极其丰富，鸡公车作为运输工具中的代表，尤其在四川成都一带形成了自己独特的文化体系。鸡公车不仅用于普通的载人载物，还在逐渐演变的过程中形成了一种商业"出租车"模式，既是南丝路沿线的一种运输工具，又是老百姓的一种赚钱谋生工具，具有丰富的历史文化研究价值。在形制上，鸡公车形如其名，"唧咕唧咕"的声音成为众多成都人民的儿时回忆，"鸡公"也成为代表西南地区的典型形象，甚至据传"鸡公煲"都与其有一定联系。在制作材料工艺上，因为分布较广的原因，鸡公车的制作材料难免不同，但仍有较多的共同特征，如都使用硬木类型的材料，也是"求同存异"思想的体现。在色彩和装饰上，鸡公车是朴素的劳动人民使用的工具代表之一，他们更加注重实用功能，对装饰并无太多考究，但当代用于拉载客人的鸡公车，为了使乘客有更好的乘坐体验，会选择用雕刻、油漆、挂饰等方式进行适当装饰，这也是劳动人民辛苦劳作之余的个性和情趣体现。然而，鸡

公车也有一些缺点，如速度较慢、载重量有限、载客仅一人、缺乏机械动力等。但这些缺点也不妨碍让鸡公车成为一种地域文化符号，具有特殊的历史和文化价值。

2.学术研究

国内对鸡公车的学术研究起步较晚，甚至可以说还未完全起步，所以还未曾见到对鸡公车的体系研究。在知网搜索"鸡公车"关键词，仅有9篇与之相关的论文，其中5篇论文仅是文中有一小部分文字与鸡公车相关，两篇是以鸡公车为载体关于乡村生活的论文，仅有两篇聚焦于鸡公车本身的研究。杨虎的《川西鸡公车》❶分析了鸡公车的形制、起源以及20世纪的使用情况；彭忠富的《鸡公车碾过的乡愁》❷较为系统地分析了鸡公车的高矮车形态以及发展起源，较为完整地构建了鸡公车的历史发展路径。就目前对鸡公车的学术研究而言，无论是涉及面还是深入度都是远远不够的，而本书专注于南丝路的器物研究，谨希望以此文为鸡公车的学术研究做一个初期的整理汇总，期望可以引起学术界对鸡公车器物文化研究的关注。

3.当代转换

鸡公车源于汉代，历史十分悠久，在古代可以很好地适应生产力的发展需求，但在当代，鸡公车明显跟不上时代的发展，在此过程中，辛勤的劳动人民也尝试对鸡公车进行改进。在二十世纪六七十年代，鸡公车的车轮、车轴等方面都有所改进，如增加制动装置、夹耳处安装滚珠轴承等，增加了车子的稳定性及可控性，这些改进也让鸡公车再次承担了农村的主要运输任务，推车人也经常汇聚在一起揽客，这些推车人被称为"鸡公客"。之后又因公路运输和机械动力的发展，依靠人力推动的鸡公车逐渐退出了历史舞台。虽然如此，鸡公车仍是乡村生产力进步的缩影，和川剧、蜀锦等特殊文化符号一样，一直烙印于一代代成都人心中。

时至今日，鸡公车还是有一定的发展，不少人将鸡公车装上电机马达，换上铁质材料等，这类经过现代改装的鸡公车在网络购物平台可以买到。鸡公车文化在当代受到一些人的重视，在网络传媒平台上，一些博主曾尝试推广鸡公车文化，这是百姓对鸡公车文化的自发传承。政府层面对鸡公车文化的保护与和传承也逐渐重视起来，在城市或者古镇文化旅游景区，通过有序的组织，将传统鸡公车纳入物质文化展示与活化

---

❶ 杨虎：《川西鸡公车》，《传承》2009年第13期，第60页。
❷ 彭忠富：《鸡公车碾过的乡愁》，《群言》2022年第11期，第53—55页。

图 3-2-1-11 鸡公车比赛图
（资料来源：公众号"天府农业博览园"）

运用中（图 3-2-1-11）。此外，中国国家地理网站曾发布一篇关于鸡公车的专栏文章，成都市成华区数字方志馆于2020年发布关于鸡公车的特别文化专题，成都交通运输局于2021年发布一篇名为《影像中看百年成都交通变迁》的报道，记录了鸡公车的发展变迁。由此可见，无论是普通大众还是政府，都在利用现有的互联网资源对鸡公车文化进行保护与传承。

综上所述，鸡公车的当代转化不仅需要在结构上利用最新的科学技术进行改进，还需要在文化传承上利用数字媒介、博物馆平台等进行发展脉络、文化内涵等的科普，进而达到文化保护和传承的作用。

二、爪镰

（一）文化背景

中国文化基因，最离不开的莫过于中国农业时代与中国文明起源，而农业本身又是文明的基础。中国漫长的农业时代，其起源可以追溯至上万年前。[1] 爪镰历史悠久、底蕴浓厚，曾遍布中华各地区（图 3-2-2-1），不仅在中国农业发展史上起到过重要作用，也是中华文化的重要组成部分。南方丝绸之路上的四川和云南地域辽阔，都属于农业大省，主产水稻、小麦和玉米等农作物。爪镰的设计是为了更好地收割此类农作物，因而在南方丝绸之路上的各地农村都可以见到它的身影，即便在当今的一些农村，偶尔还可见到使用爪镰的老百姓。云南多处古墓中都发现有新石器时代的爪镰，[2] 可见爪镰在南方丝绸之路的农业发展中曾起到过极为重要的作用。爪镰除了有突出的实用价值，还蕴含有文化寓意。在古代中国，不乏有文人墨客用诗词、绘画、歌曲等来描绘和赞美爪镰，它被赋予了勤劳、淳朴、坚韧等寓意，是中国劳动人民的真实写照，也充分体现了古代中国的劳动价值观。同时，爪镰还是古代科技水平的体现，其制作工艺和设计结构代表了当时的科技水平。虽然爪镰已经跟不上时代发展的步伐，但其确实在中国农业发展中曾做出过巨大贡献，至今依然还有着丰富的文化研究价值。

---

[1] 陈胜前：《中国文化基因的起源：考古学视角》，第140页。
[2] 胡绍锦：《昆明呈贡石碑村古墓群第二次清理简报》，《考古》1984年第3期，第237、240页。

图3-2-2-1 不同特征的爪镰

（资料来源：④《官道巷老物件：爪镰镰》，⑤公众号"杭州文广旅游"，⑥⑦《文物有韵自成诗：凉山彝族自治州博物馆藏品集粹》）❶

1.镰简介

镰，又称镰刀，主要用于收割庄稼和割草，由刀片和木把两部分组成，有些刀片上还装有小锯齿。镰刀的主要用途是收割稻谷，但也可以用于其他农作物的收割。镰刀因为适应大多地形和气候的劳作，所以在全国范围内曾广泛使用，但因各地区有不同的生产生活需求，所以镰刀在发展进程中逐渐演变出不同的种类。按功能分有库镰、钉镰、割韭菜镰、锯镰等，❷甚至在古代中国镰刀还曾作为一种战争工具；❸按形制分有窄扇镰、宽扇镰、月牙镰、小镰刀等。

镰刀最早可追溯至旧石器时代，❹那时已有了镰刀的雏形，不过那时的镰刀主要由石器刀片和木头制成的手柄组成。之后发展的镰刀只是在制作方法、打造工艺、形制塑造等方面会有一定区别，如山西下川中石器文化遗址、内蒙古海拉尔中石器文化遗址、山西峙峪遗址、河南安阳小南海遗址均出土过与石镰类似的器物（图3-2-2-2①），❺但都较为粗糙，其器体大且厚，是否可以归属于镰类还有待进一步查证。新石器时代，镰刀逐渐演变得更像现今的样子，种类也较为明确地分为光刃镰（光滑刀刃）和齿镰（锯齿状刀刃）等。后逐渐涌现出以铜铁制作的镰，四川西昌川兴曾发掘了一件西汉时期的铜镰（图3-2-2-2②），长13厘米，宽4厘米，厚2厘米。镰刀柄的安装有讲究，光刃镰与柄的夹角呈90°时效果最好，齿镰与柄的夹角在160°～180°之间最好。❻《玉篇·木部》

---

❶ 凉山彝族自治州博物馆：《文物有韵自成诗：凉山彝族自治州博物馆藏品集粹》，北京：文物出版社，2012年9月，第2、91页。
❷ 张玉虎：《镰族》，《农业技术与装备》2014年第5期，第83、84页。
❸ 陈洪：《元代华北地区研究》，天津：南开大学出版社，2009年3月，第203页。
❹ 周昕：《中国农具通史》，济南：山东科学技术出版社，2010年12月，第57页。
❺ 王吉怀：《试论新石器时代的镰和刀》，《农业考古》1988年第2期，第181页。
❻ 周昕：《中国农具发展史》，济南：山东科学技术出版社，2005年1月，第73页。

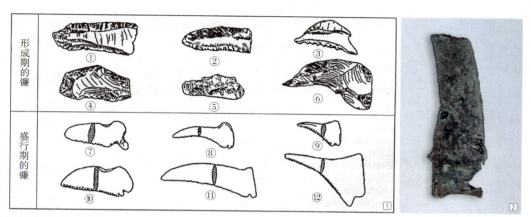

图 3-2-2-2 古镰
①镰刀演变图 ②铜镰
（资料来源：①源于《中国农具发展史》❶，②源于《文物有韵自成诗：凉山彝族自治州博物馆藏品集粹》❷）

中描述了镰刀柄的专有名称"柄，镰柄也"❸，但此名称是否起源于原始农业时代还有待考证。

2. 爪镰简介

爪镰，古称"铚（zhì）"（农业早期只收禾穗，不收秸秆，❹铚就是古代用于切割禾穗的农具），别称"禾剪""掐刀"等，是民间用于收割农作物的生产器物，形似扇形板，与手掌的大小类似。爪镰有两个穿孔用于系绳，方便单手操控，专用于收割谷子、黍（别称"黄米""稷""糜子"）、高粱（别称"荚子""名禾"）等粮食类农作物，属于镰刀的一种演变形式。爪镰与镰刀同源，随着文明的进步，人类逐渐挖掘使用新的材料。由此，更加轻便、锋利的铁器出现，这为爪镰的材质变化提供了可能。有文献称爪镰在新石器时代就已经出现，❺甚至可能出现在更早的旧石器时代。❻还有文献称用于收割谷物的穿孔石刀（一种石刀，上有穿孔）就是爪镰的最初形态，后来以铜为原料，使用穿孔石刀工艺做出的生产工具被称为铚（即爪镰），形制继承石刀和蚌刀。❼目前，国内学术界暂未见有对爪镰的深度研究，其来源也没有明确和统一。

---

❶ 周昕：《中国农具发展史》，第73页。
❷ 凉山彝族自治州博物馆：《文物有韵自成诗：凉山彝族自治州博物馆藏品集粹》，第90页。
❸ [梁]顾野王：《玉篇》卷12《木部》，[宋]陈彭年重修《宋版玉篇二种（下）》，桂林：广西师范大学出版社，2022年3月，第703页。
❹ 尚民杰：《对早期原始农业的初步探索》，《农业考古》1992年第3期，第71页。
❺ 秦璇：《云南地区新石器时代至青铜时代穿孔刀型器研究》，南宁：广西民族大学硕士学位论文，2023年，第1页。
❻ 周昕：《中国农具通史》，第58页。
❼ 李昆声：《中华历史文化探源——云南抚仙湖与世界文明学术研讨会论文集》，第217页。

爪镰这一名称的具体来源不见有明确记载，但依据各类文献综合分析可知："爪"是中国古代的象形文字，本意指代鸟兽的掌与趾，亦可指人的指甲或脚趾，如《六书故》中记载"爪，人之指叉或亦通作爪"[1]，同时"爪"还有"抓"的动词性解释；"镰"即具有锋利棱角的农作物器具，也是代表爪镰从镰刀分化而来，所以"爪镰"即抓于手中的"镰刀"，很好地体现了其使用方式、来源及演变。

　　爪镰曾在中国大地广泛使用，是一种较小较短的镰刀，主要用于收割谷子。《说文解字》记载"铚，获禾短镰也，从金至声，陟栗切"[2]，《小尔雅》记载"禾穗谓之颖，截颖谓之铚"[3]，《释名》记载"铚，断禾穗也"[4]。稻谷的穗子叫作颖，而铚（即爪镰）的主要功能就是收割谷穗，不同于镰刀大而宽的特征。爪镰小而短，可进行精准收割，避免割到未成熟的谷穗。《管子·轻重乙》记载"一农之事，必有一耜、一铫、一镰、一鎒、一椎、一铚，然后成为农"[5]。可见，春秋战国时期的铚（即爪镰）已成为农业生产的主要工具。

　　爪镰在古代南方丝绸之路上的四川、云南的较多地区有使用。作为陪葬品，爪镰在四川、云南的一些古墓中曾出土（图3-2-2-3），如四川西昌市石室墓中出土1件战国后期至西汉前期长15.7厘米的单孔爪镰（图3-2-2-3①），[6]四川阿坝州茂汶营盘山石棺葬中出土1件长6.8厘米的单孔爪镰，[7]云南金莲山墓葬群中出土1件大致为战国时期的铜爪镰，[8]云南呈贡县石碑村墓地出土1件约为西汉中晚期的铜制爪镰，[9]云南羊甫头墓地出土有距今约2400年的铜质和铁质的爪镰。[10]这些墓穴中出土的爪镰，已证实南方丝绸之路上的四川、云南等地的农耕生活中，爪镰已被老百姓使用。

---

[1] [南宋]戴侗：《六书故（上）》卷19《动物三》，北京：中华书局，2012年6月，第435页。
[2] [东汉]许慎：《说文解字》册6卷14上，北京：中华书局，1923年，第43页。
[3] [汉]孔鲋：《小尔雅》，见李学勤主编《中华汉语工具书书库·雅书部》（第45册），合肥：安徽教育出版社，2002年5月，第230页。
[4] [东汉]刘熙：《释名》，北京：中华书局，2016年4月，第96页。
[5] [春秋]管仲：《管子·轻重乙》，见姜涛编著《管子新注》，济南：齐鲁书社，2009年4月，第550页。
[6] 刘世旭，刘弘：《四川西昌北山、小花山、黄水塘大石墓》，《文物》1990年第5期，第65、66页。
[7] 蒋宣忠：《四川茂汶营盘山的石棺葬》，《考古》1981年第5期，第420页。
[8] 蒋志龙：《金莲山墓地研究》，吉林大学博士学位论文，2013年6月，第38页。
[9] 胡绍锦：《昆明呈贡石碑村古墓群第二次清理简报》，第20、45页。
[10] 杨帆：《云南昆明羊甫头墓地发掘简报》，《文物》2001年第4期，第70、45页。

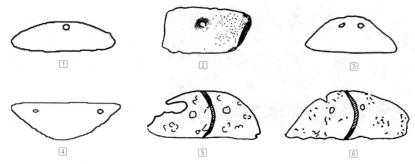

图3-2-2-3 不同地方出土的爪镰
①四川西昌石室墓单孔爪镰 ②四川营盘山石棺葬单孔爪镰 ③云南金莲山墓地铜爪镰 ④云南石碑村墓地铜爪镰 ⑤云南羊甫头墓地铜爪镰 ⑥云南羊甫头墓地铁爪镰
(资料来源:①改绘于《四川西昌北山、小花山、黄水塘大石墓》❶,②源于《四川茂汶营盘山的石棺葬》❷,③源于《金莲山墓地研究》❸,④改绘于《昆明呈贡石碑村古墓群第二次清理简报》❹,⑤⑥源于《云南昆明羊甫头墓地发掘简报》❺)

(二)案例简介

本案例是云南呈贡石碑村出土的西汉铁爪镰(图3-2-2-4①),它是用于收割的手持工具。其通体长约10厘米,宽约4.5厘米,上钻有两孔,间距约3厘米(图3-2-2-4②),用于穿系绳索供手指穿过,以此来固定并控制爪镰。爪镰的刀刃较长,刀背较短,且刀背两侧呈圆弧形,以保护手部,刀刃一侧刀尖锋利,用于收割谷穗。迄今为止,在云南境内的7个新石器文化遗址,发现了栽培稻的稻谷遗迹,其分布地区遍布云南的东、西、南、中,纵横相距千余平方公里。❻那时的人们探索稻谷的生长规律、制造适用的生产工具。云南考古资料表明,商代晚期以前,主要使用石器农具;春秋至两汉时期,主要使用青铜农具;东汉以后,主要使用铁制农具。❼通过长期积累以及与汉族和其他民族交流学习,人们逐渐从使用石镰、蚌镰,过渡到使用铜镰、铁爪镰等生产工具。低成本的爪镰等铁农具使用很普及,这对云南的整个农业生产力发展十分有利,也对云南的农耕文化产生了重要而深远的影响。

---

❶ 刘世旭,刘弘:《四川西昌北山、小花山、黄水塘大石墓》,第66页。
❷ 蒋宣忠:《四川茂汶营盘山的石棺葬》,第418页。
❸ 蒋志龙:《金莲山墓地研究》,第38页。
❹ 胡绍锦:《昆明呈贡石碑村古墓群第二次清理简报》,第236页。
❺ 杨帆:《云南昆明羊甫头墓地发掘简报》,第21、46页。
❻ 夏光辅:《云南科学技术史稿》,昆明:云南人民出版社,2016年4月,第20页。
❼ 夏光辅:《云南科学技术史稿》,第61页。

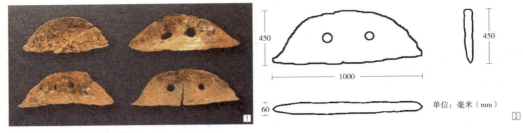

图3-2-2-4　云南铁爪镰
①云南铁爪镰　②爪镰三视图

（三）使用方式分析

爪镰作为一种古老的民间农耕工具，历史悠久，流传范围较广，使用方式也不复杂。爪镰的佩戴方式十分简单，只需将右手的大拇指或中指伸进布襻儿（穿系于爪镰背面双孔之间的布带）中，使之形成一个环状结构，让爪镰固定在手上（图3-2-2-5①）。在使用爪镰收割禾穗时，左手抓住禾穗，右手利用其他四指的联动来扳住禾秆，然后用套在布襻儿中的指头带动爪镰的刀刃在两手中间的禾秆上稍微用力一压，瞬间就将庄稼的禾穗和禾秆分离了，❶以此反复操作来收割成熟的禾穗（图3-2-2-5②）。爪镰的使用方式简单易学，农民们稍加练习就可以熟悉方法，进而省力省时地完成农作物的收割工作。但爪镰效率偏低，一般情况下一次只能收割一两株庄稼的禾穗，适用于精确收割的场景；还有部分农民为提升效率，会先用镰刀将农作物大范围割取，运回家之后，再用爪镰对禾穗进行精确割取。

任何有利刃的工具都有较强的危险性，而爪镰有着锋利的刀刃，在使用过程中误伤事故也并不少见。农村有句俗语"掐谷子掐了耳朵"，描述的便是农民在田间割谷子时，因蚊虫叮脸，出于本能反应用手拍打叮咬处而忘了手上套有爪镰，致使出现受伤的情况。所以在使用爪镰的过程中，需要注意一些安全事项，避免受伤。首先，观察环境。使用任何锋利工具时，都应环顾周边环境，避免有他人进入工作范围，致使受伤。其次，保持平衡。爪镰主要用于掐禾穗，一定要先保证自身平衡，避免在坡度过大、地面湿滑的环境工作，同时禁止跑动，以防在手上套有爪镰时摔倒，产生较为严重的后果。再次，穿戴护具。使用爪镰时应尽量穿戴合适的防护用具，如韧度较强的手套、防划防爆的护目镜等，提高

---

❶ 张玉虎：《爪镰》，《当代农机》2015年第10期，第65页。

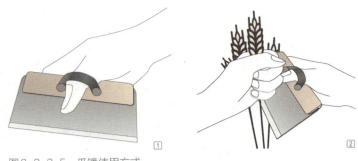

图3-2-2-5　爪镰使用方式
①爪镰佩戴　②爪镰收割

操作容错率，降低受伤风险。最后，保持清醒。爪镰属于危险工具，使用时需要保持自身的清醒状态，同时，使用一段时间后也要适当休息，避免长时间工作而产生疲劳，影响操作的准确性和安全性。使用完爪镰之后，需将其放置在安全的地方，并妥善保管，避免他人的误触误用，尤其需放置在孩童接触不到的地方。

（四）结构原理分析

爪镰是古代先民专为收割谷子、黍、高粱等农作物而设计的，其结构原理主要借鉴了镰刀的形态和功能，针对特殊的收割场景精心设计而成。爪镰的构造包括刀身、刀柄、刀背、刀尖和刀刃等部分（图3-2-2-6），使用者操作爪镰时各部分相互协作，进而安全、精确、高效地完成收割工作。

刀身，爪镰的核心部分，呈长方形或弧形，也有月牙形的存在，长6～15厘米，宽3～8厘米，手掌接触部位浑厚圆润。爪镰通常采用较为坚固、耐用且坚韧的铜、铁等金属材质制作而成，刀身前部经过精心打磨后就形成了锋利的刀刃。为了提高使用效率，刀身通常设计得较长，进而能够拥有更大的收割接触面积，可以自由应对较为粗壮的庄稼。

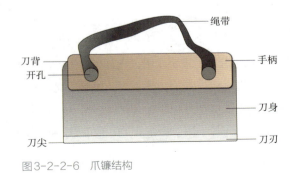

图3-2-2-6　爪镰结构

183

刀柄，主要基于人体工程学和使用安全而设计，其长度、形状和材料等均因人而异，很多使用者为了握持的舒适性和稳定性，会根据自己的手掌尺寸和使用习惯制作。刀柄主要采用木制材料，也有部分使用金属制作，其末端常配备金属环或绳索，用于系在腰间或不用时悬挂安置。苗族是较为典型的使用刀柄的民族，广泛分布在贵州、广西、四川及云南等地，他们习惯将铁片嵌进木板内，制成有手柄的爪镰（苗族文化中称爪镰为"温"）。❶如今，在汉族、侗族、布依族、水族等其他民族的生活中都可以见到带有刀柄的爪镰。

刀背，位于刀身的背面，是刀刃背部的部分，不开刃，一般设计得厚实耐用，使其可以承受长期收割谷穗而产生的磨损，确保爪镰的稳定性，增加爪镰的使用寿命。同时，刀背还可以保证使用时的安全性，防止身体部位被意外割伤。

刀尖，即刀身的两侧前端，经过精心打磨，既尖锐又坚韧，主要用于穿透较厚的庄稼进行开口，方便下一步的收割工作，甚至可以用于挖挑马铃薯、玉米等较硬的农作物。

刀刃，爪镰的最锋利部分，通常位于刀身较薄且锋利的一面，是收割谷物时最主要的切割部位。

除上述基本结构外，还有一些针对特定农作物的特殊设计。例如，有些爪镰刀背呈弧形，更符合收割谷穗的发力模式。甚至一些爪镰在刀刃处加入了凹槽或突起，以增强刀身的稳定性，提高收割效率和品质。

爪镰是中国古代劳动人民的智慧结晶，其设计基于一定的杠杆原理。使用者用手指将刀身固定在需要割下的部位，而其他手指则推动刀身沿着预定轨迹移动，既省力又高效。总体而言，爪镰是在镰刀基本形态的基础上结合杠杆原理进行改进和优化的，用以适应谷穗收割的需求，使用者只需以恰当的使用方式就能精准又高效地收割谷穗。

（五）形态装饰分析

爪镰是一种小巧的农作物收割工具，结构简单，用料精简，在中国古代和近现代的农业发展中起到了重要作用，直至当今一些农村地区还在使用。爪镰的形态多样，基本形态主要有方形爪镰、梯形爪镰、半月形（月牙形）爪镰和圆形爪镰（图3-2-2-7①）四种。除此之外，爪镰往往都会在刀身靠近刀背处开孔，1~4个不等，用于穿绳索，让手可以更加自如地控制爪镰。

---

❶ 宋兆麟：《贵州苗族的农业工具》，《农业考古》1983年第1期，第178页。

方形爪镰是很常见的一种形制，其刀身呈四边形形状，但很少有正方形的形制，更多是长方形形制，刀刃边更长，一般为10厘米左右。这种过于方正的形制不利于人用手抓握，在操作过程中，尖锐的四边棱角会与手部产生较多摩擦，让手产生不适感。为了不硌手，云南现在的一些农村，还能见到装有木制刀柄且再用厚布包裹的爪镰。方形爪镰分布广泛，以黄河游流域为中心，西起甘青，东至鲁，北达辽，南及云川，❶也是南丝路上较为常见的一种爪镰形制。

梯形爪镰，形如其名，刀身呈等腰梯形状，长边为刀刃，短边为刀背，通体约10厘米，宽3～4厘米。为了更舒适地把握这种爪镰，设计者常会将短边的两角打磨成圆形，防止使用时硌手，避免误伤。梯形爪镰是方形爪镰的演变，分布地区与方形爪镰类似。

半月形爪镰呈月牙形或开扇形，既有平刃也有弯刃，通长6～15厘米，材质以木、石、铜为主，也有骨质。此形制可能是由镰刀的形状演变而来，在新石器时代就存在了，主要分布在中国东北、西南云贵川等地区，但经过较长时间的演化，现如今已经很难见到半月形的爪镰了。

此外，广西金秀还有一种形状奇特的爪镰，通体呈类圆形，直径约10厘米，上有2～3孔，常系一绳，上有木制刀柄，❷也是用于掐取谷穗。

爪镰作为一种实用且古老的器物，其装饰多样但不复杂，会因为制作区域不同而风格迥异。爪镰常见的装饰是在刀身和刀柄上，制作者一般采用鎏金、浮雕、镂空、镶嵌等工艺以花纹、图案、字符、镶嵌物等进行装饰，如云南省博物馆收藏的一对西汉时期的爪镰（原名为"镀锡叶脉纹铜铲"）铜柄部分鎏金，上有叶脉纹样装饰（图3-2-2-7②）；有些使用者还喜欢刻上"福"字，寓意美好的未来，体现了淳朴农民对美好生活的向往。当代的一些批量生产的爪镰还会用阳文或阴文（一种篆刻文字，笔画凸起是阳文，凹下是阴文）在刀身部刻上编号，以标识制作时间、厂家等信息，清晰而流畅。爪镰的色彩主要是由制作原材料决定，大多为黑色、灰色、银色、棕色等，偏冷的色调会给人锋利的感觉，符合爪镰本身的产品意象，还可提高一定的耐腐蚀性。不仅如此，一些爪镰还会用一些亮色点缀，使其显得生动而绚丽。总的来说，爪镰的形态装饰元素不仅是云南地区精湛制作工艺的体现，也是云南民族特色和地域文化的映射，更是淳朴农民个性和智慧融合的结晶。

---

❶ 王吉怀：《试论新石器时代的镰和刀》，第184页。
❷ 龚世扬：《农具铚的考古发现与再研究》，《四川文物》2017年第4期，第26、28页。

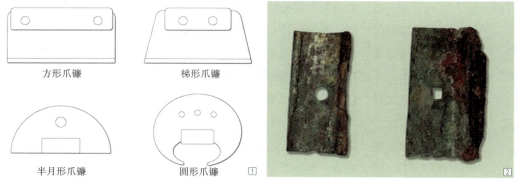

图3-2-2-7　爪镰形制和装饰
①形制　②装饰
（资料来源：②云南省博物馆官网）

（六）制作工艺分析

爪镰的制作过程是一种传统工艺，少有专门生产爪镰的厂家，大多都是出自手艺人之手，多用竹、木、铁、铜、锡、骨等材料制作。目前还未查阅到爪镰的详细制作过程。结合石器、刀具等相似器物的打磨制作方式，汇总整理出爪镰制作的基本流程（图3-2-2-8）。

第一步：准备材料。首先准备较为坚韧的刀身材料，推荐使用铁、铝合金或不锈钢材质等金属，准备坚固耐用的木料、竹子或金属材料来制作刀柄。

第二步：切割锻造。将整块金属刀身切割成适当大小的基本形，主要是方形、梯形形制。再将用于切割的刀身部分进行打磨，形成刀身厚、刀刃尖的形状（为了安全，一般不开刃）。与此同时，可进行刀柄的切割制作。

第三步：打孔。传统方法是用尖锐物在刀身部偏上部位直接凿两个洞，但按这种方法凿出的孔洞较粗糙，孔洞周围会凹凸不平，需要再对孔洞边缘进行初步打磨。现今已可直接用打孔机制作，用打磨机在孔洞周边作光滑处理，这样可避免切割面过于锋利而伤人。

第四步：装饰。利用刻刀、凿子等工具在刀身和刀柄上进行刻画、篆字等装饰性工作，以提升美观性和艺术价值。

第五步：装配。将刀柄固定在刀背上，为了防止木头刺手，可进行打磨髹漆处理，也可选择直接在刀柄上裹厚布，以提高握持舒适性和防滑性（刀柄是选择性装配，在平谷周边地区、山西以及西南的云贵川地区较常见）。同时，将事先准备好的绳子穿系于打磨好的两孔之间并固定住，控制好绳孔的长度，避免过长导致脱手。

第六步：打磨开刃。将刀身进行平滑打磨，刀背一端两角尽量做成圆弧形，并用研磨石对刀刃进行开锋。

第七步：抛光及加工。对刀身和刀刃进行抛光打磨，以降低表面的粗糙度，并对一些细节进行最后处理，如刀柄安装的稳定性、绳子长度的契合性等是否已达到使用要求。除此之外，有些使用者喜欢在爪镰的刀柄处加上一个铁环，用以将爪镰系在腰间或不用时挂在高处，避免他人不当使用。爪镰的制作流程较为传统，还需要进行较为危险的开刃流程，所以对工匠的要求较高，非专业人士不要进行这类器物的制作。

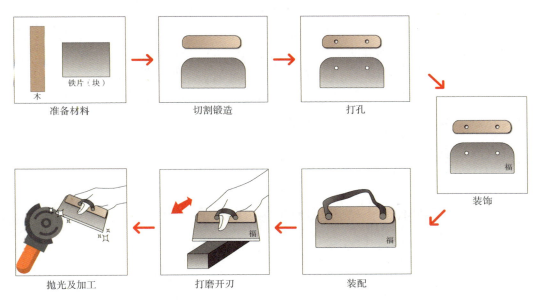

图3-2-2-8 爪镰制作流程

（七）设计比较分析

爪镰属于农作物收割工具，所以本书以收割工具为线索进行器物比较，选取了几种从镰刀演变而来的农作物收割工具，分别为钐刀、铁铍镰和钩刀（图3-2-2-9）。爪镰和这三种器物在南方丝绸之路上都很常见，均是用于农作物收割的工具。以下分别展开分析器物的构造、来源、适用场景等。

1. 钐刀

钐刀，别称"钐镰""麦钐"，一种手持收割工具，尺寸较大，常见用于收割小麦（图3-2-2-9①）。民间传说钐刀是蜀汉时期的丞相诸葛亮发明的，是关中地区和四川地区的古老收割器物。❶钐刀的整体结构简单，但又不同于传统意义的镰刀，主要由竹筐、木架、大镰刀片、拉绳、柄和手把等部分组成。竹筐用于装收割下来的麦穗，连在木架上；镰刀片长约1米，宽约5厘米，装在木架上，一根拉绳紧系于刀柄结合处（也可系在竹筐上）。使用钐刀时，右手持手柄，左手抓拉绳，右手以"抡"的动作由右向左挥舞钐刀，左手同时顺势拉绳提供更大的动力，挥刀轨迹以"弧（扇）"的形状划过麦田，麦子就顺势落进竹筐。❷使用时需注意安全，需掌握一定技巧，还要保持身体的平衡状态，避免误伤。

  钐刀和爪镰都属于镰刀的演变种类，但是钐刀的尺寸比爪镰大很多，所以钐刀必须双手进行操作，而爪镰在使用熟练之后即可进行单手进行操作。钐刀的收割效率远大于普通镰刀和爪镰，主要用于大范围的收割，不讲究精确性，就像"手工收割机"，而爪镰则大多都是一束一束地摘取，可满足精确摘取的需求。钐刀经常用在农作物完全成熟时期的大范围收割，而爪镰虽然在完全成熟期也有使用，但其功能特点更加适合预成熟期，用于精确收割成熟较早的谷穗，而不影响其他未成熟的谷穗。钐刀的历史悠久，虽然人使用它时劳动强度较大，但因为其效率较高，所以还是在民间广泛流传，在古代的南方丝绸之路上也较为常见。随着机械化发展和小麦种植面积的减少，钐刀也逐渐退出了历史的舞台，现在偶尔能在一些农村见到，但不可否认，钐刀在我国农业发展的历史进程中，也曾有过浓墨重彩的一笔。

  2. 铁钹镰

  铁钹镰❸，也是镰刀的演变形式，和钐刀类似，但它不需要和竹筐配合使用。铁钹镰是汉代出现的一种大型镰刀，两面有刃，木柄。使用时，双手握在刀柄，双手一齐发力挥舞，贴着地皮砍去，铁钹镰似弯月状可快速收割大片农作物，适用于收割大片成熟的麦田。❹《王祯农书》中曾描述铁钹镰说："摩地宁论草与禾，云随风卷一劖（chán）过。田头曾听农夫说，功比钩镰十倍多。"由此可见铁钹镰在古代就已经被视为高效率的收割工具。铁钹镰在四川较为常见，四川大邑龙乡（秦代）、新津（东汉）都有出土（图3-2-2-9②），四川出土的东汉画像砖上还有使用钹镰的画面。❺

---

❶《黑镜头》编辑部：《最后的震撼中国的不朽影像》，石家庄：花山文艺出版社，2005年6月，第210页。
❷ 王运钊：《巴蜀农具文化》，成都：四川师范大学电子出版社，2014年9月，第65页。
❸ 段渝、汪志斌：《四川古代发明创造遗产》，成都：巴蜀书社，2014年12月，第69、70页。
❹ 王运钊：《巴蜀农具文化》，第65页。
❺ 段渝、汪志斌：《四川古代发明创造遗产》，第70页。

图 3-2-2-9　设计比较图
① 钐刀　② 铁钹镰　③ 钩刀
（资料来源：① 公众号"影子之美自游之旅"，② 公众号"璜山书院"，③ 公众号"扎根农村"）

铁钹镰的整体功能类似钐刀，都是可大范围收割的用器，不同于爪镰的精确收割，效率较高，但是没有钐刀的竹筐，所以需要花更大的精力进行后期的拾取整理工作，且在地形不平整的农田里使用会受到限制。铁钹镰在古代还是作战兵器，士兵在战场上用它弯月般的镰刀来砍杀马腿，姜望（太公）曾在《六韬·兵器篇》中描述用铁钹镰作为武器的场景："春钹草棘，其战车骑也。"❶

3.钩刀

钩刀，又称"钩草镰""柴刀"，形如弯月，刃尖向内弯曲，短小而锋利（图3-2-2-9③）。其刃长在30～50厘米间，刀尖锐利，向外弯曲的部分作为刀背，刀背厚重，给人以沉稳的感觉。钩刀的出现可追溯到秦代，它既可作为刀具实现砍柴等功能，也可作为农具用于收割农作物，甚至在中国古代还作为兵器出现在战场上。钩刀因其有着锋利且向内弯曲的刀尖，所以很适合收割秆径较为硬的农作物，用刀尖顺势划开口子，再以划口为突破点砍下农作物。钩刀的长度适中，在收割时可以较好地掌控，所以在收割季节也较为常见。钩刀的使用方式一般是右手持刀，左手抓谷穗，右手顺势下砍，收割效率较高。

钩刀的收割精确度高于钐刀和铁钹镰，但又低于爪镰，使用者可以用钩刀割下身前的一把谷穗，适用范围较广，在全国各地都可以见到它的身影，几乎没有地形的限制。钩刀又因其特殊的结构，可以同时用作刀具、农具甚至兵器，且效率可观，是一个比较折中和百搭的民间农作器物。

综上，爪镰与钐刀、铁钹镰以及钩刀都是镰刀的演变，其历史均十分悠远，但其形态、结构、操作方式、使用场景等方面还是存在较大差

---

❶ [春秋]姜望（太公）：《六韬》卷三《农器篇》，北京：中华书局，2016年9月，第222页。

异（表3-2-2-1）。就形制而言，爪镰属于手抓式，手柄最小，可抓在掌心；钩刀为短柄弯月式，可握在手中；钐刀和铁铍镰都属于长柄式，但钐刀还需要装配竹筐配合使用。就用途而言，四者都是用于收割的农具，但钩刀也可作为刀具，用于砍树等。就使用方式而言，爪镰和钩刀都是单手或双手都可以使用，而钐刀和铁铍镰只能双手使用。就收割范围而言，爪镰大多都是一两株收割，钩刀一般一次可以收割一把稻谷，钐刀和铁铍镰都是大范围收割，一次可以收割一片，且钐刀还有竹筐用于装割下的农作物，效率最高。就使用时机而言，爪镰和钩刀的适用性较高，无论是预成熟期还是完全成熟期都可以使用，且不受地形限制，而钐刀和铁铍镰一般只能在完全成熟期用于大范围收割，且崎岖不平的农田很难使用，受地形限制较大。

表3-2-2-1 爪镰与钐刀、铁铍镰以及钩刀的异同比较分析表

收割器	形制	用途	使用方式	收割范围	使用时机
爪镰	手抓式	农具	双手/单手	一两株	预成熟期、完全成熟期
钐刀	长柄竹筐式	农具	双手	一片	完全成熟期
铁铍镰	长柄弯月式	农具	双手	一片	完全成熟期
钩刀	短柄弯月式	农具/刀具	双手/单手	一把	预成熟期、完全成熟期

（八）设计评价与研究

爪镰的历史极其悠久，见证了中国农业发展的历史进程，是农具里的"活化石"，饱含了中国古代劳动人民的智慧与汗水，在南丝路沿线的器物研究中也有着重要的地位。当今时代，爪镰已不是农业生产的主流工具，也面临被时代遗忘的困境，但其生产方式以及民族文化脉络是难以完全割断的，会永存于中国农业文化这块瑰宝中。所以，以爪镰为代表的农业生产器物，在未来还需社会各界持续关注与研究，需有更多的人为其文化传承与发展献出自己的力量。

1.设计评价

南丝路是中国西南段对外交流的主要通道，沿途经过国内的农业大省，即四川和云南，所以南丝路沿线的农业文化也较为丰厚。爪镰作为收割谷穗的古老器物，随着时代的发展形成了自己特有的文化标识与体系，对南丝路沿线的文化交流曾做出了重要贡献。在形制上，爪镰主要有方形、梯形、扇形和半月形四种形制，是器物的进化与演变的代表。在结

构工艺上，随着新材料的不断涌现，爪镰从原始农业时期的石制器物，慢慢丰富到使用铜、铁、铝合金、不锈钢等材料制作；从最初没有手柄的爪镰演变出装有手柄的爪镰，这是中国古代劳动人民对美好事物设计探索的过程体现。在色彩装饰上，爪镰并不复杂，但也讲究，如刻有吉祥寓意的文字，也有根据个人喜好利用雕刻、镶嵌进行装饰，以此来表达对美好生活的向往。然而，爪镰因其单次割取农作物的量较少、效率不高、容易误伤等，逐渐退出了历史舞台，但这不能否认爪镰设计的成功。其巧妙的结构、精湛的工艺以及深厚的历史文化底蕴，都让其成为繁多农具中的佼佼者。虽然现在处于农业机械化、智能化时代，但爪镰依然有其应用价值和研究价值，希望可以通过研究此类古老农具，发掘更多更深的农业文化，为中国当代的农业发展提出一定的借鉴和启示。

2.学术研究

国内对爪镰并未有过多或过深的研究，在知网搜索"爪镰"关键字，与之相关的论文仅有4篇，其中两篇是考古研究记录报告，而爪镰在文中也只是作为众多出土文物中的一类，对爪镰只是简单介绍大体形制、出土时间以及出土地点等基本信息，并未对爪镰有深入研究。另外两篇是对爪镰的研究，但也并非十分深入，其中秦璇结合爪镰来分析新石器时代的穿孔石刀，[1]张玉虎也只是分析了爪镰的形制与基本功能。[2]所以，就目前学术界对爪镰的研究情况而言，爪镰的学术研究空间还有很大，笔者也希望本书可以激起部分学者的兴趣，望学术界可以对爪镰等古老农具类器物投入更多的关注度，挖掘更广更深的中华文化。

3.当代转换

爪镰至迟源于新石器时代，是中国古代重要的农业工具，拥有深厚的文化内涵，但随着时代的发展，传统农具都难逃被现代化机械取代的命运，爪镰也不例外。一些使用者也尝试着对爪镰进行创新改进，如用更加舒适的材料制作手柄，期望爪镰还可以较好地用于现代的农业生活，但事与愿违，爪镰还是淹没在历史的长河中，即便在农村也很难再见到爪镰了。

虽然爪镰已不再是当代的主要农业工具，但其独特的设计结构、锋利的刃口以及低廉的制作成本，依然使其在生产生活中的某些领域保有一定的实用价值，如进行简单的切割工作。除此之外，爪镰逐渐成为一种农业文化符号，不少人把它视为文化与艺术相结合的工艺品收藏起来。

---

[1] 秦璇:《云南地区新石器时代至青铜时代穿孔刀型器研究》，第5–12页。
[2] 张玉虎:《爪镰》，第65页。

在一些公众号、网络视频或者旅游景点等都可以见到爪镰作为工艺品出现的身影，以爪镰作为媒介来讲述以往时代的故事。政府部门也逐渐开始重视保护和推广与爪镰有关的文化，如云南省博物馆官网和中国社会科学网都曾发布关于爪镰文化的专题文章。另外，仍有一些地区的老人存在着对传统农耕方式的情感依恋，将爪镰作为主要的收割工具。当代，一些设计师还尝试将爪镰与现代技术相结合，或依据爪镰精确切割的工作原理创造出新的器物，如采茶机（图3-2-2-10），其整体为单手持握，通过按压开关旋转机内刀片切割手边的一两颗茶叶，被切落的茶叶通过内部结构被传送至茶叶兜中，既能精确收割茶叶，又不伤及树干。

图3-2-2-10　采茶机

（资料来源：公众号"发明好物"）

综上所述，尽管现代农业技术已经取代了爪镰的主流地位，但它在某些特定领域中仍具有一定的文化传播价值。而且，随着时间的推移，爪镰逐渐演变成一种文化符号和新型农具。这恰恰证明了传统农耕文化的持久影响力和生命力，同时也为现代农业的创新发展注入了新活力。

三、蜀锦提花织机

（一）文化背景

中国自古就是桑蚕大国，四川是中国丝绸和传统丝织技艺的原产地之一，与四川有关联的蜀山氏、蚕丛氏、嫘祖、马头娘等传说故事，也充分体现出四川丝织技艺的地位。以蜀锦为代表的丝织技艺曾驰名中外，其耀眼辉煌、底蕴浓厚的特征在古代丝绸之路的贸易、文化交流中发挥了重要作用，也为中国纺织历史抒写了重要篇章。织机是织造蜀锦等丝锦的器物，经过几千年的演变，从原始腰机（又称踞织腰机❶）或双轴织机❷一步步发展出踏板织机❸、提花织机等多种类型（图3-2-3-1）。其中，

---

❶ 李强，李斌：《图说中国古代纺织技术史》，北京：中国纺织出版社，2018年5月，第117页。
❷ 以固定双轴为主要特征，需要用手提综竿或手动开口，是综蹑织机的起源，存在时间很短。李强，李斌：《图说中国古代纺织技术史》，第146页。
❸ 也称综蹑织机，是带有脚踏提综开口装置纺织机的通称，织机手用脚踏板与综连动开口是织机历史上的一项重大发明，它将织工的双手从提综动作解脱出来，以专门从事投梭和打纬，大大提高了生产率。李强，李斌：《图说中国古代纺织技术史》，第147页。

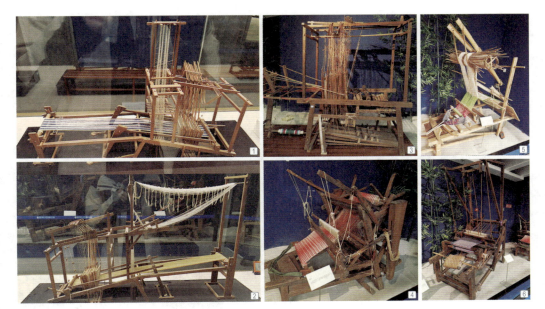

图3-2-3-1 织机一览
①小花楼织机 ②大花楼织机 ③丁桥织机 ④腰机 ⑤竹笼机 ⑥脚踏手工木织机

提花织机为古代织机发展之最，分为多综式提花织机和束综式提花织机，其挑花结本的结构原理至今仍在沿用。蜀锦提花织机复杂且精密，可实现复杂纹样的循环织造和批量生产，极大地提升了蜀锦在生产和贸易方面的价值，也将蜀锦织造技艺推到了极高水平，进而助推了南丝路沿线文化和贸易的交流，也成为中国古代南丝路历史的实证器物。蜀锦提花织机虽然在当代已被各种工业纺织机器所取代，但其关联的、独特的文化价值，仍是南丝路甚至是中国多方面学者挖掘不完的宝藏，值得去深入研究。

1. 织机

我国盛产蚕丝，是丝绸的发源地，拥有悠久的丝绸历史，由此，织机也应运而生。织机，一种用于织造丝锦的器物，古代一般依靠人力进行操作，一些大型织机需要多人配合协同工作。李约瑟（Joseph Needham）曾在《中国科学技术史》中说："中国人赋予织造工具一个极佳的名称：机。从此，机成了机智、巧妙、机动敏捷的同义词。"[1] 经过长时间的演变，织机形成了多种类型。结合各时期文献资料来看，按发展历程分类，大致可分为原始腰机、踏板织机和提花织机等，提花织机随历史演变又可分出多综提花织机和束综提花织机；按织造丝织品的不同

---

[1] 李约瑟：《中国科学技术史》，北京：科学出版社，1990年7月。

种类，又可分为绢织机、罗织机、绒织机等;❶高汉玉在《中国纺织科技史资料》中将中国古代织机划分为踞织机、斜织机、多综多蹑织机和花楼提花织机四种类型。❷这些不同种类的织机，为丝锦织品制造技术的发展做出了巨大贡献。

织机的历史可追溯到距今7000年左右的新石器时代。浙江余姚河姆渡等遗址出土有木机刀、木骨匕、卷布轴、锯形物等原始腰机部件，宋兆麟先生也曾复原过此部件❸（图3-2-3-2①）。原始腰机虽然结构简单，仅由几根木棍组成，却为后世织机的发展积累了前期基础。❹明代邓廷宣的《琼黎风俗图》是迄今为止发现绘画中最早有关于原始腰机图像信息的作品（图3-2-3-2②）。❺云南石寨山和李家山墓穴分别出土过一件两汉时期雕塑有纺织生产画面的青铜贮贝器，生动再现了当时人们使用腰机织布的场景。❻在当代，南丝路上的一些少数民族（如彝族、傣族等），偶尔使用原始腰机。

随着历史变迁以及人们不断地改进，逐渐发展出双轴织机、斜织机、踏板织机以及演化的提花织机等。已出土的提花实物经过专家考证，认为提花织机的出现时间应在商代或更早。❽秦汉时期的织机较商周的有很大进步，有织造素织物的斜织机，以及织造纹织物的提花织机。依据四川、山东、江苏等地出土的画像石和画像砖图像（图3-2-3-3），一些专家推测，最迟在东汉时期，综蹑织机已在长江流域、黄河流域普遍使用。综蹑织机的生产效率更高，又分为单蹑单综机、双蹑单综机和双蹑双综机等类型。此类织机的快速发展，为以挑花结本为关键技术的束综提花织机（分为小花楼织机、大花楼织机）的发明奠定了技术基础。它以线制花本形式

图3-2-3-2 腰机图
①原始腰机复原图（宋兆麟） ②《琼黎风俗图》
（资料来源：①《中国原始腰机起源和研究的考辨》❼
②海南省博物馆）

---

❶ 赵丰，尚刚，龙博：《中国古代物质文化史·纺织（上）》，北京：开明出版社，2014年1月，第70页。
❷ 高汉玉：《纺织机械发展史略》，《中国纺织科技史资料》（总第十四集）1988年，第20-22页。
❸ 夏克尔·赛塔尔，李强：《中国原始腰机起源和研究的考辨》，《丝绸》2015年第9期，第55页。
❹ 朱新予：《中国丝绸史（通论）》，北京：纺织工业出版社，1992年2月，第11页。
❺ 李强，李斌：《图说中国古代纺织技术史》，第121页。
❻ 夏光辅：《云南科学技术史稿》，昆明：云南人民出版社，2016年4月，第50页。
❼ 夏克尔·赛塔尔，李强：《中国原始腰机起源和研究的考辨》，第55页。
❽ 赵丰，尚刚，龙博：《中国古代物质文化史·纺织（上）》，第73页。

贮存和释放织物的提花信息，是花楼织机织造出精美锦织物的关键，其诞生是中国古代织造工艺中最伟大的成就。❶

图3-2-3-3　东汉画像石（部分）中的织机
①成都曾家包出土　②江苏铜山洪楼出土
（资料来源：①《四川成都曾家包东汉画像砖石墓》❷，②《中国古代物质文化史·纺织（上）》❸）

2.蜀锦与提花织机

（1）历史长河中的蜀锦

蜀锦的历史悠久，风格独特，蜀锦织造分为经锦和纬锦，常以经向彩条为基础，以彩条起彩、彩条添花为特色，有独特的整经工艺。❹明清以来，蜀锦与南京云锦、苏州宋锦、广西壮锦并称为"中国四大名锦"，蜀锦早于其他名锦一千余年，有"天下母锦"的美誉，❺最早可追溯至公元前2600多年的蚕丛氏，❻每个时期都各具特色（图3-2-3-4）。作为南丝路起点的成都，在战国时期，其城市雏形已初现，那时的蜀锦织造多为花草、龙凤、几何等拟物风格为主的纹样。织锦业发达以及闻名遐迩的蜀锦让生产作坊"锦官城"逐渐成为成都的代称。汉代蜀锦的织造技术出色，已拥有卓越的染色和丝织技艺，❼其纹样多为飞云流彩，著名

---

❶ 李强，李斌：《图说中国古代纺织技术史》，第140、150、164页。
❷ 陈显双：《四川成都曾家包东汉画像砖石墓》，《文物》1981年第10期，第27页。
❸ 赵丰，尚刚，龙博：《中国古代物质文化史·纺织（上）》，第133页。
❹ 段渝、汪志斌：《四川古代发明创造遗产》，第27页。
❺ 谭良啸，吴刚：《文物为成都作证》，成都：成都时代出版社，2015年6月（2022年1月重印），第102页。
❻ 晓婷：《"天下母锦"——蜀锦》，《中国纤维》2021年第9期，第69页。
❼ 柴逸扉：《天工开物造蜀锦——蜀锦的花楼木织机和织造技艺》，人民日报海外版，2015年12月，第5页。

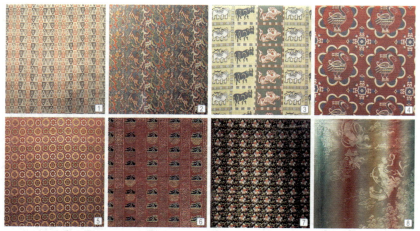

图3-2-3-4 各时期蜀锦一览
①战国塔形纹锦 ②汉五星出东方利中国锦 ③北朝方格兽纹锦 ④唐红地五彩鸟纹锦 ⑤宋八答晕锦 ⑥元红地万年青织金锦 ⑦明太子绵羊锦 ⑧清雨丝锦
（资料来源：⑥成都博物馆官网）

的"五星出东方利中国"[1]蜀锦（中国丝绸博物馆2018年曾成功复制此锦）就出自此时期。南北朝的蜀锦吸收了更多的外来文化元素，纹样多呈静态对称风格。唐代蜀锦已开始广泛使用束综提花织机织造，常用灯笼锦、团花纹锦、赤狮凤纹锦等纹样表现，其风格雍容大度，深受贵族喜爱，甚至远销海外，日本派出遣唐使把蜀锦带回日本收藏，如日本正仓院、法隆寺等地还珍藏有唐代的蜀锦。[2]宋代蜀锦冰纨绮绣，纺织技术高超，"八答晕"锦[3]和"六答晕"锦的设计尤为出色，巧妙地运用了牡丹、菊花、宝相花图案的虹形叠晕套色手法，独具艺术特色。元代蜀锦发展虽然停滞不前，但还是出现了"纳石失""金搭子"等新织物（将金箔技艺引入蜀锦）。明代蜀锦又有所发展，出现了"对马纹锦""太子绵羊锦"和"百子图锦"等纹样。清代蜀锦织造技艺更上层楼，采用了多彩叠晕技艺，即用多种色相差别大的颜色组合来织造。[4]蜀锦炉火纯青的织造技艺成就了如"方方锦""月华锦""浣花锦"等流芳百世的"晚清三绝"[5]。

---

[1] 新疆民丰县尼雅遗址出土的"护臂"织锦，锦面织有"五星出东方利中国"文字，为蜀锦。护臂圆角长方形，白色绢缘，缝缀6条白绢系带，长18.5、宽12.5、系带长21厘米，部分系带残断。锦面以宝蓝、草绿、绛红、明黄和白色等5组色经根据纹样分别显花，织出星、云纹及孔雀、仙鹤、辟邪、虎等瑞禽兽纹样。于志勇：《新疆民丰县尼雅遗址95MNI号墓地M8发掘简报》，《文物》2000年第01期，第28、38页。
[2] 谭良啸，吴刚：《文物为成都作证》，第106页。
[3] 段渝、汪志斌：《四川古代发明创造遗产》，第162页。
[4] 张峰：《蜀锦织造技艺的HTML5交互设计研究》，上海：上海工程技术大学硕士学位论文，2021年，第14、15页。
[5] 钟秉章，卢位平，黄修忠：《蜀锦织造技艺》，杭州：浙江人民出版社，2014年1月，第19页。

（2）蜀锦提花织机简介

提花织机，也称"提花机"，是一种可以反复、有规律地织造复杂花纹的编织器物，是技艺传承人对古代原始织机改进后的成果，较大地提升了丝锦编织效率。提花织机的历史最早可追溯到商代或更早时候的提花腰机，[1]这类腰机在当时已具备提综、引纬、打纬、送经和卷取等提花织机所拥有的基础功能，（踏板）综蹑织机的演变发展，促推了提花织机的形成。提花织机在中国古代丝绸史中占据了重要位置，是南丝路上的重要器物，具有丰富的历史文化价值，不少学者也沿着提花织机的发展历程，对南丝路沿线的器物文化展开了更深的研究。

束综提花机是在多综多蹑织机发展基础上出现的，[2]是中国古代织机的最高峰，[3]有学者认为其在西汉初期已出现，[4]代表了古代中国提花技术的最高水平，突破了传统织机只能以综片提升经线的约束，极大地提升了编织效率。花楼织机又分为大花楼织机（云锦花楼织机）和小花楼织机（图3-2-3-5），大花楼织机提花纤线有两千多根，花本大而环绕张悬，可编织的纹样较为复杂，且循环极大，可达十余米，常织云锦、龙袍凤衣等；小花楼织机提花纤线仅有一千根左右，花本小而分片悬挂，可编织的纹样相较而言更为简单，常用编织多则花的小花幅织物，如四川蜀锦和苏州宋锦。[5]宋应星在《天工开物》中将提花织机的结花本视为天上织女的编织艺术"凡工匠结花本者，心计最精巧。……天孙机杼，人巧备矣"[6]。东汉王逸在《机妇赋》中载："三轴列布，上法台星，两骥齐首，俨若将征……高楼双峙，下临清池，游鱼衔饵，瀿潒其陂。"[7]此赋中的"高楼"指的应是"花楼"，可见花楼织机在汉代已开始流行使用了。

2012年，四川成都天回镇老官山汉墓出土的还残存有丝线、染料的四部木制织机模型和模拟汉代蜀锦纺织工场中织造工的彩绘木俑（图3-2-3-6①），[8]是汉代提花织机最为重要的研究资料，这也说明汉代

---

[1] 丁怀进：《中国古代提花织机及其技术浅析》，《现代丝绸科学与技术》2012年第3期，第125页。
[2] 李强，李斌：《图说中国古代纺织技术史》，第160页。
[3] 李强，李斌：《图说中国古代纺织技术史》，第161页。
[4] 朱新予：《中国丝绸史（专论）》，北京：中国纺织出版社，1996年1月，第142页。
[5] 赵翰生，邢声远，田芳：《大众纺织技术史》，济南：山东科学技术出版社，2015年8月，第52页。
[6] [明]宋应星：《天工开物》卷2《乃服》，北京：中国画报出版社，2013年1月，第48页。
[7] 李昉，李穆，徐铉等：《太平御览》（第4册），北京：中华书局，1960年1月，第3678、3679页。
[8] 谢涛，武家璧，索德浩，刘祥宇：《成都市天回镇老官山汉墓》，《考古》2014年第7期，第70页。

的成都已有较成熟的蜀锦提花机制造技术。四部织机结构复杂精巧，保存十分完整，总体上属于多综式织机类型（用多片综片来织花，织出图案呈扁长形），其结构、织造原理与后世的多综多蹑织机有极为紧密的联系。❶同时期的贵州、云南的百姓也已在使用竹钉和竹笼编织的帘式提综织机来满足日常的丝锦需求，这类提花织机就是花楼织机的前身，云南西双版纳和德宏地区所用的傣锦织机也是这种帘式织机。汉代画像石上也描绘了蜀地的棒纹编综提花机（图3-2-3-6②），也称斜织机，是花楼织机的前身。❷

唐代前期，蜀锦提花机主要是多综多蹑机，中唐以后多采用束综提花的花楼机。唐代提花机称为"蜀锦机"或"蜀机"；宋代的提花机称"大牵设机"。❸

图3-2-3-5 大小花楼织机
①小花楼织机 ②大花楼织机

图3-2-3-6 织机
①成都老官山汉墓出土织机 ②汉画像石上的斜织机
（资料来源：①中国丝绸博物馆官网，②《中国汉画造型艺术图典·器物》❹）

---

❶ 赵丰，尚刚，龙博：《中国古代物质文化史·纺织（上）》，第140页。
❷ 钟秉章，卢位平，黄修忠：《蜀锦织造技艺》，第83、84页。
❸ 李敬洵：《四川通史》卷三，成都：四川人民出版社，2010年1月，第347-349页。
❹ 李国新，杨蕴菁：《中国汉画造型艺术图典·器物》，郑州：大象出版社，2014年11月，第102页。

（二）案例简介

收藏于成都蜀锦织绣博物馆的清代道光年间蜀锦花楼织机，长约600厘米，约500厘米，宽约150厘米（图3-2-3-7），是束综提花织机的一种，属于小花楼织机，这是目前全球唯一一台仍可正常使用的蜀锦花楼织机。蜀锦花楼织机的织物幅宽通常为78～80厘米，能够适应各种不同织物的需求。

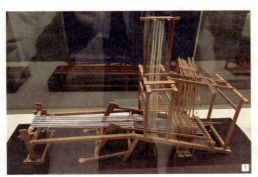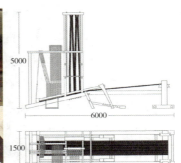

图3-2-3-7　蜀锦花楼织机
①蜀锦花楼织机　②三视图

（三）使用方式分析

蜀锦花楼织机是一种大型束综提花织机，分上下两层，运行时需两位工人协同工作（图3-2-3-8①）。一位工人坐于花楼上层侧面的座板之上，称"挽花工"（也称"挽综工"），他们负责根据预定花纹图案，不断挽提综束，操纵花经，通常一张提花机只用一名挽综工，织造复杂的花纹需要两名挽综工。❶另一位在机下负责织纬的工人称"投梭工"或"织工"，他们不仅要完成抛梭投纬和持筘打纬的工作，还要负责脚踏足蹑来形成素综片的开口。❷两位工人的配合需具备高度的默契，他们通常会依据特定的口诀来唱歌，这种"边唱边织"的方式不仅可以指引两位工人正确操作，还可以用来保持节奏和协调操作，如"上花要如猴上树，下花犹如鹰抓兔，眼观竹钩，耳听仓响""踏综抬脚跟，牵经拉紧绳""梭过之后，居然花现"等。这种上下协作的方式，使得上者（挽花工）提一经线，下者（投梭工）投一梭、打次纬，然后一经一纬地循环

---

❶ 段渝、汪志斌：《四川古代发明创造遗产》，第127页。
❷ 丁怀进：《中国古代提花织机及其技术浅析》，第127页。

往复，最终编织出精美的蜀锦。❶蜀锦的织造过程非常精细，每1厘米的蜀锦需要消耗136~140根纬线。即使是经验丰富的熟练工人，他们一天也只能织出7~8厘米的蜀锦。❷这种精细的工艺和长时间的劳作，使得蜀锦成为一种珍贵的织品，深受人们的喜爱。

　　蜀锦能成为南丝路上的中华瑰宝，除了用精细的提花织机制作，还离不开前期的复杂备料工序，如育蚕缫丝、染色制纹、提花成衣等过程。育蚕缫丝是十分复杂的，据《康熙御制耕织图》记载，共有浴蚕、二眠、三眠、大起、捉绩、分箔、采桑、上簇、灸箔、下簇、择茧、窖茧、炼丝、蚕蛾和祀谢等共十五个环节，❸经此环节挑选后的蚕，才具备制出优质丝的可能。染色制纹要求匠人先将天然染料与温水以1∶50的比例调色（可根据颜色深浅自行调整），再将生丝均匀上色。纹样的制作包括纹样设计、经纬丝色彩组合、挑花结本（穿经过线，图3-2-3-8②）等步骤。❹提花成衣则需用蜀锦花楼机进行攀花（包括过花本、投梭、打纬、挽花、接头、打结等），然后进行剪帛成衣，才可制成一件精美的衣服。

图3-2-3-8　蜀锦花楼机工作场景
①上机　②蜀锦挑花结本
(资料来源：①《天工开物造蜀锦——蜀锦的花楼木织机和织造技艺》❺；②《蜀锦织造技艺：从手工小花楼到数码织造技术》❻)

---

❶ 于湛瑶：《神机妙算：中国古代织机及其演变》，《农村·农业·农民（A版）》2020年第6期，第61页。
❷ 柴逸扉：《天工开物造蜀锦——蜀锦的花楼木织机和织造技艺》，第5页。
❸ [清]焦秉贞绘，张立华注释：《康熙御制耕织图》，合肥：安徽人民出版社，2012年12月，第60-89页。
❹ 张峰：《蜀锦织造技艺的HTML5交互设计研究》，第8、9页。
❺ 柴逸扉：《天工开物造蜀锦——蜀锦的花楼木织机和织造技艺》，第5页。
❻ 黄修忠：《蜀锦织造技艺：从手工小花楼到数码织造技术》，北京：化学工业出版社，2014年11月，第75页。

（四）结构原理分析

明代宋应星的《天工开物》曾详细介绍过小花楼织机的结构（图3-2-3-9①），当代学术界也已对小花楼织机进行了成体系研究，可见小花楼织机在古代已较为成熟。依据现有文献资料对小花楼织机的结构进行归纳整理，将其分为机架、开口、投梭、打纬、卷取和送经等六大主要部分（图3-2-3-9②）。❶

机架：是小花楼织机的基础结构，由上下排沿、衬桩、腰机脚、关门柱、四柱、火龙圈等部件构成。这些部件共同承担了小花楼织机的整体受力，并保证了小花楼织机的平衡。

开口：是小花楼织机的重要组成部分，包含提花装置和其他关键部位，如立人、穿心轴、木雕、走云子、弓棚、天桥、冲天柱、踏脚杆、综框等。通过一系列复杂的机械和杠杆机制，能精确控制纬线的引入和经纱的上下运动，编织出精美的图案纹理。

投梭：会依赖工人的双手来操作。投梭工按照既定的顺序投出梭子，每个梭子都承载了一种颜色的纬线或图案的经线，以此控制织物的颜色和图案。值得一提的是，每织造1厘米的织物，就需要完成120次的投梭动作。

打纬：由综框、竹箔、撞杆、黎束、绵牛、土地石等部件组成。其主要功能是将梭子从水平方向准确地对应到经纱架上，促使经纱按规律上下运动，进而推进编织工作。

卷取：由怀辑（卷绸辑）、马头、撬尺、撬绳等部件构成。这部分与其他结构相协调工作，将初步形成的织物引导离开织口，确保纬纱的排列密度和排列顺序。

送经：由衬子（经轴）、云头、云花子、羊蹄子、金刚圈、象鼻子、撬绳等构成。其主要任务是将经纱从卷装上引出，同时放入下一个工作区域。

小花楼织机的核心技术原理在于花本的应用。花本由耳子线和脚子线按设计好的图纸编织挑花而成，按照事先编排的程序，花楼上层的挽花工拉起耳子线，与上层脚子线分离，同时提起分出的脚子线和纤线，进而带动经线上升形成梭口。❷通过这种方式，花本图案编织程序的信息

---

❶ 黄修忠：《蜀锦织造技艺：从手工小花楼到数码织造技术》，第16、17页。
❷ 赵翰生、邢声远、田芳：《大众纺织技术史》，第54页。

被传导至经线，从而精确控制经线的升降。❶这一关键技术的应用，确保了小花楼织机能够编织出复杂且精细的图案。

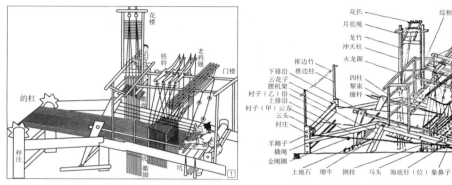

图3-2-3-9　蜀锦花楼织机结构
①结构简图　②结构详图
（资料来源：①《天工开物》❷，②《蜀锦织造技艺：从手工小花楼到数码织造技术》❸）

（五）形态装饰分析

提花织机经过几千年的演变，发展出各种类型的提花织机，小花楼织机就是其中的典型代表，上呈多综式提花织机，下启大花楼织机。其整体大多由木或竹材料制作，形态按照机身的倾斜程度可分为水平式和斜身式。❹

水平式小花楼织机，宋代楼璹的《耕织图》和元代薛景石的《梓人遗制》所记载的就是水平式小花楼织机（图3-2-3-10①）。其形制为"横平竖直"的体现，形态典雅，机身平且直，上有高耸花楼，打纬用筘，其上装有与卧牛木相接的立杆，以增强筘的打纬力度，❺适用于轻质织物。此类型是小花楼织机的早期形态，后经过改良才出现了斜身式小花楼织机。

斜身式小花楼织机，《天工开物》中曾记载小花楼织机是斜身式的（图3-2-3-10②），其产生时间晚于水平式小花楼织机。❻文中所举案例的蜀锦花楼织机就是斜身式小花楼织机，其结构相比水平式更为复杂，整体形制相似，机身依然直挺，但已有一定的倾斜度。制作时经丝从经轴

---

❶ 丁怀进：《中国古代提花织机及其技术浅析》，第127页。
❷ [明]宋应星：《天工开物》卷2《乃服》，第46页。
❸ 黄修忠：《蜀锦织造技艺：从手工小花楼到数码织造技术》，第16页。
❹ 朱一帆：《中国古代织造工艺中的花本研究》，上海：东华大学硕士学位论文，2022年，第25、26页。
❺ 李斌，刘安定：《中国古代小花楼织机形制的研究》，《武汉纺织大学学报》2013年第05期，第5页。
❻ 李斌，刘安定：《中国古代小花楼织机形制的研究》，第5页。

开始，沿着机身的水平方向延伸，经过叠助后的支架，沿着机身倾斜角度向前延伸而下。这样的设计不仅可以利用重力增加并稳定打纬的力量，还确保了经丝的稳定性和织物的平整度，有利于织造厚重型织物。正如宋应星所言："自花楼向身一接斜倚低下尺许，则叠助力雄。❶"

除以倾斜程度来进行形态分类外，还有学者按织机脚竹和衢脚的摆放位置，将小花楼织机分为坑机式和旱机式。❷脚竹和衢脚埋于地下为坑机，置于地上为旱机。坑机式小花楼织机机身置于地面，前部下挖坑40厘米，后部达50厘米，脚竹和衢脚就藏于其中。❸因此坑机式适用于气候干燥地区，可置于民宅中；旱机式适用于气候潮湿地区，常置于高楼中。

蜀锦花楼织机虽然所产织物大多用于装饰生活环境，但作为编织型实用器物本身，工匠对蜀锦花楼织机并无太多装饰讲究。一般而言，工匠会对蜀锦花楼织机进行大面积髹漆装饰，机身多以黄色、棕色等深颜色为主，但也有些工匠喜欢将花楼和上下沿排髹为绿色或蓝色（图3-2-3-10③），体现出传统蜀文化的韵味。有些工匠则喜欢将以往编织的成品挂于花楼机上或摆放在花楼机周边，以此作为装饰并用于及时展现自己的技艺，这样可吸引更多顾客。彩绘、雕刻等装饰行为也会因为工匠个人喜好而存在不同，有的会装饰云纹、莲花纹、竹叶纹、有美好寓意的文字等，这样的装饰富含艺术气息和民俗特色。织机的花楼部分通常用金属或石制部件进行装饰，在提升美观度的同时，能提高耐用度，还有工匠偶尔也会用一些现成的挂饰来进行装饰。总的来说，蜀锦花楼织机的装饰不仅让观者有眼前一亮的感觉，还使古蜀民间特色得到体现，也映射出南丝路的古有文化。

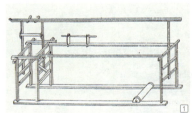 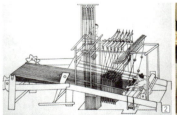 

图3-2-3-10 小花楼织机形态与装饰
①水平式小花楼织机 ②斜身式小花楼织机 ③小花楼织机装饰
（资料来源：①《梓人遗制》❹，②《天工开物》❺）

---

❶ [明]宋应星：《天工开物》卷2《乃服》，第47页。
❷ 李斌，刘安定：《中国古代小花楼织机形制的研究》，第6页。
❸ 金文：《南京云锦》，南京：江苏人民出版社，2009年5月，第70页。
❹ [元]薛景石：《梓人遗制》，南京：江苏凤凰科学技术出版社，2016年12月，第59页。
❺ [明]宋应星：《天工开物》卷2《乃服》，第46页。

（六）制作工艺分析

蜀锦花楼织机在现实中保存量极少，国内仅3台。其整体结构基本都用竹、木制作，以传统榫卯技艺连接是古代工匠智慧的结晶。当代鲜有工匠使用蜀锦花楼织机，仅在一些博物馆尝试复原制作，以用作展览和科普。学术界暂未关注花楼织机本身的制作流程，可查阅的资料也较少，因此，结合各类资料中的装造技艺，整理出了蜀锦花楼织机制作的大致流程，具体如下。

第一步：切割塑形。将事先准备好的竹或木头进行切割，塑造成各部件的基础形状，可稍做大一点，因为下一步还要去除部分材料。

第二步：打榫抛光。整体结构大多由榫卯结构连接而成，所以要按设计图纸对各部件进行打榫和开孔，同时对部件进行抛光，使表面光滑，避免刺伤。

第三步：组装机架。将基础机架的各部件榫头（榫）插进榫眼（卯）中固定住，保证整个机器的整体平衡。

第四步：装配部件。将花楼、开口、投梭、打纬、卷取和送经等各部件进行组装，并依次装配到机架上。

第五步：髹漆装饰。按照工匠的个人喜好选择颜色进行髹漆，或在机身进行雕刻等工艺装饰，挂设一些摆件亦可。

第六步：结构测试。有上下两层且二层还要坐人的织机，必定先要保证其安全性。组装完成后要对织机的结构稳定性进行反复测试，确保安全后才能进行蜀锦的上机装造。

第七步：上机装造。主要涉及将纤线（甲子线）与拉子线进行连接，并进行分扒分丛，随后将其穿入花扒的步骤。纹制线从上到下的连接顺序为：花扒、纤线（甲子线）、爪拉子线、中衢线（综丝）、下衢线、下衢脚，拉花线（过线）则位于纤线之间（图3-2-3-11）。❶

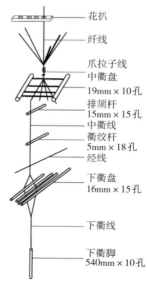

图3-2-3-11　纹制线结构图
（资料来源：《蜀锦织造技艺：从手工小花楼到数码织造技术》❷）

---

❶ 黄修忠：《蜀锦织造技艺：从手工小花楼到数码织造技术》，第36页。
❷ 黄修忠：《蜀锦织造技艺：从手工小花楼到数码织造技术》，第37页。

（七）设计比较分析

为更全面地展示蜀锦提花织机的设计特点，特选取南丝路上的丁桥织机、彝族井字形织机和傣锦织机来进行比较分析（图3-2-3-12），主要比较这些器物的来源、功能、特征等内容。

图3-2-3-12　彝族井字形织机
①丁桥织机　②彝族井字形织机　③傣族织机
（资料来源：②《彝族井字形织机考察及文化研究》❶，③《德宏傣族民间科学技术：汉文、傣文》❷）

1.丁桥织机

丁桥织机，又称"绫机""辫机"，其历史可追溯到春秋战国时期，❸为多综多蹑提花织机的典型代表，至今还留存于四川成都双流的农村地区。其长230厘米，宽85厘米，高180厘米，多用于蜀锦织造。这种织机具有完整的机架，所用综有两种，一种是上开口综，称为"范子"，由脚踏杆通过挂在顶梁上的木雕提综开口。"范子"用作纹综，控制提花。❹丁桥织机踏板上竹钉密布，形如河中石墩的排列，因此得名"丁桥织机"（图3-2-3-12①）。❺丁桥织机的结构和功能（送经、卷取、开口、提花、投纬等）已趋于完善，通常配备2~8片地综（又称"伏综""占子"，控制地经）和40~60片花综（又称"范子"，控制纹经），踏板与综片数量一致，一块踏板带动一片综提花。❻丁桥织机常产凤眼、潮水、散花等花纹花边和五色葵花、水波、龟纹等花锦、花绫。❼20世纪80年代，成都双流的丁桥织机保有量达600多台，甚至一户就有两三台。❽

---

❶ 刘一萍，周美余，卢明：《彝族井字形织机考察及文化研究》，第120页。
❷ 秦莹，莫力：《德宏傣族民间科学技术：汉文、傣文》，芒市：德宏民族出版社，2014年12月，第107页。
❸ 赵翰生，邢声远，田芳：《大众纺织技术史》，第51页。
❹ 刘辉：《中国古代传统经锦织造技术再探讨》，《自然科学史研究》2015年第3期，第345页。
❺ 胡玉瑞，王君平，等：《从丁桥织机看蜀锦织机的发展——关于多综多蹑织机的调查报告//中国纺织科技史资料（第1集）》，北京：北京纺织科学研究所，1980年，第50页。
❻ 刘辉：《中国古代传统经锦织造技术再探讨》，第3445页。
❼ 赵翰生，邢声远，田芳：《大众纺织技术史》，第52页。
❽ 钟秉章，卢位平，黄修忠：《蜀锦织造技艺》，第9页。

丁桥织机仅需一人即可运行，和其他提花织机一样可循环编织花纹，因花本纵向受限，其编织的纵向花纹较短（横向不受限），常用于生产窄幅锦带，并不适合织造古代的经锦。❶相较而言，蜀锦花楼织机更加先进，其将相同升降运动的综合并，以线综控制提花而不以综片控制，形成束综提花。其横向花纹以多则花的设计为主，纵向则可延伸较长，从而能够织造出较大型的提花织物，适应的品种广泛，限制也较少。

2. 彝族井字形织机

彝族井字形织机（图3-2-3-12②），形如其名，由数根横轴与纵轴交织组成，共同构建出不同面均为"井"字形的机架结构，通体长约260厘米、宽约70厘米、高约150厘米，属于双踪双蹑提花织机的一种。❷彝族井字形织机是古代彝族人民在日常生活劳作中逐渐产生的织造器物，其源起时间没有资料明确记载，主要分布在四川、云南以及贵州的彝族生活区域。各地的织机形态或细节会略有不同，但整体结构相似，都拥有开口、引纬、打纬、送经、卷取等五大部分。

彝族井字形织机的结构与蜀锦花楼织机相似，都拥有提花织机的基本结构，其核心部件是具有开口功能的综蹑装置，但蜀锦花楼织机的"束综"被改良，效率更高。不同于蜀锦花楼织机，彝族井字形织机结构更简单，只需一位工匠操作，但操作时的姿势会更加自由，会因织机结构、环境空间等因素不同而有不一样的姿势，如有的会弯腰、有的会正站、有的会侧站、有的会正坐、有的会侧坐等，常用于织造大麻、苎麻、火草、棉织物等；❸而蜀锦花楼织机的长度与高度均可达数米，操作时需要两人默契地协调配合，才能编织出精美织物，常用来编织四川蜀锦和苏州宋锦。❹

3. 傣锦织机

傣锦织机，属于帘式低花本提花织机，是一种低架式的织机，由织工直接操控花本来进行提花织造，❺是小花楼织机的早期形态，战国时期流行于四川、云南和贵州等西南地区，❻尤其云南的西双版纳和宏德地

---

❶ 罗群：《古代多综多蹑提花织机结构及装造形式探讨》，《丝绸》2011年第5期，第45页。
❷ 刘一萍，周美余，卢明：《彝族井字形织机考察及文化研究》，《装饰》2022年第6期，第119页。
❸ 周美余：《西南地区彝族井字形织机考察及文化研究》，重庆：西南大学，2023年，第31、32页。
❹ 赵翰生，邢声远，田芳：《大众纺织技术史》，第52页。
❺ 赵丰：《中国传统织机及织造技术研究》，上海：东华大学博士学位论文，1997年，第91页。
❻ 黄修忠：《蜀锦织造技艺：从手工小花楼到数码织造技术》，第9页。

区的傣族热衷于用其进行织造工作。傣锦织机有架腰式和四柱式两种类型，架腰式也有立地式机架支撑（图3-2-3-12③），但并非像四柱式那样像"盒子"一样。其提花原理与其他提花织机大同小异，地组织的开口信息被保存在地综片上，而花组织的开口信息则存储在织物上方的花本中。❶

不同于蜀锦提花织机，傣锦织机呈低架式，结构更为简单，由机身、经架、梭子等部件组成，仅需一人操作即可，所以其花本为了迎合单人使用情景不宜过大或过重，且其提花竹针装载数有限，所以不能大范围地循环织造经向花纹，适用于传统经锦的制作。除此之外，傣族妇女喜欢用其织造傣族传统的筒裙、床单等，具有浓厚的民族文化特色。

综上，蜀锦花楼织机和丁桥织机、彝族井字形织机以及傣锦织机都是南丝路上常见的织造器物，都拥有丰富的历史文化背景。虽然四者都是提花织机，原理基本相似，但在机型、形制、操作人数、织造特点等方面有着明显区别（表3-2-3-1）。就机型而言，蜀锦花楼织机属于小花楼提花机；丁桥织机是典型的多综多蹑提花织机；彝族井字形织机是双踪双蹑提花织机；傣锦织机则是帘式低花本提花织机。就形制而言，蜀锦花楼织机是花楼形制的织机，拥有上下两层；丁桥织机属于平架式；彝族井字形织机为井字式；傣锦织机属于低架式。就操作人数而言，蜀锦花楼织机需要两位工人协同工作，而丁桥织机、彝族井字形织机和傣锦织机都仅需一人操作便可正常工作。就织造特点而言，蜀锦花楼织机常织造小花幅织物，蜀锦和宋锦是其代表；丁桥织机、彝族井字形织机和傣锦织机都擅长织造窄花幅的，丁桥织机常见织造物为蜀锦、花锦和花绫，彝族井字形织机是大麻、苎麻、火草、棉织物等，傣锦织机则是傣锦和经锦。

表3-2-3-1　蜀锦花楼织机与丁桥织机、彝族井字形织机及傣锦织机的异同比较

织机	机型	形制	性质	操作人数	织造特点	常见织物
蜀锦花楼织机	小花楼织机	花楼式	提花织机	双人	小花幅	蜀锦、宋锦
丁桥织机	多综多蹑织机	平架式	提花织机	单人	窄花幅	蜀锦、花锦、花绫
彝族井字形织机	双综双蹑织机	井字式	提花织机	单人	窄花幅	大麻、苎麻、火草、棉织物等
傣锦织机	帘式低花本织机	低架式	提花织机	单人	窄花幅	傣锦、经锦

❶ 刘辉：《中国古代传统经锦织造技术再探讨》，第348、349页。

（八）设计评价与研究

蜀锦花楼织机是古代织机的典型代表，经历了上千年的历史沉淀，对古代中国不同朝代的人民生活都产生了极大影响。虽然传统的蜀锦花楼织机并未能跟上时代步伐，但其存在价值依然无可替代。时至今日，国内学者仍在深挖其背后的历史文化，可见其在南丝路乃至中国器物发展史上的重要性。

1.设计评价

南方丝绸之路以"丝绸"为代表来进行中外文化交流，足见其在古代中国乃至全世界的受欢迎程度。蜀锦闻名天下，蜀锦花楼织机作为织造蜀锦的器物，自然在南丝路文化中占据重要位置，并为古代中国的中外文化交流做出了巨大贡献。形制上，蜀锦花楼织机使用了上下层的花楼式形制，需要两人同时工作，相比之前效率有所提高。工艺上，蜀锦花楼织机以竹木为主要材料，结构复杂，多用传统榫卯技艺连接，同时改进了提花方式，采用束综方式，是对以往织机的一种突破性改造，是中国古代智慧的结晶，也是中华民族为了美好生活不断探索的精神体现。在色彩装饰方面，蜀锦花楼织机采用大面积的髹漆技艺，多用黄、棕、绿等颜色，偶尔也会用简单的雕刻等工艺装饰，这是劳动人民朴素形象的呈现。然而，单纯的木质结构和人工动力很难满足现代生产生活的要求，而当代的市场上不断出现效率更高的工业织机，这使传统的蜀锦花楼织机逐渐淡出了人们的生产生活。当下，仅在一些农村和博物馆才能见到蜀锦花楼织机，但它却是古代织机的巅峰之作，是中国纺织史上的实证器物。

2.学术研究

对提花织机的记录、研究早已有之，《梓人遗物》《天工开物》等古代文献对提花织机已有基础性研究，近现代学者的研究更是持续不断。目前知网上与"提花织机"相关的论文已有200余篇，其研究体系已基本形成，主要是基于文献、考古文物、汉化石图像等资料来进行的历史文化层面的研究。李仁溥于20世纪50年代开始研究古代织机，是近现代最早开始研究古织机的学者，其《中国古代纺织史稿》[1]介绍了不同时期的织机；高汉玉于1980年发表《中国古代提花机的原理与发展》[2]，从古

---

[1] 李仁溥：《中国古代纺织史稿》，长沙：岳麓书社，1983年7月。
[2] 高汉玉：《中国古代提花机的原理与发展》，《中国纺织科技史资料》1980年第3期，第46—63页。

文献角度研究提花织机；吕师尧于1982年在《中国纺织科技史资料》❶一文中对古代织机的变迁进行了研究；之后的陈维稷、朱新予、赵丰、周启澄等学者，也都在论文或著作中探讨了中国古代织机类型、发展历程、谱系特征、织造技术等内容的研究。此外，还有学者早在20世纪60年代初开始，就对织机作复原设计研究，如宋伯胤、黎忠义等基于汉画像石上的织机图像作复原尝试；高汉玉、屠恒贤等分别对斜织机的开口和脚踏结构作复原研究。❷

3. 当代转换

当前，大功率、电驱动、高效率的工业纺织机盛行，但蜀锦花楼织机仍凭借其巧妙的设计结构和独特的历史文化价值，在一些农村和博物馆使用，更成为一种特殊的文化符号。各地政府也逐渐意识到古代织机的重要性，加强了对此类文化的保护与宣传工作，如四川成都于2009年建立了成都蜀锦织绣博物馆，复刻多台蜀锦小花楼织机，同时不定期地进行人工现场织造展示，还开通线上平台来科普其制作流程、工艺技巧等知识。远在东部沿海的南通纺织博物馆也慕名向成都借丁桥织机来展示蜀锦文化，可见我国各地政府和社会对蜀锦织机的关注程度。此外，一些厂家和设计师早在二十世纪八九十年代就将数码电子科技、集成电路与计算机技术与提花织机相结合，已产生了电子花筒挑花机、电子提花挑花机等，同时已有不少厂家用电脑作媒介来设计制作蜀锦了（图3-2-3-13）。

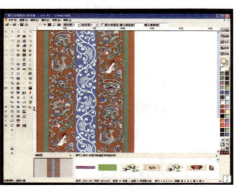

图3-2-3-13　现代提花机
①电子提花挑花机　　②CAD辅助设计纹样
（资料来源：《蜀锦织造技艺：从手工小花楼到数码织造技术》❸）

---

❶ 吕师尧：《我国织布机型式发展的研讨》，《中国纺织科技史资料》1982年第8期，第43-55页。
❷ 赵丰，尚刚，龙博：《中国古代物质文化史·纺织（上）》，第131页。
❸ 黄修忠：《蜀锦织造技艺：从手工小花楼到数码织造技术》，第179，200页。

综上所述，蜀锦花楼织机在当代的实用性和适用性虽远不如工业纺织机器，但不可否认其悠久的历史和文化特征。蜀锦花楼织机是中国纺织历史的缩影，还将在文化传承方面发挥巨大的作用。同时，它精妙的结构和功能还没有被完全抛弃，当代的不少纺织机仍在沿用其原理，这就是绵长而悠远的中华文化的生命力。

第三节　器藏之礼：文化礼仪类器物

一、瓦猫

（一）文化背景

南方丝绸之路云南段活跃着多个少数民族，这些少数民族既存在独属的宗教信仰文化，如彝族的毕摩文化，白族的本主文化，也存在相同的祭祀祈福器物，如瓦猫。瓦猫是云南地区所独有的建筑装饰器物，具有镇宅驱邪、招财纳福的寓意以及装饰美化等功能，是建筑装饰、宗教文化、民间艺术的融合体，根据地域的不同，其形态、称呼等有所不同（图3-3-1-1）。丽江地区称其为"四不像"，或是因其形态不像猫、狮、虎、狗而得名，或是因瓦猫形态均不相同而得名。❶楚雄地区称其为"镇山虎"，在中国传统文化中，猫与虎同源，而虎能够"噬食鬼魅"，因此

图3-3-1-1　瓦猫

---

❶ 张秋影：《瓦猫的文化蕴涵》，《民族艺术研究》2008年第4期，第49页。

借虎之名。而瓦猫通常被放置于屋脊中间,"脊"与"吉"同音,因此借"吉"的吉祥之意,瓦猫在大理地区又被称为"镇吉虎""降吉虎"等。❶由于昆明地区先称其为瓦猫,便将一切置于屋脊上似猫似虎的镇宅之物统称为"瓦猫"。瓦猫作为云南人民意识文化的载体,不仅体现了云南地区的民族文化特征,也展现了当地人民独特的信仰。

1.虎与瓦猫

瓦猫,原型为虎,关于其形象起源目前存在两种说法:门神说和虎崇拜。门神说中瓦猫被视为"食鬼之虎",在我国古代,有门神神荼和郁垒执鬼饲虎的传说,门神负责捉鬼,老虎负责消灭鬼,"故俗画虎于门,冀以卫凶"。❷云南的民间匠人借此寓意将瓦猫设计为虎的模样,放置于屋顶之上,可吞食一切妖魔鬼怪,起到镇宅驱邪的目的。虎崇拜主要体现于民族信仰中,生活于云南地区的彝族、白族和纳西族均认为虎是民族的保护神,能够驱除妖魔,保佑世代平安。彝族自称虎族,认为虎是民族的祖先,天地万物均由虎尸分解形成,因此虎文化对其民族影响深刻(图3-3-1-2)。白族崇尚白虎,传说一女子梦中与虎交配,诞下一子,该子成年后化为白虎,保护白族。❸纳西族与彝族相似,认为虎是人类的始祖,并在纳西族的诸多文献中绘制虎头,以虎自命。明代,随着大量汉人入滇,中原地区的屋脊装饰文化影响了云南诸多地区,加之民间有驱邪纳福的习俗,云南当地人民便将汉文化中的虎形象与当地少数民族中的虎崇拜相结合,构建出瓦猫的形象,并使其走向了屋顶。❹因此,具有地域特征的云南瓦猫也是文化交融的成果。

图3-3-1-2　清代四川凉山彝族武士服
(资料来源:楚雄彝族博物馆官网)

2.瓦猫类型

瓦猫作为云南地区的传统文化器物,受不同地域文化影响而产生多种类型,并随历史发展而被赋予了多种内涵(图3-3-1-3)。

按照地域分类,瓦猫可以分为昆明瓦猫、大理瓦猫、楚雄瓦猫、文山瓦猫等,不同地区瓦猫的形态各异。大理地区的瓦猫主要由当地黑土

---

❶ 王欣媛,田野:《非遗视域下剑川瓦猫文创产品设计研究》,《文化学刊》2023年第5期,第24—27页。
❷ 戴江:《云南民间陶艺》,昆明:云南美术出版社,2014年5月,第109页。
❸ 张秋影:《瓦猫的文化蕴涵》,《民族艺术研究》2008年第4期,第50页。
❹ 戴江:《云南民间陶艺》,第109页。

图3-3-1-3 瓦猫的类型

捏制而成,以展示陶土本身的质地为主,整体形态夸张抽象,瓦猫头部较为扁平,嘴巴大张,占据了头部三分之二的面积,舌头外伸,露出四颗獠牙,双眼怒目圆睁,鼻孔向前,耳朵竖立挺直,四肢短粗有力,尾巴直指天空,外观凶猛可怖,似有随时准备进攻之势。昆明地区的瓦猫主要通过拉坯、捏制相结合的手法制作形成,首先利用轮盘拉制瓦猫的罐状身体,然后通过捏制制作瓦猫的五官及四肢,前腿直立,怀抱八卦镜,后腿弯曲,蹲坐在瓦面上,头部圆润,嘴巴张开似微笑,眼睛大而外凸,鼻子呈倒三角形,耳朵尖立,额头饰有王字纹样,两侧脸颊贴有胡须,整体形态圆润可爱,凶猛中带有一丝活泼。楚雄地区的瓦猫主要由当地的陶土捏制而成,以再现猫本身的特征为主,整体形态质朴原始,多以简单的线条进行特征刻画,鲜有装饰。文山地区的瓦猫与昆明地区的瓦猫制作手法相似,多采用拉坯和捏制相结合的方式,但文山地区的瓦猫器体表面通常施以釉料,部分瓦猫将宝瓶当作猫尾,借此寓意永葆平安。云南各地区的瓦猫虽然各具特点,但均是人们寄望于驱除灾祸、祈求平安的器物、因文化和生产条件的不同，使得同一器物呈现出不同特征。

按照材质分类，瓦猫可以分为石制瓦猫和泥制瓦猫，其中泥制瓦猫最为普遍，并且泥制瓦猫可以分为施釉瓦猫和无釉瓦猫两种。按照内涵分类，瓦猫可以分为"辟邪猫""保向猫"和"招财猫"三种，"辟邪猫"一般放置于正房或大门屋脊中心，寓意驱赶邪煞、守护家宅，其形态夸张凶狠，似有随时进攻之势。"保向猫"是在"辟邪猫"的基础上衍生出来的瓦猫类型，云南地区创制的"保向猫"，怀中通常抱着八卦镜或刻有"石敢当"字样的碑状物，寓意驱赶邪煞。"招财猫"一般放置于正门两侧或正房屋顶上，通常成对出现，人们希望借助瓦猫夸张的大嘴来吸收外来财气，寓意"招财进宝"，其形态独特，通常首尾相连，口含珠宝，或两爪怀抱铜钱。❶

（二）案例简介

云南各地瓦猫形态不尽相同，但以大理鹤庆瓦猫最具代表性，其瓦猫文化影响了整个滇西北地区。❷鹤庆瓦猫的造型夸张抽象（图3-3-1-4①），嘴巴几乎占据了整个头部，嘴巴大张，露出獠牙，身子向前倾斜，似一只随时准备进攻的凶猛野兽。鹤庆瓦猫通高37厘米，宽16厘米，长约20厘米（图3-3-1-4②），坐落于半圆形筒瓦上，以当地黑土为原料捏制而成，表面通常不施釉料，以保留陶泥材质的自有特点。

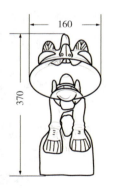

单位：毫米（mm）

图3-3-1-4　大理鹤庆瓦猫

---

❶ 黄铃草：《云南传统建筑瓦猫文化研究》，西南民族大学硕士学位论文，2022年，第16、17页。
❷ 马佳：《鹤庆瓦猫与宾川瓦猫的比较研究》，《装饰》2022年第2期，第108页。

（三）使用方式分析

瓦猫一般放置于屋脊正中央，在修整房屋时，当屋顶坡面的瓦铺放完毕后，正脊处的筒瓦从左右两边铺至中间，留下最后一片筒瓦大小的缺口，放置瓦猫，这一过程俗称"合龙口"。

传统瓦猫一般放置于正房正脊中间，或院落大门门头正中，且脸部朝向与正房朝向一致，即面向远方，背对院落，意在阻挡一切外来邪恶，招纳福气财运（图3-3-1-5）。而在近年新建的住宅中，瓦猫还被安放于窗台、照壁等不同位置，此类瓦猫相比放置于屋脊上的传统瓦猫而言，体积较小，多元的瓦猫放置方式，也从侧面反映瓦猫意识文化属性的削弱。

图3-3-1-5　瓦猫使用图
（资料来源：公众号"云南地方志"）

（四）结构原理分析

鹤庆瓦猫主要由筒瓦形底座和瓦猫形态雕塑两个结构部件构成，其中瓦猫形态雕塑又可分为圆盘状脸部、桶状身躯和柱状四肢三个结构部件，脸部的嘴巴与身躯的尾部相贯通，实现首尾相通（图3-3-1-6）。在合龙口时，筒瓦形底座扣在屋脊左右筒瓦上，瓦猫便可站立于屋脊正中间位置，发挥其屋脊装饰、镇宅驱邪、招财纳福的功能。关于其功能原理，主要源于民间传说和百姓期许。

图3-3-1-6　瓦猫结构分析

站立于屋脊中央的瓦猫具有镇宅驱邪的功能，其使用原理源于"虎骑龙背"的传说和"四方""四域"的观念。古人认为虎就是大猫，前文也提到瓦猫的形态主要源自虎，龙则指房屋屋脊的正脊，屋脊细长联动，宛如龙的身体。

瓦猫招财纳福的功能主要源于人们的期许。最初的瓦猫只是用于镇宅驱邪，后随着人们生活条件的改善，结合瓦猫的形态特征，逐渐被赋予了招财纳福的属性。瓦猫最典型的特征便是其夸张的大嘴、中空的躯体以及首尾相通的结构，当地百姓认为瓦猫大张的嘴巴可以聚集四方的财气和福气，这些好运气可以通过瓦猫中空的肚子汇聚至家中。还有一种民间说法认为瓦猫属于招财猫，具有"吞金屙银"的功夫，可以吞食外面的金银财宝于肚中，然后屙到主人家中。

（五）形态装饰分析

鹤庆瓦猫的形态以夸张抽象著称，主要表现为口部占据头部的绝大部分，当地居民认为大口具有辟邪消灾、招财纳福的功能（图3-3-1-7①②）。瓦猫的大口多以平面式的椭圆形或倒三角形呈现，口腔上下分别排布两颗硕大的獠牙和一排整齐的小牙，舌头外伸置于獠牙之间，舌后设有一洞，直通瓦猫腹部与尾部，实现首尾相通。双耳挺直竖立，鼻孔朝向前方，双眼或是鼓圆外凸，怒视前方，或是紧闭未开，仰天长啸，在双耳之间通常设有一角，这个角被视为瓦猫的力量源泉，可以抵御外来威胁。为了使人们的视觉中心集中于瓦猫的脸部，同时使整个形态比例协调，瓦猫的四肢和躯体均是在简洁的几何形体基础上进行改制的。瓦猫的四肢多为柱状，并设有关节，躯体多为桶状，在躯体尾部设有一竖直有力的尾巴，四肢和躯体的捏制以凸显肌肉线条为主，赋予了瓦猫身躯孔武有力之感，缓和了瓦猫头大身小的不均衡感，使瓦猫具有一种粗野自然的美感。

在装饰方面，昆明、文山等地区为增加瓦猫的"神力"，使用更优质的陶土，增加八卦镜、花瓶等器物装饰以及色彩、釉料等装饰内容。但是鹤庆瓦猫选择保留材料原始的质感，并以再现瓦猫神态为主，鲜有纹样、颜色等装饰内容。鹤庆地区的工匠们，通常使用当地的黑土捏制瓦猫，并且不施釉料，保留陶土原始的青灰色和粗糙感，使其与当地民居住宅的色彩形成呼应（图3-3-1-7③），部分瓦猫经过长时间的风吹日

图3-3-1-7　瓦猫形态装饰分析
（资料来源：①云南民族博物馆官网，②《云南传统建筑瓦猫文化研究》，③公众号"鹤庆文旅"）

晒，可能会由青灰色变为棕黄色，但仍然不影响其使用。鹤庆瓦猫的形态装饰体现了瓦猫神秘古怪而又具有民间特色的艺术风格。

（六）制作工艺分析

瓦猫的制作方式分为手工捏制、拉坯与手工捏制相结合两种，鹤庆瓦猫多采用手工捏制。在制作瓦猫之前需要收集陶土，陶土多是就地取材，当地居民从野外挖取陶土后，通过碾压的方式消除陶土中的颗粒，增加陶土黏性，处理好的陶土需要用塑料袋收集储存，保持其湿度和黏性，待需要制作瓦猫时再取出使用。

鹤庆瓦猫的制作工序主要分为六大步（图3-3-1-8）。第一步：制作瓦猫的四肢。取出适量泥料搓出两对长短不同的圆柱条，其中较长的圆柱条作为瓦猫的前肢，较短的圆柱条作为瓦猫的后肢。第二步：制作瓦猫的身体与头部。分别取出适量的陶泥捏制成较大的中空桶状和较厚的圆片状，中空桶状作为瓦猫的身体，圆片状作为瓦猫的头部，用加水的泥浆，将瓦猫的四肢、身体、头部黏合，用手指和工具在圆片状头部挖一个小洞，使头部与身体贯通，并用手指抚平黏合处，使瓦猫身体线条流畅自然，制作完毕后将其放在一旁，稍稍晾干，增加其硬度，便于后期刻画。第三步：制作筒瓦形底座。用形似擀面杖的工具压平陶土，取出大小合适的土片，并将其放置在已烧制成形的瓦片上塑形。第四步：黏合瓦猫躯体与底座。与黏合瓦猫四肢与身体的方式一样，用加水的泥浆黏合瓦猫的四肢与筒瓦形底座，并用工具、手指抚平黏合处，保证瓦猫的稳定性。第五步：制作瓦猫的五官。事先捏制好瓦猫的耳朵、天鼻、

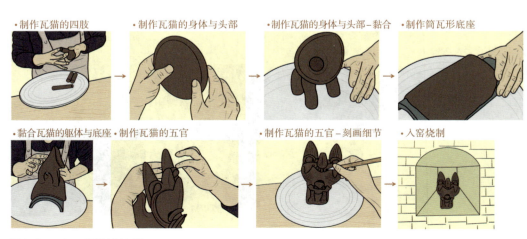

图3-3-1-8　瓦猫制作流程

角、眼珠、眼皮、舌头、獠牙等部件，然后用泥浆将各部件粘接至头部适宜位置，并用笔、铁丝等工具刻画出瓦猫的牙齿、脚趾、胡须、花纹等。第六步：入窑烧制。制作完成的瓦猫需要阴干一周左右，干后入窑烧制即可。经过以上步骤，瓦猫便制作完成，由于每个瓦猫都是由工匠手工捏制而成，所以不存在完全一样的瓦猫。

（七）设计比较分析

瓦猫是云南地区广泛使用的镇宅器物，云南地区因民族的多样性而产生了文化的多样性，诸多少数民族在此繁衍生息，催生了除瓦猫以外的吞口、达辽、镇寨鼓等镇宅驱邪器物。吞口是民族图腾文化与巫师文化相融合的产物，其形象起源与瓦猫一致，均来源于虎。达辽形似竹编纹样中的六角形纹样，造型简单，制作容易，在中原地区的竹编器物中也较为常见，但云南地区的少数民族通过特定的祭祀文化，赋予其丰富的内涵与价值。镇寨鼓是少数民族中流传已久的祭祀器物，从铜鼓发展至大鼓，镇寨鼓的类型繁多，其中大鼓的制作流程及其形制，充分反映了少数民族文化的丰富性。

1.吞口

吞口是民间面具的衍生物，它起源于巫师文化和图腾文化，广泛流行于云、贵、川等地区，具有镇宅、驱邪、纳福等功能。[1]在云南地区，吞口又被称为"虎头牌""兽牌""天口"等，多悬挂于门楣之上，其面形似虎头，双眼怒视，犬牙突出，口含宝剑或八卦图，似能吞食一切妖魔鬼怪。有学者认为，云南地区吞口可能起源于饕餮，两者均是贪食的怪兽，并且形象均与虎相关。[2]云南地区是少数民族的聚集地，诸多少数民族对虎具有崇拜信仰之感。彝族自认是"虎的民族"，每年都需要过"虎节"，祭"虎祖"，以此来祈福消灾，因此云南地区的吞口多是以虎图腾元素为主，用拟人的手法将虎元素转移至面具中，在面具中强调虎的特征。云南地区的吞口主要分为葫芦雕绘和木质雕绘两种，葫芦雕绘是将葫芦一剖两半，在葫芦的外凸面勾勒出五官，再施以彩色涂料，或是直接进行雕刻，不加色彩，多是平面式表达。木雕彩绘或是直接用木头雕刻五官，进行彩绘，或是将木头削成瓢状，然后绘制五官。如彝族的

---

[1] 朱博，罗江玫：《重庆大圆祥博物馆木雕吞口的艺术形态浅析》，《艺术与设计（理论）》2021年第1期，第130、131页。

[2] 杨兆麟：《原始物象——村寨的守护与祈愿》，昆明：云南教育出版社，2000年8月，第214页。

木瓢吞口（图3-3-1-9①），分成由麻绳连接的三部分，分别代表身体的头部、上身和下体，有男女性别之分，彝族人民将此物悬挂于房门、屋墙上，相信此物能够镇宅守家，保佑人丁兴旺。

2. 达辽

达辽是云南地区，尤其是傣族地区广泛使用的镇宅灵物，在傣语中，"达"是眼睛的意思，"辽"是坏掉的意思，"达辽"是指用一个眼睛盯住妖魔鬼怪，使其坏掉。达辽是由竹篾编制而成，形似六角太阳纹，象征着太阳及生命（图3-3-1-9②）。在使用达辽时，需要用一条反手揉搓的茅草，作为"达辽卡扣"搭配使用。祭寨心（一个村寨的心脏）时，"达辽卡扣"需要悬挂在相应位置，见到此标志，村里人不得出寨，外面人不得进寨，以阻挡恶灵，封锁村寨主要路口。祭祀结束后，可将达辽取回挂于自家门头，以求得住宅平安，家人健康。德宏傣族还会将编好的达辽于关秧门（庆祝栽种圆满结束的民俗活动）时送至佛寺祭祀，于属马日（民族历法）挂于牲畜圈养门口，以此来抵御瘟疫等灾害。❶

3. 镇寨鼓

鼓是云南少数民族祭祀礼仪中的重要器物，是各民族的文化象征，也是各村寨的灵魂，不同民族鼓的形制有所差异。在云南地区存在铜鼓、大鼓、鱼鼓、象脚鼓等多种鼓类，其中用树干和牛皮制作的大鼓使用较为广泛（图3-3-1-9③）。基诺族的大鼓是用凿空的树干和带毛的牛皮绷制而成，凿空的树干作为鼓身，带毛的牛皮分别绷制在树干的两端，用十六根左右的竹签进行固定，作为鼓面，在鼓身的前后两端分别设有木托，并系有麻绳，方便移动。大鼓从正面看似散发光芒的太阳，故又被称为"太阳鼓"。基诺族认为大鼓是最神圣的祭祀器物，需要供奉在全村

图3-3-1-9　不同类型镇宅器物
①吞口　②达辽　③镇寨鼓
（资料来源：①③云南民族博物馆官网，②公众号"新平县傣学会"）

---

❶ 杨兆麟：《原始物象——村寨的守护与祈愿》，第224-226、232页。

最具威望的寨父、寨母家，并严禁触摸、敲打。

综上，云南地区有着丰富的信仰文化及信仰方式（表3-3-1-1），既存在个人的住宅信仰物，也存在集体的村寨信仰物。瓦猫和吞口虽然都来源于虎崇拜，具有镇宅驱邪的功能，但在形制、装饰和使用方式上有着明显的区别。达辽与镇寨鼓均借鉴太阳形态，寓意保护生命，象征繁衍生息，但达辽主要用于镇宅，并通过较为简单的竹编工艺实现器物的塑造。镇寨鼓通常作为整个村寨的祭祀信仰物，相较于其他信仰物，其整个制作过程与使用过程都必须遵守较为严格的规范秩序，体现了当地居民对于信仰的敬重。

表3-3-1-1　不同类型镇宅器物的比较分析

器物	形制	装饰	功能	使用方式	来源
瓦猫	猫形	材质肌理	镇宅驱邪、招财纳福	置于屋顶屋脊处	虎崇拜
吞口	葫芦形、人脸面具形	彩绘、木雕五官	镇宅驱邪	悬挂于房门、屋墙上	巫师文化、图腾文化、虎崇拜
达辽	六角太阳形	材质肌理	镇宅驱邪、抵御瘟疫	挂于自家门头，关秧门时送至佛寺祭祀，属马日挂于牲畜圈养的门口	太阳崇拜
镇寨鼓	铜鼓形、太阳筒形、鱼形、象脚形	材质肌理、鱼纹、几何纹等	镇寨祈福	供奉在全村最具威望的寨父、寨母家	太阳崇拜

（八）设计评价与研究

瓦猫作为云南地区广泛使用的民间器物，具有丰富的文化寓意，它不仅是云南民族文化的重要载体，也是传播云南地域文化的特色载体。深入挖掘瓦猫的文化价值、艺术价值等内容，展现民族艺术、民间信仰的独特性与审美性，对于探索南方丝绸之路沿线的少数民族文化具有十分重要的意义。

1.设计评价

瓦猫虽然是云南地区所独有的文化器物，但是它源于中原地区的屋脊装饰文化，是汉族文化与少数民族文化相融合的成果。瓦猫广泛流行于云南各地区，受不同地域环境和民族文化的影响而呈现出不同的地域特色。其形态装饰，反映了地域文化的多样性；其使用方式，展现了民间信仰的神秘性；其结构原理，体现了民间文化的逻辑性；其制作工艺，再现了民族艺术的独特性。作为云南民族文化的象征，瓦猫不仅具有丰富的艺术价值、历史价值和文化价值，而且独特的设计风格，使其可以成为发扬云南地域文化的重要载体。

2.学术研究

瓦猫因其独特的地域性和文化性，而引起广泛的关注。目前学术界对于瓦猫的研究主要从文化内涵、造型艺术和文化传承三个方面入手。文化内涵研究主要是指对瓦猫的功能属性、内涵寓意的研究。如马佳通过分析瓦猫的本土性称呼、安放仪式和造型特点，来探析其镇宅驱邪功能的实现原因；[1]张秋影借助大量田野调查资料，解析瓦猫文化符号寓意，探寻瓦猫的文化内涵。[2]造型艺术研究主要分为对某个地域瓦猫形态的深入研究和对多个地域瓦猫形态的对比研究。如姚雨辰从色彩和造型两个方面分析鹤庆瓦猫的形态特征，了解其造型语义；[3]马佳对鹤庆和宾川两个地区的瓦猫进行对比分析，试图探寻造成瓦猫地域差异性的原因。[4]文化传承研究主要分为制作工艺的传承研究和造型艺术的创新研究。制作工艺的传承研究多是利用田野调查法，深度记录瓦猫的制作生产工艺，结合发展现状，探寻其传承路径。如段子玲通过梳理剑川瓦猫的制作工艺和发展趋势，分析其制作流程的缺点，提出相关策略。[5]造型艺术的创新研究多是对瓦猫文化的当代转化研究。如王稼在梳理出鹤庆瓦猫文化内核的基础上，通过对市场和用户分析，了解相关文创产品的缺陷和市场需求，由此提出瓦猫的设计方向；[6]杨佳颖在国潮文化的背景下探析瓦猫的呈现形式。瓦猫作为云南文化的代表性器物之一，其蕴含的多重价值及文化内涵，还有待进行更加深入的挖掘与研究。

3.当代转换

瓦猫作为云南典型的民族文化，其丰富的内涵，独特的造型，使其成为云南文化的传播载体之一。目前，关于瓦猫的当代转化主要体现在三个方面：工艺传承、服务体验和文创产品。工艺传承主要表现为将瓦猫制作工艺列为非物质文化遗产，并对瓦猫的制作工艺与外观造型进行改良与创新，如涂有不同色釉的瓦猫，使其更加精致可爱（图3-3-1-10①）；设计不同形态的瓦猫，丰富其文化寓意（图3-3-1-10②）。服务体验一方面表现为建立瓦猫文化博物馆，展示云南各地区瓦猫实物，向大众普及瓦

---

[1] 马佳：《再论鹤庆瓦猫的镇宅辟邪功能》，第51-54页。
[2] 张秋影：《瓦猫的文化蕴涵》，第49-52页。
[3] 姚雨辰，齐云飞：《浅析鹤庆瓦猫的造型艺术及色彩表现》，《天工》2023年第16期，第57-59页。
[4] 马佳：《鹤庆瓦猫与宾川瓦猫的比较研究》，第108-112页。
[5] 段子玲，宋婕：《剑川瓦猫工艺探析》，《天工》2023年第19期，第46-48页。
[6] 王稼，田野，陈柏宇：《日常生活视野下鹤庆瓦猫的语义转化与应用》，《包装工程》2021年第42期，第241-247页。

猫文化知识（图3-3-1-10③）；另一方面表现为在云南各大旅游热门地区建立瓦猫制作工坊，让游客切身体验瓦猫制作工艺，在捏制过程中感受瓦猫独特的形态，了解其文化内涵，传播云南民族文化（图3-3-1-10④）。瓦猫的文创产品目前主要涉及插画、摆件、饰品、文具、茶具、收纳盒、手机支架、烛台等产品类型，多以传统风格、卡通风格和现代风格呈现。传统风格是指保留瓦猫的原始形态，不做明显变化（图3-3-1-10⑤）；卡通风格是在瓦猫的原有样式基础上，加以丰富的色彩表现，其造型可爱活泼（图3-3-1-10⑥）；现代风格多是采用几何、抽象的手法，对瓦猫的形态特征进行再设计（图3-3-1-10⑦）。由此可见，瓦猫的当代转换路径较为丰富，但是大多停留于形态的创新，缺乏关于瓦猫内涵、寓意、信仰的表达，瓦猫的转换形式应以其文化底蕴为基础，再现云南民族文化的独特性和丰富性。

图3-3-1-10　瓦猫的当代转换
①上釉瓦猫　②塔式瓦猫、连体三子瓦猫、对猫　③瓦猫博物馆　④游客制作的瓦猫　⑤陶瓷瓦猫摆件　⑥卡通瓦猫摆件　⑦瓦猫项链
（资料来源：③公众号"西维丫小课堂"，④公众号"玉溪文旅"，⑦公众号"丽江古城游"）

二、火葬罐

（一）文化背景

　　火葬作为人类长期以来采用的一种葬礼方式，具有悠久的历史。早在旧石器时代中期，我们的祖先就开始使用火焚烧尸体。考古发掘表明，甘肃临洮洼山史前遗址中发现的遗物显示，该地区在史前时期就已经存

221

在火葬的习俗。先秦时期，居住在今天甘青高原地区的氐羌族群广泛实行火葬。❶ 与古羌人有族源关系的藏族、彝族、哈尼族、拉祜族、纳西族、普米族、怒族等民族，以及蒙古族、满族等民族，历史上都曾普遍采用火葬，其中一些民族至今仍然保留了这一习俗。尽管这些族群都采用了火葬方式，但其葬礼仪式却各具特色，存在着巨大差异。❷ 南方丝绸之路沿线上的彝族，自古以来就采用火葬作为葬礼方式。彝族的焚尸场通常设立在离村庄不远的荒野或山坡上。火葬之后，头骨、肢骨、肋骨等主要骨骼装入陶罐就地掩埋，这些陶（瓷）质的容器被称为火葬罐。作为有上千年历史并同时被官员、平民百姓广泛采用的葬具，陶瓷火葬罐是云南地区常见的、历经时间考验的被各阶层广泛使用的重要器物（图3-3-2-1）。

图3-3-2-1　南方丝绸之路沿线的火葬罐
（资料来源：①②③翻拍自《中国彝族文物集萃》，④⑤⑥曲靖市博物馆官网－藏品数据库）

---

❶ 李东红：《火与白族的丧葬文化》，《云南消防》2001年第1期，第41页。
❷ 何明，白莹：《在烈火中终结人生之旅——少数民族火葬习俗述略》，《云南消防》1999年第5期，第39、40页。
❸ 中国民族博物馆，楚雄彝族自治州博物馆，凉山彝族奴隶社会博物馆：《中国彝族文物集萃》，第30、31、33页。

1.云南火葬文化

云南地区火葬历史悠久,迄今发现较早时期的火葬墓,其年代大致在东汉时期。❶随着氐羌族向南迁徙,火葬这一古老的葬俗便开始在滇西地区流行,后逐渐传播至滇中和滇东北地区。隋唐时期,氐羌族支系"乌蛮"迁徙到云南并传承延续了氐羌族的火葬习俗。南诏政权(738—902年)建立后,火葬在云南地区已盛行,并形成了较完整的埋葬习俗,如火葬罐已有专用形式,与一般生活用具不再相同。❷鳌凤山的火葬罐,形式不统一,有单耳、双耳和无耳的,大小也不一致,与生活用具分别不大。

南诏中晚期,印度佛教密宗传入云南并得到广泛传播,至大理国时期(937—1253年)达到极盛。佛教倡导"戒火自焚",加上与原始巫教相类似的传教方式,使得火葬在佛教影响下得到巩固和发展。至唐代已达到高峰,元明时期更是有愈演愈烈之势。❸直至明代嘉靖年间,中央政府禁止火葬,加上汉族人大量迁入云南,儒家思想广泛传播,火葬逐渐被棺椁葬所取代。然而,南诏和大理时期的火葬习俗还是在一些偏远地区的少数民族中一直延续到近代。因此,火葬在云南的丧葬文化中有着突出的影响。

在已发掘的云南火葬墓中多数没有发现厚葬现象,因而也缺乏大量随葬品。葬具成为研究火葬墓的重要实物资料,其中陶瓷罐、陶瓮、陶缸、陶盆和铜罐等是主要出土器物,而陶瓷罐的数量相对最突出。

2.云南陶瓷火葬罐

从《剑川鳌凤山古墓发掘报告》可知,出土的91件陶质(为夹砂褐陶,手制,火候低)火葬罐大致为东汉时期的器物,多为单耳罐、双耳罐或无耳罐,带流罐较少。多数立置,少数横置或斜置。❹云南的曲靖(珠街八塔台)、大理、楚雄、鹤庆、洱源、蒙化(今巍山彝族回族自治县)、禄丰等地都发掘出大量的火葬墓,这些墓中的火葬罐大致可划分为两个阶段。

第一阶段为东汉时期墓中出土的火葬罐。这一时期的火葬源自南迁至云南的氐羌族的葬俗,其出土的火葬罐多为陶质,制作工艺较为原始,与日常生活用品相似,这可能是由于氐羌族吸收了汉文化中的棺椁

---

❶ 云南省文物考古研究所:《剑川鳌凤山古墓发掘报告》,《考古学报》1990年第2期,第258页。
❷ 云南省文物考古研究所:《剑川鳌凤山古墓发掘报告》,第258页。
❸ 罗开玉:《古代西南民族的火葬墓》,《四川文物》1991年第6期,第5、11页。
❹ 云南省文物考古研究所:《剑川鳌凤山古墓发掘报告》,第255页。

元素所致。第二阶段是南诏中期以后墓中出土的火葬罐。那时的佛教密宗在云南流行，受密宗阿吒力教派影响，云南各地普遍采用火葬。同时期，中原地区也盛行佛教，墓地上建立佛塔的风气逐渐兴盛。受地面佛塔的影响，墓葬中出现了模拟佛塔的明器——塔式罐。这之后，云南出现的火葬罐可能是本地少数民族受佛教密宗影响后，又接受了中原佛教随葬品（如塔式罐等）的制作理念而逐步进行本土化改造后所得器物。❶

（二）案例简介

收藏于云南省曲靖市博物馆的元代灰陶制十二生肖纹带座塔式火葬罐（图3-3-2-2①），其罐身高40厘米，口径宽23.8厘米。通高70.4厘米，腹径36.6厘米，盖高23.5厘米，口径宽29.2厘米，底座高17.4厘米，口径宽25厘米。整个火葬罐总重量10.75千克。该火葬罐整体器形类似一座覆钵式半圆形的佛塔，塔是印度传入中国的一种建筑形式，在印度被称为stupa（梵语音译窣堵波）。

收藏于大理白族博物馆的塔型纽黑陶火葬套罐由大小两件构成（图3-3-2-2②），大件火葬罐的形态为多层次的塔式结构，罐体被划分为若干层次，每层均饰以几何图案和交错的线条。罐身中间的腰带部分饰有曲线和云纹。小件火葬罐似大罐的简化版，其口沿和底部边缘以波浪形的线条装饰，呼应大件火葬罐上复杂的纹饰，火葬套罐的色彩呈现黑陶特有的暗灰黑色，具有一种古朴沉稳的美感。

（三）使用方式分析

云南的火葬墓从大理国时期一直延续至元明时期，在不同时代呈现出不同特征，尽管存在差异，但也有共通之处。以大理国时期为例，其火葬墓通常位于地表以下60～70厘米处，且不覆盖封土，与地表平齐。墓坑主要分为圆形和方形两种，前者口径和深度为50～60厘米，后者深度约50厘米，长宽在40～50厘米之间。部分早期墓

图3-3-2-2 南丝路典型塔式火葬罐
①元灰陶十二生肖纹带座塔式火葬罐 ②塔型纽黑陶火葬套罐
（资料来源：①曲靖市博物馆官网-藏品数据库）

---

❶ 李川山：《云南出土陶瓷火葬罐研究》，云南大学硕士学位论文，2022年5月，第9页。

图3-3-2-3　火葬罐的使用方式

葬将火葬罐直接置于土坑底部，周围填充木炭，而有些则利用方砖或石板建造墓室，并用一块盖板封闭门户，火葬罐则放置其中。石板大多无纹饰，陶制火葬罐则有泥质黑陶平底、泥质灰陶平底、夹砂红陶凸底及釉陶等多种类型，通常高度在25～40厘米之间。早期多采用单罐葬，晚期则出现套罐，即在最里层小罐内安放骨灰，外层装有较大的陶罐（图3-3-2-3）。

随葬品主要包括金箔贴饰的头盖骨和主要肢骨、铜俑、各种念珠、陶瓶、铜镜、铜手镯、银印环、银联珠、佩珠、古代钱币、玻璃饰品、影青印花瓷器等。其中的铜俑有男女两种，造型和服饰风格既有中原地区宋代风格，又呈现出鲜明的地方特色，展现了两种文化的融合。❶

（四）结构原理分析

塔式火葬罐盖顶部有一个小宝塔，被称作塔刹钮（图3-3-2-4），这是塔式火葬罐的共性。主体罐身则基本由罐身和罐盖组成，此外根据具体设计的不同还设计有须弥座等结构（须弥座顶部形状如莲花，用于支撑罐身，起到了稳定的作用）。这种塔式火葬罐的设计源自印度佛教，其中塔被用来供奉佛陀舍利，是一种神圣的建筑，实质上是一种神圣的坟墓。窣堵波式的塔呈倒扣的半圆形钵盂状，底部设有基台、栏杆，而塔刹则位于坟墓的顶部。随着这一设计传入中国，与中国的建筑文化进行结合并做了改良，因此，这种火葬罐可视为元明时期云南地区印度佛教遗风的具体体现。火葬罐内部为空心，用于容纳焚烧后的骨灰。

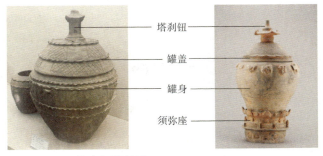

图3-3-2-4　塔式火葬罐结构

---

❶ 李东红：《白族火葬墓的几个问题》，《思想战线》1991年第6期，第66页。

（五）形态装饰分析

火葬罐器物与人们的生活日常密切相关，也具体体现在形态和装饰上，有着强烈的地域特色、时代特色。深受佛教影响的塔式火葬罐的基本造型和原始的火葬罐几乎一致，但塔式火葬罐在罐盖等细微处装饰得别具一格。其纹样与民间常见的自然纹样一脉相承，但其使用呈现出强烈的宗教色彩。

1. 火葬罐的形态

案例所展示的塔式火葬罐大多为钵形，其上有较多的纹饰，体现了中原佛教对当时云南地区的深刻影响。主要体现为顶部的塔刹钮。这个钮叫作四檐塔刹钮。印度佛塔传入中国后，与中国传统建筑相结合并发生了嬗变，在唐代时出现了密檐式佛塔（图3-3-2-5）。出檐的佛塔造型出现在火葬罐上，表明其在艺术形式上深受中原佛教的影响。

2. 火葬罐的装饰

陶制火葬罐器表个别为素面，多数有纹饰。饰纹技法主要有贴塑、刻画、拍印、压模四种。纹饰种类繁多，常见的有凹凸旋纹、莲纹、绳纹、花边堆纹、十字纹、云纹以及十二生肖等（图3-3-2-6）。其中又以莲纹形式最为多样。纹饰多相互结合并成组装饰，经常可以在一件陶罐上看到三四种纹饰。案例中的塔式火葬罐，还带有较为典型的十二生肖纹饰。十二生肖最早且较为完整的考古材料可追溯到我国南北朝时期的北朝。在北朝的崔氏墓中，第

图3-3-2-5　密檐式佛塔（昆明东寺塔）

十二生肖纹

图3-3-2-6　陶制火葬罐常见表面纹样

（资料来源：自绘、十二生肖纹根据《云南出土陶瓷火葬罐研究》改绘❶）

---

❶ 李川山：《云南出土陶瓷火葬罐研究》，第39页。

一次出现了十二生肖和佛教莲花座的结合。这件火葬罐也是十二生肖与佛教文化相结合的另一典型。有学者认为十二生肖代表了五方佛和八大菩萨的化身。因此十二生肖和佛教文化的结合也是中原佛教文化对当时云南佛教文化有深刻影响的一种物化表现。

（六）制作工艺分析

陶器制作是人类早期普遍存在的技艺。在云南地区，至今仍保留着各种制陶技术，从手工制作到轮盘制作，从无窑到有窑都有涉及。傣族、藏族、汉族等各民族都有着独特的制陶工艺，但总体上，它们都包含着一些共同的步骤，包括陶土配比和加工、塑坯、装饰、干燥和烧制等（图3-3-2-7）。

图3-3-2-7 云南火葬罐工艺流程

1. 陶土配比和加工

大多数民族都采用黏土与细砂的配比，这样可以提高陶泥的成型性能和成品的耐高温性能。根据不同用途的需要，它们会掺入不同比例的细砂。例如，佤族、藏族、傣族的陶器主要用于炊具，所以细砂的比例相对较高；而汉族的陶器则主要用作盛储器具，因此采用的细砂比例相对较少。

在陶土的加工方法方面，几个民族都会进行陶土的选滤，以使陶器质地更加细腻。陶土的舂打方式主要有使用杵碓和脚碓两种。例如，西盟佤族和耿马傣族使用杵碓，而中甸藏族则直接使用木锤敲打，虽然这两种方式都非常耗费体力且效率不高，但景洪傣族已使用脚碓，既省力又省时。

2.塑坯

各民族保留着不同的塑坯方法。例如，西盟佤族和耿马傣族采用手工捏或泥条盘筑的方式，而中甸藏族则使用圆底木盘盘筑，已经具备了慢轮的效果。景洪傣族则采用了慢轮泥条盘筑的方式，这是从手工制作向轮盘制作的过渡。而汉族则采用了快轮提拉的方式，其制作速度和质量都有了显著提高。

3.装饰

在装饰方面，各民族的陶器风格也有所不同。例如，耿马傣族的陶器通常较为简单，没有饰纹，也不上色釉。而西盟佤族和景洪傣族已经开始在坯壁上刻印纹饰。中甸藏族除了在坯壁上刻纹饰外，还会捏塑龙、凤等造型作为装饰。而汉族的陶器则主要采用上釉的方法进行装饰。

4.干燥

陶坯的干燥方法主要有日晒和阴干两种。佤族和傣族通常采用自然光晒陶坯的方式，可能是因为陶泥中细砂含量较高，这样做可以降低开裂和变形的风险。而藏族和汉族则倾向于采用阴干的方法，可能是由于陶泥中细砂含量较低，因此采用阴干的方式可以慢慢脱去水分，有助于避免陶坯龟裂和变形。

5.烧制

各民族采用了不同的烧制方法，无窑、有窑都有。例如，西盟佤族和耿马傣族采用露天平地堆烧的方式，但烧成温度不够均衡。中甸藏族则懂得作渗碳处理，得到黑色的陶器，具有特殊的装饰效果。景洪傣族的平地封泥烧成方法则更接近陶窑，可以调节窑内的温度，大大提高了烧制的质量。而汉族的龙窑烧成方式已达到了现代的水平，在质量和数量上都有了显著提高。[1]

（七）设计比较分析

随着时代和工艺的发展，云南陶瓷火葬罐制作有多种加工形式，除造型显著受到佛教影响的陶制塔式火葬罐外，还存在青釉瓷火葬罐、青花瓷火葬罐的发展。这几种火葬罐在制作工艺、色彩纹样、使用方式等方面具有一致性。以华宁陶绿釉火葬罐和云南青花瓷火葬罐为例进行设计比较分析。

---

[1] 杨莉：《云南民间制陶技术的调查研究》，《中央民族大学学报（哲学社会科学版）》，2002年第3期，第29卷，第35、37、38页。

图3-3-2-8
①绿釉陶莲瓣纹火葬罐（宋 大理国 西昌北山） ②明云南窑青花缠枝牡丹纹火葬罐
（资料来源：①翻拍自《中国彝族文物集萃》❶）

1. 华宁陶绿釉火葬罐

华宁陶是云南釉陶的典范，同时也是云南陶瓷釉色成系列的唯一窑口。其工艺水准高，不仅造型多样，而且釉色品类繁多。华宁陶的产品包括造型系列、色釉系列和装饰系列，共同构成了华宁陶整体的特征。这种陶器充满了浓厚的地域特色和民间气息，拥有着600余年的陶瓷制造历史和地域文化的沉淀，因此被视为云南民间釉陶的杰出代表。华宁陶源于民间，长期以来一直生产各类民用陶器，其产品因其实用性和适用性而深受民众喜爱，并且广泛流传于民间。从生活用具到宗教器具，华宁陶的相关器物种类繁多，是实用产品艺术化的典范。

华宁陶以其优异的釉色而闻名，其中绿釉尤为突出。在华宁制陶人的心目中，绿釉具有特殊的意义和情感。除了釉料的核心技术配方外，华宁陶在釉的应用方法和技术上也有自身的特点和技巧，以此突显和展现出华宁釉的独特魅力。华宁的玻璃釉具有高透明度，可应用于层次丰富的浮雕装饰，增强浮雕的立体感，也可应用于平滑的器物表面，形成独特的艺术效果。玻璃釉的特性使其在器物表面产生许多细微的冰裂纹，带来特别的艺术趣味。绿釉陶莲瓣纹火葬罐，罐高29.8厘米，通高39.4厘米，腹径24.7厘米。这件火葬罐整体色调为深绿色的釉料，釉色润泽而均匀（图3-3-2-8①）。罐体造型饱满类似南瓜形，轮廓线流畅，外形传统且自然。其表面的釉色局部可见一些釉色较浅的区域，还有少量的斑点和釉面开裂的纹路，颇具古朴气息。罐盖上还有一个小巧的拉手，方便开启。装饰上，这件火葬罐采用了华宁陶独特的堆塑装饰法，施加

---

❶ 中国民族博物馆，楚雄彝族自治州博物馆，凉山彝族奴隶社会博物馆：《中国彝族文物集萃》，第30页。

了莲花瓣的装饰元素。这种装饰方法使得器物形象更加突出，层次更加丰富，给人视觉上的强烈冲击。

2.云南青花瓷火葬罐

元明时期，云南地区涌现了许多烧造青花瓷器的窑口。尽管这些窑口的兴起时间各不相同，工艺水平也参差不齐，持续时间长短不一，但将云南各地发现的青花瓷器作为一个整体进行研究，可以发现云南青花不仅在艺术风格上独具特色，而且展现出元明时期云南多元而又统一的文化风貌。

所谓云南青花，指的是元明时期在云南及周边地区生产的以钴为发色元素、一次性高温烧成的白地蓝花或蓝地白花釉下彩陶瓷器。它是一种具有明显艺术特征和审美价值的民间窑青花艺术类型。通常，云南青花的烧成温度在1250℃左右，其坯泥中既含有瓷土又含有黏土，因此在陶瓷学术界通常将这类器物称为"炻器"或"粗瓷"。云南青花的绘画题材、风格、艺术语言和绘画技法上都具有多样性。历史上，玉溪、建水、易门、大理、禄丰、曲靖等地都曾烧制过青花瓷器。这些窑口的兴起时间各不相同，绘画水平也参差不齐，而最早引起学术界关注的是玉溪窑青花。玉溪窑青花不论在器体造型、绘画风格、青花发色方面都具有元末明初的特色，代表了历史上云南釉下彩绘瓷器烧制技艺的全面成熟和杰出水平。❶明代时期的云南青花火葬罐（图3-3-2-8②），其器形开口敞阔，肩腹交接处宽广，向下逐渐收紧成平底。顶部有一类似倒扣碗状的器盖。器身上部较大，逐渐向下变小。青花纹样用笔粗圆，绘画技法熟练自如，展现出了一种奔放的艺术风格。

综上，对云南塔式火葬罐、华宁陶绿釉火葬罐和云南青花火葬罐进行设计比较分析（表3-3-2-1）。云南塔式火葬罐源于南诏中期，受密宗和印度佛塔建筑影响，逐渐演变为迷你佛塔形状的火葬罐，具有复杂的设计和宗教象征。华宁陶绿釉火葬罐代表着华宁陶独特的工艺水准和丰富的釉色品类，特别以鲜艳的绿釉闻名，装饰元素如莲花瓣图案突出其美感。云南青花火葬罐利用青花瓷工艺，以钴氧化物作为发色元素，展示传统青花图案，体现了文化叙事和艺术表达。这些火葬罐在材料、工艺和美学特征上各具特色，代表了不同历史背景和地域文化的艺术表现，反映了宗教信仰、技艺水平和审美趣味的多样性和丰富性。这三种火葬罐在云南陶瓷文化和火葬文化中具有重要的共性意义。它们代表了云南地区特有的陶瓷制作工艺和火葬传统，延续了历史悠久的文化传承。

---

❶ 吴白雨：《元明时期云南青花的发现及其文化价值》，《创意设计源》2016年第2期，第65、66页。

表3-3-2-1 不同类型火葬罐的比较分析

器物	材质	色彩	形态	装饰纹样	窑口
云南塔式火葬罐	陶器	土色	塔形	生肖纹、莲瓣纹等	未知
华宁陶绿釉火葬罐	陶器	绿色	南瓜形	莲瓣纹等	华宁窑
云南青花火葬罐	瓷器	蓝色、白色	宽肚形	牡丹纹等	建水窑等

（八）设计评价与研究

传统火葬罐的发展历史与中国丧葬史密切相关，体现了特定历史时期民间民俗和宗教文化的发展，同时反映了当时的生产力水平和精神生活。传统火葬罐在材质、功能、装饰和意境等方面与当时社会背景下人们日常的生活用品一脉相承，因此具有较高的学术研究价值。

1.设计评价

火葬作为一种超越形骸追求精神永恒的丧葬习俗，在云南地区承载着重要的象征意义。先民们深信在另一个世界存在着至高无上的神圣力量，这种信仰不仅主导着另一个世界，同时也在现实世界中产生影响。火葬罐作为人们在另一世界的"居所"和"房屋"，直接映射了这种信仰与崇敬。作为私人生活中的重要组成部分，丧葬习俗自然不可避免地受到这些信仰和规范的影响。火葬罐作为传统火葬仪式中使用的核心器物，其设计与制作凝聚了古代工匠高超的技艺和智慧，其造型和装饰方式不仅传达了用物观念和以佛教为主的宗教信仰，也承载了丰富的审美文化信息。因此，火葬罐在中国传统器物历史中占据着重要地位，成为古代文明和审美传统的重要组成部分，留下了丰富而深刻的文化遗产。

2.学术研究

迄今为止，对于云南地区出土的火葬罐的研究成果可以主要分为以下两类。一是针对云南出土陶瓷火葬罐的专门研究，着重探讨了这些器物的形态、装饰等方面。较为典型的有李明贵《西昌出土的南诏、大理国火葬墓陶罐》、李川山《云南出土陶瓷火葬罐研究》等。二是针对火葬和火葬墓的研究，将陶瓷火葬罐作为火葬墓或火葬仪式的一部分进行探讨。如李萍在《云南古代火葬墓研究》中详细研究了云南火葬墓的分布及相关的葬具、陪葬用品种类等，何明的《在烈火中终结人生之旅——少数民族火葬习俗述略》一文讨论了少数民族火葬的渊源、各类形式和社会规约等。目前针对火葬罐本身的文献研究十分有限，且大部分研究成果都以火葬墓为核心研究对象，对于火葬罐本身的关注还很少。总体而言，火葬罐作为一种传统葬具，在相关的民俗和文化研究中往往未受到足够的重视，其在整体研究中的地位相对较弱。

3. 当代转换

研究表明，云南地区的火葬墓存在着带有佛教色彩的习俗。然而，这种习俗的出现时间并不一致，呈现出先后的发展趋势。最早的火葬墓出现在洱海地区，随后逐渐向周边地区扩散。在葬具的材质方面，经历了泥质（夹砂）红陶、釉陶、泥质灰陶与釉陶并存、泥质灰陶、青釉瓷器、青花瓷器等阶段的发展。装饰上也经历了从简单的绳纹、弦纹，到附加堆纹、莲瓣纹和宝相花、金刚杵、佛像、十二生肖图案并存，再到简单的弦纹、绳纹等变化。从这些变化可以看出，火葬罐的纹饰逐渐减少并趋于简化，佛教色彩逐渐淡化。据推测，在大理国时期以及元、明早中期，云南地区的火葬达到了繁盛时期，但随着政府出台火葬禁令，火葬习俗逐渐式微。❶ 至明代晚期，火葬墓逐渐退出了云南的历史舞台。但是，云南火葬罐的存在本身，对于后世的丧葬用具设计也产生了一定影响。目前市面上的部分骨灰罐设计依然能看出云南传统火葬罐的影子（图3-3-2-9）。

图3-3-2-9　当代骨灰罐设计
①归从骨灰盒　②Memory Planet宠物骨灰盒

三、擒克

（一）文化背景

彝族是有自己独特信仰文化的民族，从自然崇拜、图腾崇拜、灵魂崇拜、祖先崇拜到多种崇拜共存的发展历程，体现了彝族人民生存的韧劲和力量。毕摩文化是彝族社会发展中一种特殊的文化现象，其"复杂而系统的仪式程序，浩瀚而深奥的文字典籍"❷，呈现了彝族先民与自然共生的智慧结晶。毕摩通过各种特殊工具（即法器）主持宗教仪式，成为毕摩文化的传播者。毕摩法器的形制、工艺、装饰等会受到当时当地经济文化的影

---

❶ 李萍：《云南古代火葬墓研究》，第135页。
❷ 巴且日火：《凉山毕摩及毕摩文化研究》，韦安多主编：《凉山彝族文化艺术研究》，成都：四川民族出版社，2004年8月，第45页。

响，因而法器也从一定层面反映了古代南丝路沿线老百姓的文化习俗。在众多法器中，擒克是为数不多采用了髹漆技艺、"竹编木雕"复合型技艺[1]制作的法器，其形状和多样性装饰（图3-3-3-1），再现了彝族先民将多种崇拜集合为一体的信仰文化。尽管擒克在当代只能出现在某些特殊时刻，但也不可磨灭其在彝族历史乃至中国宗教文化历史中的作用。

图3-3-3-1 擒克一览
（资料来源：①②《疾病的神圣化：凉山彝族苏尼的"成尼"仪式研究》[2]，③《中国彝族文物集萃》[3]，④《凉山毕摩》[4]）

1. 彝族毕摩文化

毕摩文化历史悠久，起源于人类生产力低下的特殊时期。那时的人们面对自然灾害、猛兽入侵、生老疾病等情况，有一种深深的无力感，以为借助以毕摩为引导的巫仪活动可以获得生存，消灾避邪，延续生命等。以经书和仪式活动为载体的毕摩文化，也可称为"原始宗教文化"，不仅传递了彝族人的宗教信仰，还涉及和包容了彝族的哲学思想、社会历史、教育伦理、天文历法、文学艺术、风俗礼制、医药卫生等内容。[5]

---

[1] 龙东林，谢沫华：《东亚民族造型文化——中韩民族造型文化国际学术研讨会论文集》，昆明：云南科技出版社，2002年8月，第108页。
[2] 约其佐喜：《疾病的神圣化：凉山彝族苏尼的"成尼"仪式研究》，成都：西南民族大学硕士学位论文，2021年，第103页。
[3] 中国民族博物馆，楚雄彝族自治州博物馆，凉山彝族奴隶社会博物馆：《中国彝族文物集萃》，第161页。
[4] 阿牛史日，吉郎伍野：《凉山毕摩》，杭州：浙江人民出版社，2007年1月，第79页。
[5] 李焰川：《浅析凉山彝族毕摩文化对现代基础教育的影响》，韦安多主编：《凉山彝族文化艺术研究》，成都：四川民族出版社，2004年8月，第75页。

"毕摩"，彝文音译，即彝族地区宗教文化活动中主持祭祀和掌管彝文经书的人。❶ "毕"在彝语中译为在宗教仪式中进行经文念诵等；"摩"在彝族文化中代表长者或老师的意思，体现了彝族人对从事此仪式活动者的尊重。毕摩是由早期的祭司（部落首领）演变而来，直至元代，祭司才从统治阶层中分离并逐渐演变成如今的毕摩。❷ 毕摩由男子担任，以世袭为正宗，负责主持占卜、历算、安灵、祈福等宗教活动。❸ 晋人常璩在《华阳国志》中记载"夷中有桀黠能言议屈服种人者，谓之耆老，便为主论议"，❹ 文中"耆老"即早期毕摩。

毕摩在诵经和主持仪式活动时，会用到不同功能的法器（图3-3-3-2），如"擒克""武土"（也称"神签筒"）"毕举"（也称"神铃"）"神鼓""法帽""经书""山羊角""神枝"等。❺ 各类法器都有其自身的文化寓意和活动用途，在装饰上也别具彝族文化风格。

图3-3-3-2　彝族毕摩法器一览
①铜擒克　②武土　③毕举　④神鼓　⑤法帽　⑥经书
（资料来源：①《文物有韵自成诗：凉山彝族自治州博物馆藏品集粹》❻，⑤《中国彝族文物集萃》❼，⑥《美姑彝族毕摩文化的视觉设计应用研究》❽）

---

❶ 黄承宗：《凉山彝族文物"擒克"》，《四川文物》1998年第2期，第14页。
❷ 博什拉洛：《源远流长的彝族毕摩文化》，《寻根》2005年第1期，第4页。
❸ 凉山彝族奴隶社会博物馆：《凉山彝族文物图鉴》，成都：四川美术出版社，2004年8月，第19页。
❹ [晋]常璩：《华阳国志》校注卷4《南中志》，成都：巴蜀书社，1984年7月，第364页。
❺ 马尔子：《凉山彝族毕摩法具考释》，《四川文物》1989年第2期，第62、63页。
❻ 清代彝族毕摩铜法扇，长29厘米，宽17.5厘米。凉山彝族自治州博物馆：《文物有韵自成诗：凉山彝族自治州博物馆藏品集粹》，北京：文物出版社，2012年9月，第140页。
❼ 中国民族博物馆，楚雄彝族自治州博物馆，凉山彝族奴隶社会博物馆编：《中国彝族文物集萃》，第158页。
❽ 杨晨：《美姑彝族毕摩文化的视觉设计应用研究》，成都大学硕士论文，2022年，第11–13页。

2.擒克简介

擒克,彝文为"〇㇒"❶,音译又称"琴克"❷"(尔)切克""其克"等,因其外形酷似扇子,因此又称"法扇""神扇"。擒克是彝族技艺高超的毕摩所专属的一种法器,❸主要用于祭祀、祈福、驱邪、送祖灵等仪式活动,其他人不得使用。早期的擒克由木或竹制成,铜材质出现后,擒克也用铜制作,有的还用苍鹰羽毛编织而成,❹由此也衍生出不同的使用场景。早期的擒克与武土等法器会用彝族古老的髹漆技艺进行装饰,并在主要部位雕刻如虎、狮、鹰、狼等图腾,❺有着浓郁的彝族民俗文化气息。擒克有着漫长的使用历史。据传,母系社会时期的彝族先祖不用擒克、武土等法器主持仪式活动时,祭祀活动常不奏效,祈福不至,驱祸不走,❻后至彝族邛部时代(约为先秦时期),❼毕摩才开始使用擒克等法器。这种毕摩文化之后一直流传,直至今日,彝族人都认为法器给了毕摩强大的法力。彝文经书《毕补》记载邛部使祖"经过尔坦山(常吹风的山),制了尔切克,手持尔切克,煽扇凉丝丝",邛部使祖经过风山,受到风吹的启发,理解了使用扇子鼓风可以驱散炎热的原理,便用篾(薄竹片)制作了扇子。"尔切克"在彝语中有招风之意,❽即竹篾风扇,起初用于传道授业时驱热,后演变为法器。

以擒克为代表的毕摩文化传播至南方丝绸之路沿线的四川、云南等彝族人集聚区,在一定层面也反映了南丝路沿线的宗教文化。

(二)案例简介

擒克整体大多呈圆形或椭圆形(偶见有方形),中间用轴贯穿而成,常以木、竹、铜为材料。依据材质不同,可分为竹擒克和铜擒克(图3-3-3-3)。擒克属于毕摩的私人法器,他人不可使用,其大小、装饰也因人而异,有较大的个性化特征。扇轴一般长27~37厘米,圆径16~22厘米,其上会雕刻

---

❶ 凉山彝族自治州博物馆编绘:《凉山彝族文物图谱·漆器》,成都:四川民族出版社,1982年9月,第65页。
❷ 竹制的音译称"琴克",铜制的音译称"基琴克",凉山彝族奴隶社会博物馆编:《凉山彝族文物图鉴》,第19页。
❸ 伍精忠:《凉山彝族风格》,成都:四川民族出版社,1993年12月,第121页。
❹ 起云金:《昙华毕摩文化》,《今日民族》2005年第10期,第43页。
❺ 李焰川:《浅析凉山彝族毕摩文化对现代基础教育的影响》,韦安多主编:《凉山彝族文化艺术研究》,第82页。
❻ 禄开辉:《四川凉山彝区毕摩文化对农村现代化的影响》,西南民族大学博士学位论文,2019年,第62页。
❼ 黄承宗:《凉山彝族文物"擒克"》,第14页。
❽ 马尔子:《凉山彝族毕摩法具考释》,第62、63页。

虎、猴、鹰等彝族的图腾崇拜（图3-3-3-4）。擒克的装饰一般会通体髹涂红、黑土漆，较少用彩绘。❶

图3-3-3-3　擒克
①竹擒克　②铜擒克
（资料来源：①《中国彝族文物集萃》❷，②《凉山彝族文物图鉴》❸）

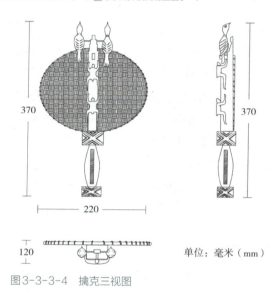

图3-3-3-4　擒克三视图

（三）使用方式分析

在祭祀、祈福、驱鬼等宗教活动中，毕摩会使用各种法器来进行特殊且既定的仪式，包括肢体动作、咒经吟诵等行为。在仪式过程中，毕摩通过舞刀、弄箭、摇铃等动作和吟诵相应的彝族经文，意在祈福消灾、镇邪请神。其中摇动擒克的动作尤为独特和讲究（图3-3-3-5），毕摩以身躯引导擒克向内摆动，寓意着对神灵的召唤；而身躯和擒克向外摆动，则象征着对邪魔的驱逐。当仪式圆满结束后，毕摩转而会引导参与活动

---

❶ 王一然：《彝族漆器艺术研究》，昆明理工大学硕士学位论文，2009年，第27页。
❷ 中国民族博物馆、楚雄彝族自治州博物馆、凉山彝族奴隶社会博物馆编：《中国彝族文物集萃》，第161页。
❸ 凉山彝族奴隶社会博物馆编：《凉山彝族文物图鉴》，第20页。

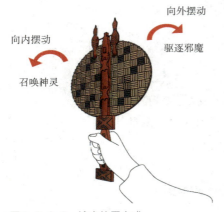

图3-3-3-5 擒克使用方式

图3-3-3-6 擒克结构图

的人进行丰富多样的表演或竞赛，以庆祝仪式的成功和祈福家园的和谐。[1]

擒克会因制作材质不同而有不一样的使用情景。竹制擒克被彝族人视为吉性仪式的法器，主要用于传递和盛放祭品，如在祖先灵牌的主持仪式上，毕摩会用竹制擒克盛撒象征金银的木屑、荞花、大米等祭品，以此向祖先的灵魂表达敬意。[2]铜制擒克多被用于凶性仪式，是驱逐邪灵、煽动邪魔的有力法器，常用于人离世不久的场景。毕摩会用铜制擒克进行简单的超度仪式，以期驱除其身上的疾病疟气。在此仪式之前或期间，在场人需要克制情绪，不允许放声哭泣，法毕之后才可大肆释放情绪和哭泣。[3]

（四）结构原理分析

擒克作为彝族古老的宗教仪式器物，相传最初是用于驱热的，因而其整体结构与扇子相似，只是在纹样、寓意等方面有法力的象征，由此被称为"法扇"。擒克结构简单，主要包括扇轴、扇面以及图腾象征物等三大部分（图3-3-3-6）。

扇轴，位于扇面的正中间，大多穿镶而过，一般用木或铜质材料来制作，是器物受力的基础结构。擒克扇轴的下方部位，即毕摩的手握处，可理解为传统扇子的手柄，会作一定的造型。扇面，是指固定在扇轴上似扇形的部位，也是风力产生的部位。图腾象征物，一般会用鸟、鹰、猴、虎、龙等仿真兽形雕塑而成，主要固定在扇轴之上，被视为增强法力的象征。

擒克使用的物理原理是空气流动性原理。擒克如扇子一般，挥动时扇面会挤压周边空气向两侧分流，此时空气聚集处为高压区，空气分流处为低压区，依据空气压力差异的原理，空气会从低压流向高压以维持

---

[1] 刘雨：《仪式·文化·社会：彝族传统体育身体文化阐释》，《体育文化导刊》2019年第12期，第58页。
[2] 约其佐喜：《疾病的神圣化：凉山彝族苏尼的"成尼"仪式研究》，第19页。
[3] 雷红杰：《文学人类学视野下凉山彝族"铜"叙事研究》，西南民族大学硕士学位论文，2019年，第78页。

平衡，进而产生风流。而擒克，即是借用这样的原理寓意赶走灾难，庇佑平安。

（五）形态装饰分析

擒克的形态和装饰充分体现了彝族文化的独特性，它不仅在毕摩所主持的宗教仪式中发挥着重要作用，更是彝族文化的物质载体，它能让我们真实感受到彝族文化的独特魅力。

1.形态分析

擒克的形态趋于一致，扇面大多为圆形或椭圆形（图3-3-3-7①），但会因材质不同而有局部差异。

图3-3-3-7 擒克形态与装饰
①基本形制 ②装饰
（资料来源：②《中国彝族文物集萃》❶）

擒克的扇轴多呈"蛇身鱼尾状"，附着在扇面处的扇轴上半部分长且窄，呈"蛇身"，有些扇轴顶端还会雕刻成蛇头状。❷扇轴和扇面连接处，有的用一个圆形来区分扇面和手柄；有的用曲线装饰来过渡；有的是制成四根小柱形，象征四柱擎天，中间的空隙构建了四道门扉，代表天地四道门，进而构建出彝族文化中的宇宙框架。❸扇轴的尾部通常会有一个鱼形雕刻，可防止毕摩使用时脱手，其上有纹样装饰，即所谓"鱼尾"，不少毕摩会在手柄处加装挂绳，便于在仪式中挥舞或不用时悬挂在家中。

扇轴上的图腾象征，其形态多为模仿彝族人所崇拜的动物，如鹰、鸟、猴、虎等。这些动物在彝族图腾崇拜中有着特殊意义，象征勇气、力量、智慧和神秘，甚至有的还代表神灵。扇轴顶端常见雕刻有两只木

---

❶ 中国民族博物馆，楚雄彝族自治州博物馆，凉山彝族奴隶社会博物馆：《中国彝族文物集萃》，第161页。

❷ 云南民族学院文展室：《彝族毕摩法器》，《云南民族学院学报》1987第4期，第2页。

❸ 沙杰：《会理县笆笆村彝族丧葬文化研究》，成都：西南民族大学硕士学位论文，2021年，第41页。

鸟或木鹰，象征传说中的神鸟"阿普依曲鸟"；扇轴中间位置常雕刻有栩栩如生的虎、猴、龙等动物，具有浓烈的彝族宗教文化色彩。

擒克的扇面大多为圆形或椭圆形，偶见有方形，但竹制擒克是用竹篾编织而成的，而铜制擒克是用整块铜打造而成的。

2.装饰分析

擒克的装饰很讲究，是长久以来彝族人宗教习俗的集大成者。竹编和木刻相结合而制成的擒克，一般会采用髹涂红、黑土漆来装饰，是彝族髹漆技艺独特魅力的代表器物之一。竹制而成的擒克扇面，除髹涂土漆外，还会因竹篾编织产生自然而有序的装饰纹样，其扇面边沿会用宽窄不等的布料缝制装饰一圈，以便能长久使用。铜制的擒克扇面，会在其上錾刻栅栏纹样、缠线架纹样等作为装饰。擒克扇轴上除立体雕刻有鹰、虎、狼等动物外，也会用"X"纹、缠线架纹、栅栏纹、短斜线纹、蛙纹等纹样来装饰。

不同材质与装饰的扇面有不同的使用场景，也体现了彝族人独特的宗教习俗。竹扇面以竹篾编织成方格交织的正切纹，这种方形纹样形成了"眼"；铜扇面以刀雕刻，有七眼和九眼扇面之分，而数字七与九在彝族文化中被视为天数的象征。通常而言，九为阳，七为阴，竹擒克多为九眼，常用于吉性仪式；铜擒克多为七眼，常用于凶性仪式。[1]铜扇面相对于竹扇面更有可塑性，其上的纹样也更加多样化：有的铜扇面是单个成眼，眼与眼之间不连接，各自以圆形包裹；有的铜扇面的眼以方形包裹，中间以栅栏纹隔开，九眼和栅栏纹所排列组成的正方形周边还习惯雕刻缠线架纹。除此，铜扇面边缘也会雕刻一些短斜线纹、鸡眼纹等纹样。

擒克的色彩运用充分彰显了彝族人对自然、历史、文化的理解和崇拜，也是其审美和价值取向的具象化表达。擒克所使用的颜色多以彝族人所崇拜的黑、黄、红为主，黑色在彝族文化中与土地相关，是高贵的颜色，象征庄重和尊严；[2]黄色与太阳相关，是希望的颜色，象征安宁与健康；红色与彝族人的火崇拜相关，是正义的颜色，象征勇敢和热情。竹制擒克通体髹土漆，铜擒克则更多呈现铜材料的原有颜色。扇轴多髹涂黑色、黄色或红褐色，其上镶嵌的鸟兽装饰物一般髹涂黑色（图3-3-3-7②）。扇面的色

---

[1] 阿牛史日，吉郎伍野：《凉山毕摩》，第79页。
[2] 巴且日火：《论凉山彝族民俗事项中的色彩局域》，韦安多主编：《凉山彝族文化艺术研究》，成都：四川民族出版社，2004年8月，第503页。

彩装饰多体现在竹扇面，常在正切纹的一对相向纹样上髹涂黑色，扇面边缘也会用黑色或黄色来装饰一圈。

擒克的装饰构图，主要有对称构图、框架构图、重复构图、对比构图和均衡构图。对称构图，指无论是装饰还是形态都符合此原理；框架构图，即将元素置于框架内凸显层次感，铜扇面就习惯将眼置于圆形或方形的框架内；重复构图，指多次使用相同的元素来进行排列，以达到强调视觉的效果，无论是七眼还是九眼都秉承这一原理；对比构图，指通过制造大小、颜色等差异来增强视觉效果，竹擒克的眼就以黑色髹涂其中的一对相向纹样来产生对比美；均衡构图，以分布平衡的元素增强画面的稳定感，避免头重脚轻，常见于图腾绘制，左边刻虎则右边刻狼，虽不对称，但也平衡。

（六）制作工艺分析

擒克主要分为竹木制和铜制两种，多为工匠或毕摩手工制作。❶彝族人认为铜质材料具有防雷、防疫、防癫、镇邪❷等作用，而擒克又是彝族所特有的宗教器物，因此擒克的制作材料除了木和竹外，铜（包括红铜和黄铜）也是常用材料。传统擒克虽然属于竹编与木刻的复合体，但其制作过程并不复杂。汇总各类资料并进行分析，将擒克的制作流程归纳如下（图3-3-3-8）。

第一步：准备材料。事先准备好制作擒克的材料（木、竹、铜等）和制作工具（锯、刀、凿子等）。樱木或桦木具有良好的加工性、稳定性和干燥性，且质地坚韧，是较为常见的扇轴制作材料；竹子的选择较挑剔，工匠倾向使用生长于深山之中的竹子来进行扇面制作，这种竹子质

制轴编面　　　　　　轴面插盘　　　　　　装饰成品

图3-3-3-8　擒克制作流程

---

❶ 沙杰：《会理县笆笆村彝族丧葬文化研究》，第41页。
❷ 雷红杰：《文学人类学视野下凉山彝族"铜"叙事研究》，第79页。

轻且坚韧、耐磨也抗腐蚀，非常适合塑形加工。

第二步：制作扇轴。将樱木或桦木制成扇轴的基本形（长条状），再用工具将其雕刻成"蛇身鱼尾状"等形态，用此来体现彝族文化中的图腾（如虎、龙等）崇拜，以象征至高的权力。若制作铜擒克，制作工具会更多，制作技艺也更多样，如用传统的雕琢技艺制作扇轴上镶嵌的虎、龙等；用刻线技艺制作栅栏纹、短斜线纹、蛙纹等纹样。

第三步：制作扇面。竹制擒克的扇面可先用篾片编织成圆盘形状，且编织纹样需要斜向对应，以形成多个方格交织纹样，此时编织出的方格纹样即为"眼"。一般竹制擒克为九眼，多用于吉性仪式。铜制擒克只需将铜片打磨成圆盘状，并在其上刻七个"眼"，多用于凶性仪式。❶

第四步：插盘。将已经制作好的扇轴穿镶在扇面之间，并紧紧贴合固定住，保证其在使用时不会出现扇面与扇轴分离的情况。

第五步：装饰。除用土漆或刻刀进行图腾纹样等的装饰外，一般都会在扇轴顶端再雕刻镶嵌（或粘接）木鸟，以象征彝族神话中的神鸟"阿普依曲鸟"。扇轴中部也会雕刻镶嵌（或粘接）虎、龙、猴等图腾崇拜的动物，以体现彝族民俗中的法力象征。有些工匠或毕摩也会依据个人习惯在扇轴底部穿插一根绳索，方便悬挂和使用。

第六步：成品。擒克髹漆装饰完成后，再进行储藏阴干，之后会进行周边毛刺等细节的打磨处理，以完后最终成品。擒克的制作，还有铜制扇轴和竹制扇面混合搭配制作而成的。利用不同材质组合而制，打破了材料的单一性，也拓宽了人们的审美局限。

（七）设计比较分析

擒克属于彝族宗教器物，所以下文也选取了武土、毕举和经书筒来作形制、来源、用途、装饰等方面的设计比较（图3-3-3-9）。在历史长河中，擒克和这三种器物都存在于四川、云南等彝族地区，也是南丝路宗教文化的器物代表。

图3-3-3-9 武土
①武土 ②毕举 ③彝文经书筒
（资料来源：②源于《凉山彝族文物图鉴》❷）

---

❶ 阿牛史日，吉郎伍野：《凉山毕摩》，第79页。
❷ 凉山彝族奴隶社会博物馆：《凉山彝族文物图鉴》，第21页。

1.武土

武土，彝语汉译，也即"神签筒"（图3-3-3-9①），早期毕摩仅用它来作笔筒，后来演变为毕摩作法占卜的法器，有镇魔降妖的寄望，在四川凉山、云南昭通和贵州彝族地区都存在。❶武土通体长31～35厘米不等，与毕摩前肘长度吻合，❷直径3～7厘米，多用木制，中部镂空，属子母扣开合结构，前节用柏木制成，为"柏公"，后节用樱木制成，为"樱母"。其内装笔或打卦所用竹签（亦称"法签""神签"），尖头签为男，平头签为女。❸占卜时，将所有签分为三卜，以单双数定吉凶；驱邪避恶时，毕摩双手搓响竹签以震慑鬼魂。❹武土筒身两端接木胎，尾端呈开口尖状"叉"形，似"鸭嘴"，为避免克主，张口大小需与所持毕摩张口嘴形大小一致，其上前后各伏一只木鸟；顶端有盖状物，签筒两端系有铜链，用于毕摩作法时将其挂于身上或不用时悬挂于家中。武土通体髹漆，常用红黄黑三色土漆，筒身习惯以红白黄相间，刻有三角纹、鸡冠纹和渔网纹等，❺纹样边缘常用黑漆描边，别具彝族审美气息，是彝族漆器的代表器物。

武土与擒克不仅均为毕摩的法器，还同为竹木胎髹漆器物，有相似的装饰特征。两种器物均倾向使用红黑黄三色和渔网纹等纹饰，并习惯在器物上装饰木鸟。但擒克和武土在形制上大不相同，擒克呈扇形，武土呈筒状；擒克为一体式装配结构，主要用于作法，武土是子母扣开合结构，用于装神签；武土除驱邪外，还可进行占卜，这是擒克所没有的；擒克有立体雕刻装饰，如鹰、虎、猴等，而武土多用木鸟。当今的彝族人对毕摩的崇拜已不如从前，相关的仪式也已简化甚至取消，许多武土已被毕摩"雪藏"。

2.毕举

毕举，彝语汉译，又称"比句""神铃""法铃""子惹"等。毕举呈喇叭状，也有碗状，上有小孔穿以细绳，内有铃舌，为毕摩在彝族宗教

---

❶ 尹绍亭：《云南大学伍马瑶人类学博物馆藏品图集》，昆明：云南大学出版社，2006年12月，第295页。
❷ 阿牛史日，吉郎伍野：《凉山毕摩》，第81页。
❸ 伍精忠：《凉山彝族风格》，第121页。
❹ 中国彝族通史编纂委员会编纂：《中国彝族通史（第一卷）》，昆明：云南人民出版社，2012年11月，第442页。
❺ 俚若，文艺：《彝山云霞——楚雄彝族服饰漫谈》，昆明：云南民族出版社，2003年06月，第73页。
❻ 凉山彝族自治州博物馆编绘：《凉山彝族文物图谱·漆器》，第65页。

仪式中所常用的法器，被视为可与鬼神通灵，[1]曾经是划分毕摩等级的标志。[2]毕举多为巧匠制作，常用铜、锡材料制成，也有用金、银、铁制作的，主要分为赤铃和黄铃两种。毕举的装饰会因工匠或毕摩的喜好不同而有所区别，有些几乎为素铃，不喜欢装饰；有些则会在铃身上绘制模拟生活场景的纹样或图腾符号（图3-3-3-9②）。毕举的使用并无太多约束，大多是通用的，只要毕摩主持宗教仪式就会用毕举，尤其体现在招魂仪式上，如毕摩会一边晃动毕举一边吟诵经文，两种声音交织在一起，意在请神或驱邪。

毕举和擒克的功能相似，都可用于请神驱邪，但毕举的适用范围更广，几乎所有仪式都使用，而擒克则会区分吉凶场景，适景而用。虽然毕摩与法器都不再拥有往日的民间崇拜，但毕举因其较小的体积，至今仍有不少毕摩随身携带，是较为典型的彝族毕摩器物。

3.经书筒

经书筒，是彝族毕摩用于放置经书的器物（图3-3-3-9③）。经书筒为竹制或木制，整体结构极其简单，基本形制和武土相似，都为可开合的中空筒状，但不同于武土的子母扣开合结构，经书筒为侧边开合。经书筒无过多复杂形态，为典型的直筒状，通体髹涂黑漆，但筒身也会附加一对相向的仿兽形装饰，似鸡形。彝文经书主要分为"黎术""咒术""历算占卜"等三大类，[3]装帧虽与传统的汉书相近，但方向略有差异，彝文经书的文字是从左至右竖排书写，长卷的右端设有轴。在日常生活中，经书会被卷起并装入经书筒中，而在诵经时，毕摩则会向左展开经卷进行阅读，但如今，作法时摊经吟诵多为仪式中的表演，并演变出了更具戏剧性和紧迫性的诵经形式。

相较于擒克，经书筒的功能简单，且无过多宗教解释，在一定意义上是带有民俗装饰的储物盒，甚至有些毕摩直接将卷起的经书放入箱子或抽屉储存。经书筒的装饰性元素也较少，色彩单一，仅用一对木鸡作装饰，是一件朴实无华的彝族民间器物。

综上，擒克与武土、毕举以及经书筒都是彝族毕摩主持宗教仪式时用的传统器物，有着悠久的历史，在彝族人民的信仰文化中有着极其重要的作用。但四种器物的形制、材料、装饰、用途、使用方式等，还是

---

[1] 约其佐喜：《疾病的神圣化：凉山彝族苏尼的"成尼"仪式研究》，第19页。
[2] 沙杰：《会理县笆笆村彝族丧葬文化研究》，第41页。
[3] 阿牛史日，吉郎伍野：《凉山毕摩》，第81页。

有各自特点（表3-3-3-1）。就形制而言，擒克为扇形，毕举为喇叭形，武土和经书筒则为筒形。就材料而言，武土和经书筒为木或竹制，毕举多为铜制，而擒克分为竹制和铜制两种。就装饰而言，擒克和武土的装饰最为丰富，喜用纹样和附加装饰物，是法器中较为典型的彝族漆器；毕举的装饰因工匠而异，可有可无；而经书筒更多为通体黑漆，少用纹样，上有一对木鸡。就用途而言，擒克、武土和毕举都是毕摩在仪式中的法器，多用于驱邪祈福，而经书筒则用于放置彝文经书。就使用方式而言，擒克最特殊，不仅按凶吉场合选竹或铜擒克，作法也要按既定的特殊方式挥舞；武土除了用于作法外，还可用于占卜；毕举则较为通用，配合吟诵经文使用；经书筒最为简单，放置经书即可。

表3-3-3-1　擒克与武土、毕举以及经书筒的异同比较分析表

法器	形制	材料	装饰	用途	使用方式
擒克	扇形	竹、铜	丰富	法器	扇动作法（分凶吉场合）
武土	筒形	木、竹	丰富	法器	作法、占卜
毕举	喇叭形	铜	可有可无	法器	摇动作法
经书筒	筒形	木、竹	少量	容器	存放经书

（八）设计评价与研究

费孝通先生将文化自觉历程概括为"各美其美，美人之美，美美与共，天下大同"。擒克是毕摩文化中的器物代表之一，其形态、装饰、功用等，都传递出浓郁的彝族信仰文化气息，也早已深刻融入彝族文化乃至南丝路沿线文化的发展历程中。

1.设计评价

彝族人基于自然、图腾、灵魂、祖先等的多种崇拜，也充分体现了彝族先民的信仰文化。擒克作为毕摩主持仪式时使用的代表性器物，经历了漫长的时间洗礼和文化变迁。常用图腾崇拜和生活化的纹样、兽形图案对其进行装饰，不仅丰富了人的视觉感受，还赋予了器物特定的宗教文化寓意。擒克的制作工艺和内含寓意特点突出，竹制的擒克，九眼为吉；铜制的擒克，七眼为凶。擒克的使用方式有既定含义，向内招神，向外驱魔。擒克的功能是通过在仪式中挥舞来体现请神辟邪的。这些设计特征，也传达出毕摩法器的功能价值与审美特征。

2. 学术研究

对于毕摩文化的研究，国内学者从20世纪就已开始。到1989年，徐铭发表《毕摩文化论》[1]论文，构建了彝族毕摩文化的基础框架；1993年，左玉堂和陶学良出版了《毕摩文化论》[2]著作，陈述了毕摩文化的起源，及相关民俗、服饰等内容，构建了彝族毕摩文化的研究体系。虽然在一些与彝族或毕摩相关的文献中已见到与擒克有关的内容，如阿牛史日、吉郎伍野撰写的《凉山毕摩》介绍了擒克的形态和背后的宗教意义，1998年黄承宗也曾发表过《凉山彝族文物"擒克"》论文，但到目前为止，关于"擒克"专门且深入的研究文献还未推出。

3. 当代转换

随着时代的发展和社会的变迁，彝族地区的生活方式和文化环境已发生了翻天覆地的变化，年轻人对传统文化的兴趣在减弱。基于种种原因，促使以擒克为代表的毕摩文化逐渐走出了彝族人的生活。2008年，彝族漆器的髹漆技艺被列入国家级非物质文化遗产名录，传统的擒克等器物也因其具有髹漆技艺特征而重新引起关注。2014年，毕摩绘画被列入四川省省级非物质文化遗产名录，擒克因其是彝族毕摩艺术装饰的集大成者，再次受关注和保护。现在，凉山彝族奴隶社会博物馆将擒克收录并展览，一些网络媒体也进行了科普，还设立了彝学研究网，其中还有专栏对擒克文化进行了讲述。除此，一些商家也试图将擒克作为元素应用到设计中，如将擒克的纹样用在针织物上，甚至直接将手持擒克的毕摩打造成车载文创产品（图3-3-3-10）。这些创新也许不会改变擒克等器物的存在状态，但会让当下的彝族人感知到彝族先民对美好未来的向往。

图3-3-3-10　擒克文创产品

---

[1] 徐铭：《毕摩文化论》，《西南民族学院学报（哲学社会科学版）》1989年第3期。
[2] 左玉堂，陶学良：《毕摩文化论》，昆明：云南人民出版社，1993年6月。

崇古追新

南方丝绸之路
器物设计文化

第四章 南方丝绸之路器物设计文化特征与当代启示

第一节　南方丝绸之路器物设计文化特征

一、共生关系促推南方丝绸之路器物循环发展

在南丝路器物设计文化的研究中，通过分析史料文献获取了器物产生的文化背景与制作工艺，了解其影响要素；通过分析器物设计的内容获取器物的外在特征，如形态、装饰、结构等，了解其显性要素。而隐性要素属于器物设计文化内核，需要通过综合分析其他两个要素而揭示出来。但当某种器物设计文化形成后，三个要素的关系则会发生变化，并会影响器物的存在形式，下面以四川泡菜坛和云南贮贝器为例进行分析。

在四川泡菜坛设计文化形成与发展过程中（图4-1-1-1），最初的泡菜文化产生了对泡菜坛的需求，加之陶瓷工艺的应用，塑造出最初类似瓮的泡菜坛造型，此时泡菜坛主要具有实用性。随着人们对果蔬发酵条件的了解，以及对水封原理的掌握，催生出双唇泡菜坛，此时泡菜坛则体现出了科学性。但由于泡菜坛主要放置于室内，需要适应室内的美观性，为改善泡菜坛的外观，需要优化陶瓷工艺，借助化妆土削弱陶泥的粗糙度，并用刻花法增强其美观度，泡菜坛发展演变至此，体现出了承续性与适应性的特征。由此看来，当四川泡菜坛器物设计文化形成后，影响要素、显性要素、隐性要素三者处于相互影响与推动制约的关系中，隐性要素产生需求后，则会映射出对显性要素的需求，推动影响要素的

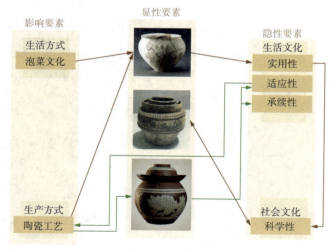

图4-1-1-1　四川泡菜坛设计文化关系分析图

248

进步，进而又体现于显性要素中，而显性要素则又映射出隐性要素的需求。由于当代仍存在泡菜文化、陶瓷工艺以及对泡菜坛实用性、适应性等的需求，即泡菜坛设计文化的三要素仍在稳定发展中，所以泡菜坛仍在被批量生产与广泛使用。

在云南贮贝器设计文化形成与发展过程中（图4-1-1-2），最初南丝路上的商业推动了贝币的流通，产生了对贮藏贝币容器的需求，加之青铜工艺的出现，铸就了早期以提桶为设计原型的贮贝器，此时贮贝器主要具有贮藏贝币的实用性。后随着贝币的增多，加之人们对审美的需求，结合当地对牛、虎、竹等动植物的自然崇拜，以及青铜工艺的进步，塑造出束腰筒形贮贝器，体现了审美性与本土性的非物质内涵。由于贝币具有收藏、象征等价值，云南人民试图将具有祭祀、宗教等文化寓意的铜鼓形态赋予贮贝器，创制出铜鼓形贮贝器，以增加其文化属性，并借助当地高超的青铜工艺，在器体表面塑造出多种立体场景装饰，强化其文化功能。贮贝器发展演变至此，体现了承续性和文化性的内涵。但随着社会历史的变迁，对贮贝器的商业需求及文化需求逐渐削弱，贮贝器设计文化中的三要素曾长时间沉寂于历史中，直至当代对传统文化的重新关注，强调要弘扬和传承传统文化，才使其逐渐重现于当代社会语境中，但多是以简单的文创产品再现，未展现出其丰富的文化价值。

综上所述，在器物设计文化要素关系中，影响要素、显性要素与隐性要素属于共生发展关系（图4-1-1-3）。在器物设计文化形成初期，影响要素可以构建显性要素，显性要素可以映射隐性要素；而在器物设计

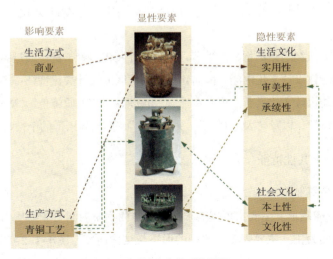

图4-1-1-2　云南贮贝器设计文化关系分析图

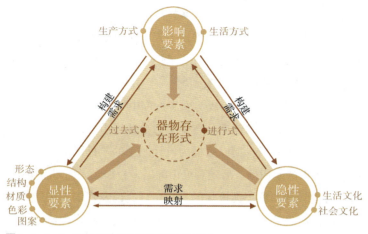

图4-1-1-3 器物设计文化要素关系分析图

文化发展时期，隐性要素可能会对显性要素和影响要素产生需求，显性要素对影响要素同样产生需求，影响要素因此发生变化再次构建显性要素与隐性要素。当三要素关系循环稳定时，器物的设计文化及器物本身便可始终存在，成为进行式；当其中一个要素丢失时，器物的设计文化及器物本身便可能留存于历史时期，成为过去式。如对贮贝器的文化需求消失后，即隐性要素消失，贮贝器便成为过去式器物，其影响要素与显性要素也留存于历史，但是当代对文化传承与发展的重视，使其隐性要素的内容再次凸显，影响要素也发生了变化，若再次发展贮贝器的设计文化，应重新构建三要素，使其循环稳定。

二、"共性+个性"谱写南方丝绸之路器物设计文化

南方丝绸之路器物种类繁多，器物设计文化内容丰富，通过纵向分析器物的总体设计文化内涵，横向比较不同地区的设计文化特征，梳理出南丝路器物设计文化具有"依需制形""由物取材""范质施色""适景绘图"的共性特征，以及"因地制器""文化赋器""同器异语"的个性特征。

（一）共性特征

1. 依需制形

"依需制形"主要指根据需求构建器物的物质内涵与非物质内涵，以实用目的为主，主要表现为器物的形态与结构内容（图4-1-2-1）。在南方丝绸之路上，无论是生活实用类器物、生产实用类器物，还是文化礼

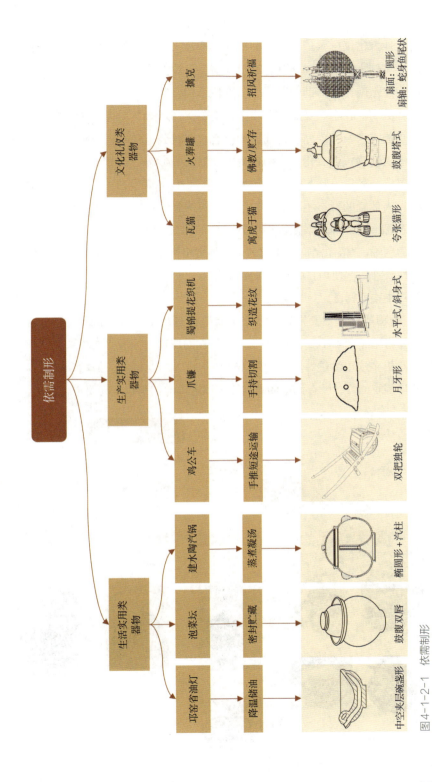

图 4-1-2-1 依需制形

仪类器物，其形态与结构均是以实现需求为前提。在生活实用类器物中，邛窑省油灯借助碗盏形态用于储油并实现最大范围光照，借助中空夹层结构用于储水实现降温功效；泡菜坛借助鼓腹双唇结构实现贮藏与密封功能；建水陶汽锅借助椭圆形态与汽柱结构，实现食材的装纳与水蒸气的循环流动。在生产实用类器物中，鸡公车、爪镰、蜀锦提花织机均是根据功能需求及实现原理构建器物形态，如鸡公车利用杠杆原理实现货物的短途运输。在文化礼仪类器物中，器物的形态主要源于文化内涵及文化需求，瓦猫的形态源于"寓虎于猫"，借助老虎形态实现镇宅驱邪的功能；火葬罐的形态主要受佛教佛塔建筑的影响；擒克形态最早源于招风之意思，后发展为祭祀祈福用品，并在形态方面更加丰富，如蛇身鱼尾状的扇轴。"依需制形"体现的是一种实用价值观，器物的形态、结构等显性要素根据使用目的与需求而构建。

2. 由物取材

"由物取材"主要指根据贮存对象的状态及器物功能属性选择合适的器物材质（图4-1-2-2）。需要密封贮存的器物多为液体或粉末状，其贮存器物多选用渗透性较差的陶泥或漆木作为主要材质，如贮存煤油和水的邛窑省油灯，贮存酒液的彝族漆饰酒壶等。四川烘笼需要进行散热，

图4-1-2-2　由物取材

以实现取暖功能，因此多选用竹材并编织为镂空状，方便煤炭散热。彝族月琴作为文化娱乐器物，多选用漆木作为主要材质，一方面利于实现演奏功能，另一方面通过生动特别的纹样装饰，可以传达出彝族人民对精神生活的追求，以及彝族文化的丰富多彩。贮贝器因海贝的收藏价值而具有文化象征功能，因此多以青铜作为主要材质，并通过其特别的铜鼓形态及立体装饰增加其文化象征功能。"由物取材"体现了南方丝绸之路器物材质的丰富性与科学性，器物的材质取决于贮存对象及其功能属性。

3.范质施色

"范质施色"主要指根据器物的材质特性施加色彩，在南方丝绸之路上的各类型器物中，这一特征主要表现在陶制器物上。南方丝绸之路的陶器以邛窑陶瓷、桂花土陶和建水紫陶产品使用较为广泛。

邛窑陶瓷胎质较粗糙，胎体较厚重，胎色大多为褐色、深褐色，有的因烧成温度较高，胎色还呈紫红色或灰黑色。由于胎质较粗，所以会先在胎体上施白色化妆土，再施色釉。釉色以青绿釉最具特点。高温釉下多色彩绘是邛窑陶瓷的代表性装饰工艺，尤以点彩装饰最具特色，体现为以中央绿彩为点饰，再用褐彩点成一圈；或以褐点组成图案；或以绿褐两色相间组成图案；也有的为褐斑装饰（图4-1-2-3①）。四川桂花土陶的陶泥质地较为粗糙，为弥补其材质缺陷，创制出刻花法，借助化妆土进行修饰，形成白花红底的艺术效果（图4-1-2-3②）。与邛窑陶瓷、桂花土陶相反，云南建水县盛产五色土，其陶泥质地细腻，因此建水紫陶多以展示陶泥本身材质为主，较少施加釉色，或以五色土进行雕刻填泥装饰（图4-1-2-3③）。"范质施色"传达出南方丝绸之路器物的一种审美形式及艺术表达方式，即根据材质特性塑造其视觉效果。

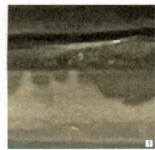  

图4-1-2-3 范质施色
（资料来源：②公众号"品鉴彭州"）

4.适景绘图

"适景绘图"主要指根据器物的使用场景设计并绘制器物表面的图案纹样（图4-1-2-4）。南方丝绸之路上的器物种类繁多，用于不同场景的器物，其表面的装饰纹样特征不尽相同。在日常生活场景中使用的器物，其表面通常绘制有自然纹、植物纹、几何纹、书法字画等平面纹样，或是施加颜色釉，从而使器物适应室内环境，起到装饰效果。由于传统生产场景多是位于田野或工坊，其环境或是恶劣，或是因工作忙碌无时间休闲娱乐而较少需要装饰物，因此用于该场景的器物，其表面鲜有装饰，多是以展现材质本身肌理效果为主。文化场景主要指祭祀、祈福等场景，用于该场景的器物其表面虽然鲜有纹样、颜色等平面装饰，但设计有各种凸起雕塑，或是用于丰富器物的形态，或是用于加强器物的文化寓意。"适景绘图"揭示了南方丝绸之路器物的图案设计手法，体现了器物设计与使用环境的联系，并印证了影响要素与显性要素、隐性要素共生发展的关系。

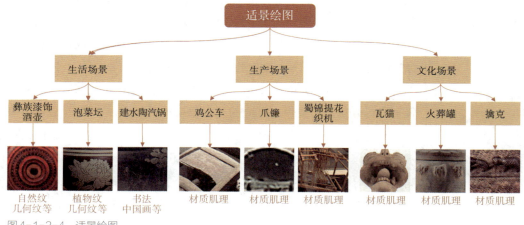

图4-1-2-4 适景绘图

（二）个性特征

1.因地制器

"因地制器"主要指根据自然条件、地理环境等地域因素创制器物，具体表现于器物的结构设计、材质选择等层面。云南地区属于亚热带高原季风气候，昆虫种类及数量较多，为防止昆虫进入贮藏容器内，云南地区泡菜坛坛沿的高度要高于四川地区的，其坛沿与坛身的高度比接近2∶3（图4-1-2-5）。此外，云南地区竹的产量要高于四川地区，云南人

 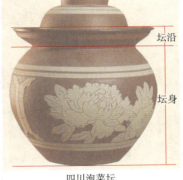

云南泡菜坛　　　　　四川泡菜坛

图4-1-2-5　因地制器

民善于利用竹编工艺制作各类器物，甚至将竹筒直接改制为贮藏器物。而四川地区谷物产量较高，农业商业较为发达，因此其生产类器物较为丰富。由于南方丝绸之路沿线地势险峻，途经丘陵与山地，因此出现了用于丘陵地区运输的鸡公车和用于山地运输的背架子两种器物。"因地制器"反映出地域环境对器物设计文化的影响，不同的地域环境提供了不同的自然条件，引发了不同的生活需求，致使器物的设计文化存在一定的差异性。

2. 文化赋器

"文化赋器"主要指器物的设计文化内容会受到地域文化的影响，具体表现在器物的形态、色彩与图案等层面（图4-1-2-6）。南方丝绸之路的四川、云南等地区均具有青铜文化、漆器文化与陶器文化，但因地域文化的不同，其器物文化的表现也均不同。在青铜文化层面，四川地区的古蜀青铜文化吸收并借鉴了中原青铜文化，具有典型的开放性特征，其曲直有度的几何形态及多样的图案纹样也体现了开放包容的特性。云南地区的古滇青铜文化受地方民族文化影响（如铜鼓文化），而独具地域特征与文化寓意。在漆器文化层面，成都漆器以黑金或黑红配色为主，多使用木胎，云南漆器以黑红黄配色为主，涉及竹、木、皮、葫芦等多种胎体，因此两种漆器文化所创制的器物在色彩、材质等层面具有较大的差异。在陶器文化层面，四川邛窑陶器以"邛三彩"作为主要设计手法，塑造出朴素、稚拙的民间意趣，云南建水紫陶以五色土和紫砂陶作为基础材料，铸就出儒雅、静谧的文人风范。"文化赋器"体现了地域文化对器物设计文化的影响，不同地区的人文历史、审美风格会影响器物的文化内涵，同时器物的呈现形式也会反映地域文化的内容特征。

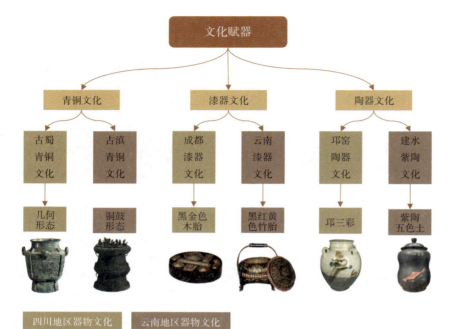

图4-1-2-6 文化赋器

3. 同器异语

"同器异语"主要指同一种器物在不同地区所传达的文化内涵不同。以贮贝器为例，在四川地区，多以青铜酒具作为贮贝器使用，其形态、图案等内容与普通酒具并无明显区别，使用方式、文化内涵等内容与青铜酒具也较为相似，主要传达了古蜀青铜文化的共性内涵。在云南地区，贮贝器由实用性的提桶形贮贝器逐渐发展为文化性的铜鼓形贮贝器，形成贮藏贝币的专用器物，其铜鼓形态及丰富的立体场景装饰，体现了贮贝器除古滇青铜文化内容以外的宗教信仰等文化内涵，赋予了贮贝器有别于其他青铜器具的独特文化功能。南方丝绸之路器物在不同地区，可能会因不同的社会环境、历史人文等因素形成不同的发展道路与使用环境，从而会构建出不同的文化语义。

第二节 巧"构"+巧"塑"+巧"循":当代南方丝绸之路器物设计文化

南方丝绸之路器物设计文化具有共性特征和个性特征,在传承发展其设计文化内涵时,应根据器物设计文化的三要素关系,结合当代社会历史环境,构建器物设计文化的新面貌,并顺应共性特征塑造器物外观,遵循个性特征塑造文化语义。以构建云南泡菜坛的当代器物设计文化内涵为例进行阐述。

一、巧构当代之意

由于器物设计文化的影响要素、显性要素、隐形要素属于共生发展关系,并会影响器物的存在形式,因此在当代社会语境下发展器物设计文化时,应综合考虑当下三要素的内容及关系,实现器物设计文化的进行式发展(图4-2-1-1)。

在影响要素层面,需要考虑当代生产方式与生活方式,以明确对于器物的新需求及新呈现形式。在当代的生活方式中,家庭规模逐渐由传统的大家庭发展为小家庭,甚至是独居家庭形式,对于泡菜坛的需求也由大容量发展为小容量或一人食容量,而生产方式的进步,陶瓷工艺的

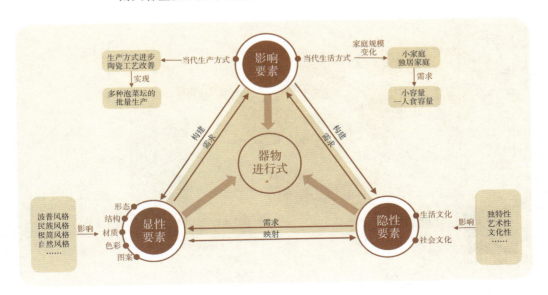

图4-2-1-1 巧构当代之意

改善，使不同功能、形态、色彩、装饰的泡菜坛均可批量生产，从而满足普遍需求，实现器物设计文化的传播。

在显性要素和隐性要素层面，器物的设计在结合设计文化内涵特征的同时，应综合考虑当下审美维度及文化趋势。在显性要素层面，泡菜坛的传统色彩与图案已不符合当下生活环境与审美维度，民族风格、极简风格、自然风格等形式内容是当下较受欢迎的呈现趋势。在隐性要素层面，随着物质生活的满足，人们越来越追求独特性、艺术性等精神内涵，致使器物的显性要素需要发生一定的变化，不再以实现实用功能为主。基于南丝路器物设计文化特征及当代需求构建器物设计文化内涵，可推动器物设计文化的进一步发展，丰富其文化内容。

二、巧塑共性之型

南丝路西南段器物种类丰富，设计文化多样，在器物设计文化中存在"依需制形""由物取材""适景绘图""范质施色"的共性特征，因此在传承发展器物设计文化内涵时，应顺应其共性特征塑造器物造型（图4-2-2-1）。

以南丝路西南段贮藏器物设计文化为代表做分析，可知其共性特征主要表现在器物的显性要素中，"依需制形"对应器物的形态与结构设计，要求器物的形态与结构应根据需求进行设计。泡菜坛在当代社会语境中，

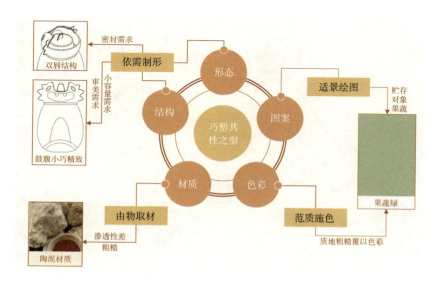

图4-2-2-1　巧塑共性之型

需要具备贮藏密封功能，满足小容量需求与审美需求，因此需要保留其双唇结构与鼓腹形态，但整体形态应更为小巧精致。

"由物取材"对应器物的材质选择，要求器物的材质需要适应贮存对象的特点。泡菜为固体液体混合物，在腌制过程中需要无厌氧菌的密封环境，并要求器物内壁略微粗糙，以便附着发酵所需的菌体，因此泡菜坛应以渗透性较差、较为粗糙的陶泥材质为主。

"范质施色"对应器物的色彩设计，要求根据材质的特征施加色彩，对于质地细腻的材质可以以展现本身色彩为主，对于质地粗糙的材质可以通过施加釉色、覆以辅助材质为主。"适景绘图"对应器物的图案设计，要求器物的图案装饰需要根据贮存对象进行设计。在当代云南泡菜坛的设计中，主要表现为器物表面覆以果蔬绿。基于南丝路西南段贮藏器物设计文化的共性特征创制器物，不仅是对其设计文化的延续发展，更是对其设计智慧的沿用。

三、巧循个性之语

南丝路西南段主要涉及四川省和云南省，由于历史文化的区别，器物的设计文化存在一定的差异性，形成了个性化特征，具体表现为"因地制器""文化赋器""同器异语"三个方面（图4-2-3-1）。

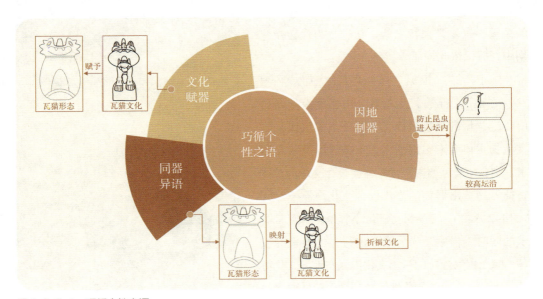

图4-2-3-1 巧循个性之语

"因地制器"要求器物的设计需要考虑自然条件和地理环境等因素，自然条件主要影响器物材质的选择，地理环境影响器物的功能设计。云南地区昆虫较多，为防止昆虫爬入容器内，需要加高泡菜坛的坛沿，且器口多为直口或敛口。

"文化赋器"要求器物设计需要考虑地域文化的影响，贮藏器物涉及陶器、漆器、青铜器等多种器物文化，各类器物文化在不同地区其特征和内涵均不同，在进行当代转换时，应考虑所在地区器物文化对设计因素的影响，此外还需要考虑民俗文化、历史文化等内容。瓦猫是云南地区所独有的祭祀祈福、镇宅辟邪之物，多放置于屋顶上，它不仅体现了云南地区的民族文化特征，也展现了当地人民独特的信仰文化，现已成为宣传云南文化的重要器物载体。借用瓦猫的可爱形态与祈福辟邪的寓意，将其转化为泡菜坛的设计语言，一方面符合当代用户对审美及文化性的需求，另一方面展现了云南地区独特的地域文化。

"同器异语"要求器物设计需要考虑不同地区的文化内涵，贮贝器在四川地区主要表现青铜文化，而在云南地区还蕴含关于祭祀和宗教的文化内容，因此在对类似器物进行当代转化的过程中，应注意其在不同地区的文化内涵。云南泡菜坛在瓦猫文化的加持下有别于普通泡菜坛，蕴含着除云南陶器文化以外的祈福文化。个性化特征是南丝路西南段贮藏器物设计文化形成的关键，也是其独特之处，在进行当代转换应用中，应保留此特征。

综上所述，根据"巧构当代之意""巧塑共性之型""巧循个性之语"构建出南丝路云南段泡菜坛的当代设计文化。该泡菜坛以瓦猫文化为主体元素，根据当代审美维度及使用需求，结合南丝路西南段贮藏器物设计文化的总体特征，塑造出器物的当代设计文化内涵及形式（图4-2-3-2）。泡菜坛在满足小容量密封贮藏需求的同时，借鉴瓦猫元素，进行显性要素的设计，赋予器物独特的祈福文化内涵与地域文化特征，满足人们对于文化性、独特性等隐性要素的追求，实现器物设计文化的当代转化与发展。

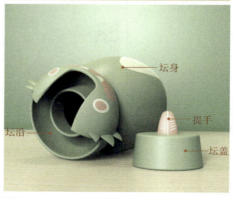

图4-2-3-2　云南泡菜坛当代设计

总　结

　　南方丝绸之路不仅是中国古代西南地区对外经济交流的主要道路，更是沿线各地区以器物为载体实现文化传播的关键途径。南方丝绸之路器物设计文化内涵丰富，器物种类多样，按照功能属性，主要可以分为生活实用类器物、生产实用类器物和文化礼仪类器物，不同类型的器物其设计文化内涵有所不同，但共同铸造了南丝路器物设计文化的丰富特征，并为南丝路器物设计文化的传播与发展提供方向与指引。

　　1.生活实用类器物

　　南丝路上生活实用类器物不仅仅是为了满足功能性需求，更是南丝路上丰富的设计文化的体现，融合了当地民族的审美情趣、生活习惯和精湛工艺。这些器物以其实用性与艺术性的完美结合，展现了南丝路文化在日常生活中的深远影响。

　　邛窑省油灯，这种照明工具的设计不仅体现了资源节约的理念，其精美的造型和装饰也反映了南丝路沿线民族对生活品质的追求。省油灯的设计巧妙地结合了实用性与装饰性，成为夜晚居室中的照明与美化之物。

　　贮贝器，这类容器的设计不仅考虑了实用性，其精美的外观更是体现了南丝路沿线的文化特色和人们对美的追求。复杂的图案和纹饰不仅展现了民族的审美特色，也体现了古滇国的社会历史文化。

　　彝族月琴，这类乐器的设计不仅关注声音的质量和传播，其独特的形状和装饰也体现了彝族人民的审美理念。月琴不仅是音乐表演的工具，更是南丝路文化交流的载体，其设计融合了音乐、工艺和民族特色。

　　彝族髹漆酒壶，这种酒壶的设计结合了实用性和美观性，坚固耐用的特性和精美的漆工艺，展现了彝族人民对生活品质的追求和对传统工艺的传承，也是南丝路文化中对美的追求的体现。

　　泡菜坛，四川地区的泡菜坛设计强调了食物的保存和口感，其独特的双唇结构与鼓腹形态设计，体现了对食物新鲜度和营养价值的重视，同时也反映了南丝路沿线人们的饮食习惯对设计的影响。

白族烤茶罐，这类茶具的设计反映了白族人民独特的烤茶文化。烤茶罐的加热方式和形状设计，旨在最大化地提取茶叶的香气，展现了人们对茶文化的深度理解并将其应用于设计。烤茶罐是南丝路沿线文化交流的一个缩影。

四川烘笼，这类取暖器的设计考虑了人体工程学和热效率，其简单而有效的结构，不仅提供了必要的温暖，还体现了对环境适应性的思考，反映了南丝路沿线民族对生活品质的重视。

建水陶汽锅，这类烹饪器具的设计利用了蒸汽的热力，保留了食物的营养和原味。其独特的蒸汽柱设计，体现了对烹饪过程精细控制的智慧，也是对南丝路沿线烹饪技艺的传承。

漆奁，这种用于存放个人物品的容器，其精美的漆工艺和装饰图案不仅增强了实用性，还增添了居室的艺术氛围，反映了南丝路文化在提升生活品质方面的作用。

邛窑省油灯等日常实用器物，不仅满足了南丝路沿线老百姓基本的生活需求，还丰富了其精神世界，成为南丝路文化和生活艺术的重要组成部分。它们的存在，让日常生活变得更加多彩，也让传统文化得以在现代社会中继续发扬光大。通过这些日常用品，我们可以看到西南地区人民对生活品质的追求和对南丝路传统文化的尊重与传承。

2.生产实用类器物

南方丝绸之路上的生产实用类器物受自然条件与地域环境的影响，具有明显的地域特色。这些器物不仅体现了当地人民的生产智慧，也融入了南丝路沿线文化的精髓，成为设计与功能性完美结合的典范。

鸡公车，这类适应复杂地形的农耕工具，其设计凝结了南丝路沿线民族巧妙利用地形环境的智慧。它的出现，不仅提高了农业生产效率，也成为南丝路沿线农业技术交流的重要标志。

爪镰，作为收割作物的重要工具，其符合人体工程学的设计降低了劳动强度，提高了收割效率。爪镰的广泛应用，促进了沿线地区农业技术的传播，加强了各民族之间的生产经验交流。

蜀锦提花织机，这类精密的纺织工具不仅代表了古代丝织技术的最高成就，更是南丝路上文化和商贸交流的象征。蜀锦以其精湛的工艺和独特的美学设计，成为南丝路上的热门商品，同时也吸引了各地的商人和工匠前来学习和交流。

鸡公车等器物的设计和应用，不仅展现了南丝路沿线各民族的生产技术和生活方式，也反映了不同文化间的互动与融合。这些器物不仅丰富了南丝路沿线的物质文化，也成为连接不同地域、不同民族的桥梁，促进了文化多样性的保护和传承。通过对这些传统器物的现代解读和创新应用，我们可以更好地理解南丝路的历史价值，同时也为当代设计提供了宝贵的灵感和参考。

3.文化礼仪类器物

在南丝路的历史长卷中，礼仪类器物承载着丰富的文化内涵，它们不仅是生活的一部分，更是文化传承和社会习俗的重要体现。这些器物以其独特的设计和深厚的文化寓意，展现了南丝路沿线各民族对礼仪的尊重和对传统的维护。

瓦猫，这些屋脊上的装饰性器物，除了具有防止雨水侵蚀的实用功能外，还象征着祥瑞与庇护。它们的独特造型和神秘寓意深植于民间信仰之中，反映了南丝路文化中对和谐与平安的追求。瓦猫的设计巧妙地融合了地域特色与民族审美，成为南丝路文化多样性的生动象征。

火葬罐，在某些民族的丧葬习俗中不仅是盛放骨灰的容器，更是对逝者生命的致敬。罐身上的装饰和图案富含宗教意义和民族特色，展现了南丝路沿线民族对生死哲学的深刻理解以及对祖先的敬仰。火葬罐的设计和制作，体现了对逝者的尊重和对生命轮回的虔诚信仰。

擒克，作为毕摩文化中的法器，是宗教文化中的重要工具，是彝族人民在抵御恶劣环境、战胜自然的过程中形成并传承下来的特殊民俗器物。擒克的设计简单而有效，结合了当地材料和工艺技术，反映了南丝路沿线民族与自然和谐共生的生活哲学。

瓦猫等文化礼仪类器物，不仅是南丝路沿线民族寄托情感、展现礼仪的特殊用品，更是该地区文化和精神价值的体现。它们的存在，客观真实地反映了南丝路沿线普通百姓的精神世界。

基于对南丝路各类型代表器物设计文化的分析，汇总出南丝路器物设计文化要素具有共生发展的关系特征。其设计文化内涵具有"依需制形""由物取材""范质施色"和"适景绘图"的共性特征，以及"因地制器""文化赋器""同器异语"的个性特征。从设计文化内涵及特征方面可总结出如下设计启示。

其一，巧构当代之意。在当代社会语境下发展器物设计文化时，需要考虑当下器物设计文化影响要素、显性要素、隐形要素的内容及关系，重新构建器物的现代设计文化内涵，实现器物设计文化的进行式发展。

其二，巧塑共性之型。在传承发展器物设计文化内涵时，应顺应其共性特征塑造器物造型。

其三，巧循个性之语。在对器物设计文化进行当代转化的过程中，应关注受地域文化影响所产生的个性化特征，保留器物的独特性。

借鉴以上三条设计启示，可丰富器物的当代设计文化内涵，助推南丝路文化资源的当代转化，实现文化的保护与传承。

后 记

随着《崇古追新：南方丝绸之路器物设计文化》书稿的完成，历经多年的艰辛与努力终于告一段落，也不禁感慨南方丝绸之路这一国际通道所孕育的丰富器物设计文化。

在多年的研究中，我们深入四川、云南、贵州等省的各市州、县及偏远乡镇，考察了与蜀锦提花织机、邛窑省油灯、云南贮贝器、建水陶汽锅、彝族月琴、爪镰等器物有关的博物馆、图书馆、文化馆、档案馆、生产企业或作坊；收集了大量的历史文献和当代的第一手资料。在进行充分的资料审核和甄别，又经我们认真撰写和反复修改、调整后，最终完成了书稿。

南方丝绸之路的器物设计文化不仅是中国的宝贵财富，也是世界文化遗产的重要组成部分。新质生产力战略以及现代科技等的融入，为我们提供了一个全新视角来审视和重塑传统器物文化。在撰写本书的过程中，我们深刻体会到传统器物文化的当代转化是一项复杂而又充满挑战的任务。如何保留器物原有的文化内涵，同时使其适应当代生产、生活需求，是我们必须面对的现实问题。通过研究蜀锦提花织机等传统器物，我们发现古代器物依然能为设计提供当代启示。

本书的撰写虽然已告一段落，但我们对南方丝绸之路器物设计文化的研究和探索不会停止。我们期待未来的研究能进一步深化，以揭示更多关于这些器物的过去与未来，同时也期待更多的人能参与到传统器物文化的设计创新中来。

在此，我们要感谢所有为本书的完成付出努力的同仁们，包括那些在田野调查中给予我们帮助的当地居民，以及那些在学术研究上给予我们指导、帮助的专家学者；还要特别感谢周勇副教授以及元工作室所有研究生对基础文献的整理，对图片的采录、拍摄和绘制等。没有他们的支持和帮助，本书是无法顺利完成的。最后，我们诚挚地希望读者能够通过阅读本书，感受到南方丝绸之路器物设计文化的独特魅力以及在当代社会中的无限可能。

由于南方丝绸之路地域辽阔，器物众多，时间跨度大，采集资料较难，加之我们的水平有限，仅选择了代表性器物，研究的广度和深度还不够，疏漏和不当之处在所难免，敬请读者多提宝贵意见。

张玉萍
二〇二四年四月于西华大学